GÓMEZ BENGOECHEA, BLANCA
BERÁSTEGUI PEDRO-VIEJO, ANA
ADROHER BIOSCA, SALOMÉ

SE BUSCA FAMILIA PARA UN NIÑO: PERSPECTIVAS PSICO-JURÍDICAS SOBRE LA ADOPTABILIDAD

GÓMEZ BENGOECHEA, BLANCA
BERÁSTEGUI PEDRO-VIEJO, ANA
ADROHER BIOSCA, SALOMÉ

SE BUSCA FAMILIA PARA UN NIÑO: PERSPECTIVAS PSICO-JURÍDICAS SOBRE LA ADOPTABILIDAD

UNIVERSIDAD PONTIFICIA
ICAI ICADE
COMILLAS
MADRID

Dykinson, S. L.

Este libro ha sido sometido a evaluación por parte de nuestro Consejo Editorial

Para mayor información, véase www.dykinson.com/quienes_somos

ISBN: 978-84-8468-548-7

Teléfono (+34) 91 544 28 46 - (+34) 91 544 28 69
e-mail: info@dykinson.com
http://www.dykinson.es
http://www.dykinson.com

ISBN: 978-84-9085-265-1
Depósito Legal: M-36690-2014

Preimpresión por:
Besing Servicios Gráficos S.L.
e-mail: besingsg@gmail.com

Impresión:
Recco, S.L.
recco@recco-sll.com
www.recco.es

A Sorín, y a todos los niños que,
adoptables o no, esperan que seamos
capaces de encontrar la mejor manera
de cuidar de ellos

ÍNDICE

PRESENTACIÓN 13

CAPÍTULO I. INTRODUCCIÓN 17

1. El derecho del niño a tener una familia: Principios informadores de la adoptabilidad 17
 1.1. ¿Por qué los niños necesitan crecer en familia? 17
 1.2. ¿En qué consiste el derecho del niño a tener una familia? 20
  1.2.1. El derecho a tener una familia y vivir con ella 21
  1.2.2. El derecho a que la familia cuente con las ayudas necesarias 22
  1.2.3. El derecho a que te separen de tu familia si no cumple adecuadamente con sus funciones 26
  1.2.4. El derecho a tener un cuidado alternativo de tipo familiar 27
2. El derecho del niño a tener una familia vs. el deseo de una familia a tener un hijo: tensiones y desafíos 29
 2.1. ¿Deseo o derecho de ser padres? 30
 2.2. ¿Deseo o vínculo biológico como fundamento de la paternidad? 31

CAPÍTULO II. LA DETERMINACIÓN DE LA ADOPTABILIDAD COMO PROBLEMA 35

1. Huérfanos jurídicos: la adoptabilidad como procedimiento jurídico 35
 1.1. El registro de nacimiento frente al tráfico de niños 35
  1.1.1. La identificación de los recién nacidos 36
  1.1.2. La inscripción registral 37
 1.2. Separación de la familia de origen y privación de derechos respecto al niño 43
  1.2.1. Abandono 44
  1.2.2. Renuncia o entrega voluntaria 46
  1.2.3. Decisión pública sin consentimiento paterno 48
 1.3. La adopción como mejor solución: plan de vida (el informe médico y psicosocial y su dimensión jurídica) 49

1.4. El principio de subsidiariedad de la adopción internacional 51
2. Falsos huérfanos: legalidad vs. legitimidad de la adopción 55
2.1. De cómo las solicitudes "huyen" de la Haya: los datos de Selman y el Servicio Social Internacional 57
2.2. Pobreza y adoptabilidad 60
2.3. Adoptabilidad y crisis humanitarias 63
2.4. La responsabilidad de los países de acogida y la presión de la "demanda" 66
2.5. Maternidad, consentimiento y cultura 69
3. Huérfanos a la espera: adopción y necesidades especiales 72
3.1. Adopción especial vs. necesidad especial 73
3.2. Adopción especial y riesgo 74
3.2.1. Edad 75
3.2.2. Diferencia racial 78
3.2.3. Adopción múltiple 80
3.2.4. Enfermedad crónica o discapacidad 81
3.3. La experiencia de la adopción de menores con necesidades especiales 82
3.4. El papel de las expectativas y la preparación preadoptiva 83
3.5. El papel de los recursos y el apoyo postadoptivo en adopciones especiales 85
4. Huérfanos para siempre: las políticas de protección de menores y la adoptabilidad 87
4.1. Huérfanos de padres vivos 87
4.1.1. Políticas orientadas a la preservación familiar 87
4.1.2. Políticas orientadas a la adopción 88
4.1.3. La política española de protección de menores 88
4.2. Países negligentes y países incapaces a la hora de declarar la adoptabilidad 99
4.3. Países que no aceptan la adopción: la kafala como medida de protección de menores 100

CAPÍTULO III. HUÉRFANOS POR DENTRO: LA ADOPTABILIDAD PSICOLÓGICA 101

1. La información y preparación para la adopción 102
2. El consentimiento del menor para la adopción 105
3. Las posibilidades de beneficiarse de una adopción 106
3.1. Adoptabilidad y establecimiento de un vínculo 107
3.2. Adoptabilidad y construcción de la pertenencia 108
3.3. Adoptabilidad y adaptación 110
4. Evaluación de la adoptabilidad 112
4.1. Adoptabilidad, idoneidad y matching: un cálculo relacional 114
4.2. Adoptabilidad y postadopción 115
5. Huérfanos de nuevo: adoptabilidad y ruptura de la adopción 116

CAPÍTULO IV. UN ESTUDIO DE CASO SOBRE ADOPTABILIDAD: LA KAFALA ISLÁMICA 121

1. Introducción 121
2. La kafala como medida de protección de la infancia 126
 2.1. Inexistencia de la adopción en los países islámicos 126
 2.2. Situación de la infancia "desamparada" en los países islámicos 128
 2.3. La kafala como respuesta 128
  2.3.1. Constitución 129
  2.3.2. Efectos 133
3. Reconocimiento de la kafala en el país de destino 135
 3.1. El aumento de las kafalas transfronterizas 135
 3.2. Su reconocimiento transfronterizo como medida de protección 136
 3.3. Procedimiento de constitución y reconocimiento de la kafala transfronteriza en Derecho Español 138
  3.3.1. Declaración de "idoneidad". Regulación autonómica 138
  3.3.2. Cruce de fronteras: visados y permisos de residencia 143
  3.3.3. Proceso de reconocimiento 148
 3.4. Efectos jurídicos de la kafala: la pensión de orfandad 155
4. Constitución de una nueva adopción en destino 156
 4.1. Precedentes: el sistema francés y otros sistemas de Derecho comparado 157
  4.1.1. Derecho Francés 157
  4.1.2. Otros sistemas de Derecho comparado 160
 4.2. La regulación española 161
  4.2.1. Precedentes: el artículo 9.5. del Código Civil y su "lectura" jurisprudencial 161
  4.2.2. Proceso de elaboración de la Ley de Adopción Internacional 162
  4.2.3. Regulación vigente 164
5. La post-kafala 170
 5.1. Informes de seguimiento 170
 5.2. Kafalas trucandas 172
6. Consideraciones finales 172

ANEXOS. MODELO RECOMENDADO PARA RECABAR EL CONSENTIMIENTO PARA LA ADOPCIÓN 177

BIBLIOGRAFÍA 187

JURISPRUDENCIA 199

PRESENTACIÓN

Durante los últimos 10 años, en el Instituto Universitario de la Familia de la Universidad Pontificia Comillas, hemos impartido una de las extintas asignaturas de libre configuración para alumnos de todas las carreras titulada *"Adopción Internacional"*. El objetivo central de la asignatura, amén de enseñar a reflexionar críticamente sobre un problema social desde una perspectiva multidisciplinar, era ir creando, promoción tras promoción, una cultura sobre la adopción más realista y responsable, al menos en el entorno universitario. El primer día de las clases siempre empezábamos pasando un cuestionario sobre los mitos de la adopción internacional y muchos de estos mitos, en los que los alumnos caían una y otra vez, estaban relacionados con la adoptabilidad.

Estos falsos mitos respondían a la idea de que *"cualquier cosa es mejor que la situación inicial para el niño. Siempre estará mejor con una familia europea"*, independientemente de las condiciones que hayan causado su desprotección y del carácter temporal o inevitable de la misma, existe la idea de que una historia previa de abandono coloca a los niños en la mejor de las situaciones emocionales para recibir el cariño y las atenciones de una familia. *"Los niños que han sufrido abandono son cariñosos y agradecidos"*, *" lo único que necesitan es mucho cariño"* y *"los niños adoptables no tienen familia ni pasado"* borran automáticamente lo ocurrido antes de la adopción. Finalmente está el mito, que vehiculó gran parte del boom de la adopción internacional, sobre la gran cantidad de niños a la espera de familia en el mundo: *"Es ridículo que nieguen la adopción a alguien habiendo tantos niños abandonados*", en parte basado en la identificación, injusta e irreflexiva, entre pobreza y adoptabilidad,que lleva a afirmar que *"lo mejor que se puede hacer por un niño pobre es adoptarle"*.

Durante todos estos años nuestra docencia y nuestra investigación han estado centradas en promover una cultura de la adopción focalizada en los derechos del niño. Desde esta perspectiva, la adoptabilidad del niño debería ser el punto de inicio de la adopción y, sin embargo, no siempre lo es. Actualmente, en muchos casos se hacen trámites para volver a un niño adoptable porque una familia, de manera directa o indirecta, expresa el deseo de adoptarlo. Privilegiar en la adopción la necesidad de todo niño de encontrar una familia frente al deseo de las familias sin hijos de conseguir uno implica, por el contrario, seleccionar aquellas familias que favorezcan de un modo más seguro la inclusión familiar y el bienestar de los niños, y también de descubrir qué otras variables contextuales o del proceso de adopción pueden favorecer y hacer posible ofrecer una familia a todo niño que la necesite. Esta es la perspectiva que asumimos desde el Instituto Universitario de la Familia, en consonancia con las palabras del Padre Ellacuría que nos llamaba a ser "el respaldo intelectual" de aquellos "que no cuentan con las razones académicas que justifiquen y legitimen su verdad y su razón"[1].

Además, la adoptabilidad, no sólo tendría que ser el punto de inicio de la adopción, sino que tendría que ser entendida en toda la extensión de su significado. Chantal Saclier nos recordaba en el año 90 en sus "*Principios para una adopción responsable*" que la adaptabilidad no es solamente un concepto jurídico, aunque su condición jurídica es imprescindible e irrenunciable, sino que debe considerar también elementos psicológicos, sociales y médicos. Por ello este libro, como todo nuestro trabajo, tiene una vocación multidisciplinar, aunque privilegiando las perspectivas jurídica y psicológica. Por un lado, la realidad jurídica establece el contexto, la justificación y el reconocimiento a las realidades familiares y psicológicas por lo que, distintas leyes, promueven distintos tipos de adopción y de familia. Por otro lado, los hallazgos de la psicología con respecto a las necesidades de los niños y la comprensión de cuál puede ser su mayor interés en cada circunstancia, y para cada niño, son conceptos de primera necesidad para la elaboración de leyes ajustadas a la realidad actual de la adopción, eficaces y justas. Finalmente, la dimensión internacional de gran parte de las adopciones añade aún más aspectos de carácter ético y político, por lo que no es responsable atender exclusivamente a la integración de los menores a su nuevo contexto, en un sentido microsistémico y aislado, sin tratar de entender por qué han tenido que separarse de sus familias originales. En este sentido, prestamos especial atención a los aspectos relacionados con la pobreza, los sistemas de protección en origen y la prevención del abuso sobre las familias o el tráfico de menores, que han sido tan tristemente frecuentes en la historia de la adopción.

---

[1] *Ignacio Ellacuría, S.J., "La tarea de una universidad católica,"* Discurso en la Universidad de Santa Clara, 12 junio 1982 véase el texto en "Una universidad para el pueblo," *Diakonia* n. 23 (agosto-octubre 1982) 81-88.

Así, el esfuerzo por comprender la adopción como recurso de protección de menores y la adoptabilidad como principio de todo el proceso, ha sido el centro de nuestra investigación durante los últimos cinco años. En esta obra recopilamos los esfuerzos investigadores que centraron las aportaciones de las tres coautoras en el proyecto de investigación Nuevos retos de la adopción en España: aspectos psicológicos y juridicos (CSO2009-14763-C03-0), subproyecto coordinado en el marco del proyecto "Domestic and International Adoption: Family, Education and Belonging from Multidiscplinar and Comparative Perspectives". Así como este trabajo es el punto final de aquellos trabajos, también es el punto de partida de nuestros esfuerzos investigadores en el marco del proyecto "Desafíos actuales de la adopción en España: Necesidades y derechos de los menores en acogimiento y adopción" que ha sido aprobado en el marco del *Campus de Excelencia Internacional Aristos Campus Mundus*, con la financiación de la Universidad Pontificia Comillas.

El carácter recopilatorio de estas páginas se trasluce en la constante referencia a trabajos previos del equipo, que han formado parte del esfuerzo investigador que aquí compilamos, completamos y ofrecemos como aportación unitaria al mundo de la práctica y de la investigación en adopción. Junto con la mirada global que ofrecemos sobre el tema de la adoptabilidad, se presenta un estudio de caso, que pretende aplicar todos los criterios recogidos en los capítulos previos al problema de la declaración de adoptabilidad en los países islámicos y el tema de la kafala.

El libro comienza con una introducción que intenta clarificar los principios informadores de la adoptabilidad, desgranando el significado de entender la familia como un derecho para los niños y sus tensiones con el deseo de las familias de tener hijos en el campo de la adopción. El capítulo dos aterriza sobre la adoptabilidad como problema, describiendo la adoptabilidad como procedimiento eminentemente jurídico, las diferencias entre legalidad y legitimidad en adopción, el papel de las necesidades especiales en la declaración de adoptabilidad o la dependencia de estos procesos del conjunto de políticas de protección de menores. El capítulo tres busca profundizar en los aspectos psico-sociales de la adoptabilidad, deteniéndose en los procesos de preparación, consentimiento y determinación de las posibilidades de beneficiarse de una adopción así como los problemas de la evaluación de la adoptabilidad y finaliza con algunas reflexiones sobre la ruptura de la adopción. Una vez establecida la generalidad de los procesos de adoptabilidad, el capítulo 4 concreta estas cuestiones en un estudio de caso, atendiendo a la compleja y tensionada relación entre adopción y kafala desde la perspectiva de la adoptabilidad.

A un lector habituado al tema de la adopción no se le escapará el uso reiterado que hemos hecho, a la hora de titular los capítulos, de la palabra huérfano, palabra francamente en desuso y no muy bien recibida en el mundo de la adopción. El uso de este término tiene que ver con nuestro empeño en demoler los mitos de la adopción, y uno de ellos es que la adopción se dirige fundamental o exclusivamente a la búsqueda de familias para niños huérfanos, teniendo en la cabeza la idea de niños que no tienen familia, nunca la han tenido y vienen a la adopción "libres" de vínculos de cualquier tipo, tanto legales como personales, históricos o sociales.

Durante estas páginas intentamos retorcer este concepto de huérfano, matizarlo y completarlo hasta llegar al concepto moderno de menor adoptable: así los niños adoptables son aquellos cuyos vínculos con la familia de origen están listos para romperse (huérfanos jurídicos), por lo que no deberían ser niños cuyas familias quieren y pueden cuidarlos (falsos huérfanos), especialmente cuando hay niños adoptables que no encuentran familia (huérfanos en espera) o niños cuya adoptabilidad sería necesaria pero nunca es declarada (huérfanos para siempre). Finalmente nos detenemos en el caso de los niños que podrían ser huérfanos jurídicos y el grado en el que están listos para vincularse a una nueva familia (huérfanos por dentro), tratando de evitar la ruptura de la adopción (huérfanos de nuevo).

Con este juego de palabras intentamos presentar la enorme complejidad de la adoptabilidad, como punto de partida y medida de la legitimidad y justicia de todo proceso de adopción y de todo buen sistema de protección de menores.

CAPÍTULO I.
INTRODUCCIÓN

1. EL DERECHO DEL NIÑO A TENER UNA FAMILIA: PRINCIPIOS INFORMADORES DE LA ADOPTABILIDAD

1.1. ¿Por qué los niños necesitan crecer en familia?

En la mayoría de las sociedades y los momentos históricos, la familia, en sus distintas composiciones y estructuras, se ha considerado el agente fundamental de cuidado y socialización de los hijos y el ambiente natural y óptimo para su protección y desarrollo. Así, la familia cumple muchas y diversas funciones relacionadas con el desarrollo infantil: la satisfacción de necesidades básicas, la protección del niño, su socialización y educación, su integración social, y el apoyo en la construcción de sentimientos de pertenencia e identidad personal.

Sin embargo, hasta bien entrado el siglo XX se consideraba que, privado de familia, el menor sólo necesitaba ser atendido en lo que eran sus necesidades elementales: salud (alimento, higiene, salud, cobijo y seguridad material) y educación (moral, religiosa y aprendizaje de un oficio). Las necesidades afectivas no se consideraban básicas, hasta el punto de que, en situaciones de desprotección material (pobreza, dificultad social, abandono) o moral (hijos de madres solteras, familias socialmente rechazadas en diversos sentidos) se utilizaba el internamiento de menores, sin atender a otras consideraciones, con un objetivo de control social muy claro. El cuidado alternativo se gestionaba en macro-instituciones, separadas por sexos, creadas bajo un modelo hospitalario para los pequeños y de instrucción para los mayores, aisladas geográficamente, desconectadas socialmente y bastante baratas desde el punto de vista económico[2].

2 OCÓN, J. (2003), Evolución y situación actual de los recursos de protección de menores en España. Revista del Ministerio de Trabajo y Asuntos Sociales, 45, pp. 13-30.

Fueron las guerras mundiales, en especial la segunda, las que modificaron profundamente la actitud en torno a la protección de menores en las sociedades occidentales. Durante este periodo de la historia europea, numerosos niños quedaron sin hogar a causa de la guerra, lo que multiplicó la creación de orfanatos bajo el paradigma "hospitalario", en los que se comenzaron a observar las desastrosas consecuencias que tenía la privación del cuidado familiar y la institucionalización para los niños.

Uno de los estudios más influyentes en la toma de conciencia de esta realidad fue el realizado por René Spitz en 1945 sobre el "hospitalismo", en el que se describe el comportamiento y el desarrollo observados durante dos años en noventa lactantes de un orfanato europeo de la posguerra. En este orfanato los cuidados materiales "[...] *eran perfectos: alimento, alojamiento, atenciones de higiene, etc., eran iguales o mejores que en otras instituciones*"[3] y, sin embargo, el personal dedicado a los niños era muy escaso, por lo que la carencia de contacto y afecto era prácticamente total. Spitz describe cómo los niños que vivían en estas condiciones entraban en un estado depresivo que se seguía de un retraso muy significativo de la coordinación psicomotora y un estancamiento grave del desarrollo evolutivo. Esta situación generaba un descenso en la ingesta de alimentos y cierta inmunodepresión que conducían a un deterioro progresivo del estado físico, a un aumento en la prevalencia de infecciones, y a una elevada tasa de mortalidad entre los lactantes en los dos primeros años de internamiento. De hecho, tan sólo un 23,2% de los niños estudiados por Spitz sobrevivieron a un orfanato impecable desde la perspectiva "hospitalaria" de entonces, el 35% fue colocado en sus familias, familias alternativas o instituciones pequeñas, y el 37% murió antes de tener esta oportunidad.

Otro estudio de enorme relevancia fue el encargado por la Organización Mundial de la Salud al psicólogo John Bowlby sobre los efectos de la privación de un entorno familiar[4]. Este estudio volvió a resaltar las desastrosas consecuencias que esta tenía para el desarrollo del niño, no sólo a corto sino también a largo plazo. En sus propias palabras "*la privación prolongada del cuidado*

---

[3] Spitz, R.A. (1987), *El primer año de vida del niño: génesis de las primeras relaciones objetales. Madrid: Aguilar*, (Orig., 1956), p. 110. Bowlby, J. (1951), *Maternal Care and Mental Health*. New York: Organización Mundial de la Salud.

[4] En todos estos estudios de los años 50 se hace referencia a la privación materna aunque, en la actualidad, se consideran referidos a la privación de un cuidado "maternal", "familiar" o que cumpla las funciones de contacto y seguridad afectiva estable. De manera que "madre" hace referencia a una función y no necesariamente a una persona en concreto o a una característica biológica, sexual o social. Rygaard, N.P. (2009), *El niño abandonado: guía para el tratamiento de los trastornos del apego*. Barcelona: Gedisa, p.50.

materno puede producir en el niño pequeño graves efectos en su carácter, y tiene tal alcance de proyección en la vida que puede afectarla por entero"[5].

La Teoría del Apego, desarrollada prolíficamente a partir de este estudio[6], destaca que, para su adecuado desarrollo, los niños tienen una necesidad básica, biológicamente determinada, y especialmente activa durante los tres primeros años de vida, de mantener una relación estable con un adulto que les proporcione contacto, seguridad y afecto; necesidad que es relativamente independiente y se encuentra al nivel de las necesidades de subsistencia, por lo que el cuidado afectivo estable tiene una gran importancia en el desarrollo infantil.

Se ha considerado clásicamente como privación afectiva (o privación "materna") la insuficiencia de contacto, la deformación del mismo y/o la inestabilidad en la relación entre el niño y una figura adulta de referencia[7]:

a) Insuficiencia o carencia de relación: cuando el niño vive en un contexto institucional en el que no se le proporciona un "sustituto materno", es decir, donde no puede establecer un contacto estable con adultos, o vive con su familia o "sustituto materno" pero no se produce contacto o este es gravemente insuficiente.

b) Deformación en el carácter de la relación: cuando el niño vive con su familia o con un cuidador sustituto permanente, pero la relación que se establece es adversa, lesiva, rechazante o de maltrato.

c) Discontinuidad en la relación: cuando el niño ha vivido frecuentes cambios y rupturas con una o distintas figuras maternas.

Esta perspectiva supuso una verdadera revolución en el mundo de la psicología, que hasta el momento había considerado el vínculo entre padres e hijos como secundario y dependiente de la satisfacción de las necesidades elementales. En el mundo de la protección de menores, esta teoría sienta las bases para considerar que todo niño tiene derecho a una familia, por lo que no debería separarse de ella y, en el caso de que la separación sea necesaria, debería tener acceso a un cuidado alternativo de tipo familiar. A pesar de que los teóricos del apego no hacen referencia a la familia como institución, ni a una estructura familiar en concreto, se considera que esta necesidad de cuidado afectivo por parte de un adulto estable y permanente, sólo se proporciona en

---

5 BOWLBY, J. (1951), *Maternal Care and Mental Health*. New York: Organización Mundial de la Salud, p. 57.

6 Ver SHAVER, P.R. y CASSIDY, J. (eds.) (1999), *Handbook of attachment – theory, research and clinical applications*. Nueva York: Guilford press.

7 AINSWORTH, M.D. (1963), "Efectos de la privación materna: estudio de los hallazgos y controversia sobre los métodos de investigación". En O.M.S., *Privación de los cuidados maternos. Revisión de sus consecuencias*. Ginebra: O.M.S.

entornos familiares o que reproduzcan estas condiciones de "familiaridad", frente al tipo de institucionalización vigente hasta el momento.

Es importante destacar que las consecuencias que puede tener la falta de contacto y cuidado atento y responsivo para el menor son muy diferentes en función de la edad del niño cuando se produce la privación, el grado y la prolongación de ésta, de las características del niño en concreto y de sus experiencias previas cuando comienza, así como del tipo de cuidado sustituto que se le proporciona.

Entre las consecuencias más leves, cuando la privación/ruptura se produce tras el establecimiento de una relación afectiva adecuada, en menores a partir de los tres años, y no ha trascurrido excesivo tiempo hasta la obtención de un cuidado sustituto "de tipo familiar", encontramos los trastornos de estrés post-traumático, los sentimientos de abandono…

Entre las consecuencias más graves, cuando la privación ha sido muy grave y a una edad muy temprana sin el adecuado sustituto parental, encontramos los patrones desorganizados de apego[8] y el trastorno de apego reactivo, que implica una atrofia en la organización de la personalidad afectiva y cognitiva de carácter bastante permanente, y una incapacidad para las relaciones personales y sociales adecuadas[9]. De adulto, los casos más graves de carencia de cuidado infantil suelen ser diagnosticados de psicopatía o trastorno de personalidad antisocial.

La familia empieza así a considerarse un derecho de todo niño porque, para ellos, la posibilidad de vincularse a un adulto que cumpla una función de figura de apego es una necesidad primaria y básica en su desarrollo, hasta el punto de llegar a considerar que "*el apego es lo que convierte a un niño en un ser humano y le prepara para tener un lugar en el mundo, entre el resto de los humanos*"[10].

1.2. ¿En qué consiste el derecho del niño a tener una familia?

Como acabamos de explicar, para los niños, especialmente para los más pequeños, la privación del cuidado parental, de una relación estable con un adulto que les proporcione seguridad y afecto, puede tener efectos devastadores que pueden llevarles a la depresión, el estancamiento en el desarrollo e incluso a la enfermedad y la muerte. Sobrevivir a una primera infancia sin un contacto

[8] MAIN, M., KAPLAN, N., y CASSIDY, J. (1985). "Security in infancy, childhood and adulthood: a move to the level of representation", en BRETHERTON T. Y WATERS E. (Eds.), *Growing points in attachment theory and research*. Monographs of the Society for Research on Child Development.

[9] RYGAARD, N.P. (2009), *El niño abandonado: guía para el tratamiento de los trastornos del apego*. Barcelona: Gedisa.

[10] MERCER, J. (2006), "The Many Stages of Attachment", *Scholastic Parent & Child*, 13: 50-51.

de afecto y estabilidad relacional deja a los niños "discapacitados" en grandes áreas del funcionamiento personal, cognitivo y social[11].

Comprobada la importancia que tiene para su desarrollo la vida en familia, el reconocimiento del derecho del niño a tener una familia capaz de satisfacer sus necesidades y a vivir con ella aparece como una consecuencia lógica y necesaria.

1.2.1. El derecho a tener una familia y vivir con ella

La primera cuestión a determinar para poder proteger este derecho, no enunciado como un derecho fundamental pero sí fundamental para los niños, es quién es esa familia con la que tiene derecho a permanecer y de la que debe recibir los cuidados que necesita.

Tanto a efectos sociales como jurídicos, se considera familia del niño, titular, por tanto, del derecho a convivir con él en primer término, a las personas que le han dado la vida. La mujer y el hombre que lo concibieron serán, por tanto, sus padres desde la determinación legal de su filiación (a través del parto en el caso de la filiación materna, el matrimonio de los padres en caso de la filiación paterna y, generalmente, el reconocimiento paterno si el niño ha nacido fuera del matrimonio), y serán ellos los encargados de cuidar de él[12].

De manera que, tal y como se recoge en el Código Civil, padre y madre son los titulares de la patria potestad mientras los hijos son menores de edad, y están obligados a velar por ellos, tenerlos en su compañía, alimentarlos, educarlos y procurarles una formación integral, así como a representarlos y administrar sus bienes. Todo ello siempre en beneficio del hijo, de acuerdo con su personalidad y con respeto a su integridad física y psicológica[13].

La prioridad de los padres para hacerse cargo de sus hijos menores y cuidar de ellos está reconocida jurídicamente, tanto en el ámbito internacional como en la legislación española, de modo que, además de recogerse el derecho de los niños a vivir en familia, se reconoce que, preferiblemente, deben vivir con su familia original.

---

[11] RYGAARD, N.P. (2009), *El niño abandonado: guía para el tratamiento de los trastornos del apego*. Barcelona: Gedisa.

[12] El concepto de "familia de origen" se ha visto modulado en los últimos tiempos por la aparición de técnicas de reproducción asistida heterólogas, que permiten la intervención de un donante de material genético. En estos casos la legislación española considera siempre madre a la mujer que gesta y da a luz al niño, independientemente de la procedencia del óvulo, y padre al marido o pareja de la madre que consiente el tratamiento, independientemente de si el esperma utilizado es suyo o de un donante.

[13] Artículo 154 del Código Civil.

En el ámbito internacional, el artículo 6 de la *Declaración de Derechos del Niño* se refiere a la necesidad de que el niño crezca "*al amparo y bajo la responsabilidad de sus padres y, en todo caso, en un ambiente de afecto y de seguridad moral y material*", y menciona, además, que "*salvo circunstancias excepcionales, no se debe separar al niño de corta edad de su madre*". En el mismo sentido, el artículo 3 de la *Declaración sobre los principios sociales y jurídicos relativos a la protección y el bienestar de los niños, con especial referencia a la adopción y la colocación en hogares de guarda, en los planos nacional e internacional*, recoge como primera prioridad que el niño sea cuidado por sus padres.

En cuanto a la legislación española, la Constitución Española, sin referirse específicamente a esta cuestión, recoge en su artículo 39.3 la obligación de los padres de asistir a sus hijos habidos dentro o fuera del matrimonio, durante su minoría de edad. La Ley Orgánica de Protección Jurídica del Menor menciona, entre sus principios rectores, el mantenimiento del menor en su medio familiar de origen, salvo que no sea conveniente para su interés (Artículo 11.2). Y las legislaciones autonómicas reguladoras de la protección de menores, establecen como criterio la permanencia del menor con su familia siempre que sea posible, el derecho de los niños a permanecer con su familia, y la limitación de las separaciones de los menores de su entorno a los casos en los que sea estrictamente necesario.

De modo que constituye un principio jurídicamente reconocido que los hijos únicamente no vivirán con sus padres cuando el interés superior de los niños así lo aconseje, e incluso que, en estos casos, se intervendrá con la familia para intentar solucionar los motivos que dieron lugar a la separación para intentar que ésta termine lo antes posible.

1.2.2. El derecho a que la familia cuente con las ayudas necesarias

Si lo más recomendable para el desarrollo de un niño es vivir integrado en una familia, y jurídicamente está reconocida la prioridad para cuidar del hijo de quienes le dieron la vida, el cuidado fuera de la familia debe ser subsidiario, de forma que, antes de decidir la separación de los niños de sus padres, es necesario asegurarse de que "*ninguna ayuda (económica, social, moral) o terapia (psicológica, médica) puede permitir a la madre, al padre o la familia extensa volver a, o seguir haciéndose cargo de su niño*"[14], y responder adecuadamente a sus necesidades materiales, psicológicas y afectivas.

---

[14] SACLIER, CH. (1990), *Principios para una adopción responsable*. Ginebra: Servicio Social Internacional.

En este sentido se ha pronunciado en varias sentencias el Tribunal Europeo de Derechos Humanos, que menciona la necesidad de que las autoridades competentes pongan todos los medios necesarios para ayudar a los padres a superar las dificultades que les impiden vivir con sus hijos. Califica de insuficientes para decidir la separación de los niños de sus progenitores motivos tales como la imposibilidad de los padres de ofrecer condiciones de alojamiento adecuadas o de asegurar ingresos regulares, y entiende que, ante estas circunstancias, son posibles otro tipo de medidas menos drásticas[15]. Se opone también en varias sentencias a la separación del recién nacido de su madre inmediatamente después del nacimiento, por entender que en estos casos sería suficiente la supervisión adecuada para que madre e hijo pudieran estar juntos, al menos, durante el tiempo que estén en el hospital[16].

En el ordenamiento jurídico español (tanto en la legislación estatal como, especialmente y por cuestiones competenciales, en la autonómica) aparecen mencionados distintos tipos de ayudas que se pueden prestar a las familias para posibilitar que éstas se hagan cargo de sus hijos menores:

- Ayudas económicas: tanto para todas las familias que tengan un niño (especialmente para familias numerosas o monoparentales), como ayudas específicas para aquellas que pueden tener especiales dificultades para hacerse cargo de sus hijos por encontrarse en situaciones de riesgo, acreditar insuficiencia de medios económicos, etc.
- Formación, asesoramiento y apoyo para ayudar a los padres a cumplir con sus responsabilidades adecuadamente: preparación a la paternidad; servicios de atención y apoyo en los casos en los que pudiera existir un riesgo de daños a los menores; programas de preservación para menores en situación de riesgo, para facilitar que los menores que viven con sus padres puedan ser atendidos en ese entorno, etc.
- Supervisión de los poderes públicos para que los padres, tutores o guardadores desarrollen adecuadamente sus responsabilidades: es función de las entidades públicas asegurarse que los niños están siendo adecuadamente atendidos, detectar las posibles situaciones de riesgo para los menores, e intervenir, incluso preventivamente, en los casos en los que existan dudas sobre si están siendo debidamente protegidos.

---

15 Entre otras, se pronuncian sobre esta cuestión: Sentencia del Tribunal de Derechos Humanos de Estrasburgo (Sección 5°), de 26 de octubre de 2006; Sentencia del Tribunal de Derechos Humanos de Estrasburgo (Sección 1°), de 21 de septiembre de 2006.

16 Sobre esta cuestión, Sentencia del Tribunal Europeo de Derechos Humanos de Estrasburgo (Sección 2°), de 16 de julio de 2002.

De estas distintas clases de ayudas, en los últimos años han aparecido, y desaparecido o disminuido después con motivo de la crisis, las de tipo económico. Así, en el ámbito estatal existieron, para después extinguirse, deducciones fiscales y ayudas económicas por nacimiento de hijos (2.500 euros por nacimiento), que se incrementaban en los casos en los que el niño nacía en el seno de una familia monoparental o en un parto múltiple; existen, o han existido, en algunos casos y en función de la Comunidad Autónoma, ayudas para las madres trabajadoras con hijos pequeños (por ejemplo, 100 euros al mes mientras el niño es menor de tres años), y otras medidas de este tipo[17].

Es importante recuperar, mantener y, si es posible, mejorar estos apoyos, y quizá sería conveniente, introducir la necesidad de justificar el gasto o incluso facilitar las ayudas en especie, de modo que pudiera asegurarse que el dinero ha sido gastado o invertido en cuestiones que directamente repercuten en el bienestar del menor[18].

En cuanto a la formación y el asesoramiento a los padres, es necesario incrementar y mejorar los recursos de apoyo y acompañamiento, especialmente en los primeros años de vida de los niños. De esta forma se conseguiría establecer desde el inicio unas pautas de crianza y de relación familiar adecuadas, evitar que las relaciones padres-hijos se cimienten sobre criterios que pueden dar lugar a dificultades, violencia intrafamiliar, cuidado negligente, etc., y valorar cómo evoluciona la relación paterno-filial.

Con respecto a la supervisión por parte de las entidades públicas, aunque, como hemos mencionado, está previsto su papel como garantes de los derechos de los niños, es necesario insistir en su obligación de intervenir activamente en la detección de casos de desprotección o desamparo, y de tomar medidas protectoras, e incluso medidas preventivas, en los casos en los que, aunque no se tenga la certeza, se pueda sospechar que un niño está siendo maltratado por la familia con la que vive. Son tristemente frecuentes, y conocidos por los medios de comunicación, los casos en los que las autoridades competentes tenían conocimiento o sospecha de que un niño no estaba siendo cuidado adecuadamente por su familia y, por no intervenir a tiempo o no prever las medidas adecuadas, los daños a los menores han terminado siendo terribles e irreversibles.

Conviene recordar también en relación con esta cuestión, que, aunque las autoridades y servicios públicos tienen obligación de prestar a cualquier menor la atención inmediata que precise, dar traslado del asunto a la autoridad competente y poner los hechos en conocimiento del Ministerio Fiscal si es necesario,

---

17 Ayudas por maternidad y beneficios fiscales por nacimiento, en algunos casos diferentes según el número de hijos y el nivel de renta.

18 Así ocurría, por ejemplo, en Baleares, donde, en caso de parto múltiple, lo que se entregaba era una tarjeta, "Tarjeta Nadó" (ya desaparecida), para adquirir productos de higiene y alimentación.

el artículo 13 de la Ley de Protección Jurídica del Menor recoge la obligación de toda persona que detecte una situación de riesgo o posible desamparo de un menor, de comunicarlo a la autoridad o a sus agentes más próximos, y prestarle el auxilio inmediato que precise.

La prioridad del cuidado dentro de la propia familia, y la determinación de las ayudas que podrían prestarse para que no fuera necesario separar a los niños de su entorno familiar, cobra especial importancia en los casos de adopción internacional, en los que los niños son separados de familias pobres y sin recursos de países en desarrollo para integrarse en familias acomodadas del primer mundo.

Una de las grandes paradojas que se dan en el mundo de la adopción internacional, como veremos más adelante, es que, si los recursos empleados en la adopción y crianza del niño en su familia adoptiva se aplicaran al mantenimiento de éste en su familia biológica, la necesidad de separar a los niños de su familia para ser adecuadamente cuidados habría dejado de ser real.

El compromiso de los países a los que van a parar estos niños debería ser un compromiso también con que el Estado de origen cuenta con los suficientes medios, técnicos, humanos y materiales para garantizar, en la medida de lo posible, que los niños deben ser separados de sus familias. Sin embargo, cuanto más trabaja un país por la protección de sus menores, por la capacidad de las familias para hacerse cargo de los niños, por la capacidad de su país por proteger a los niños que han tenido que separarse de su familia biológica, más lejos se desplaza de él la adopción internacional. Los países más populares para la adopción son aquellos en los que la adopción internacional es la única manera de cuidar a los menores desprotegidos, e incluso de los menores que no están en situación de desprotección afectiva. Esta es una de las grandes ambigüedades con las que tenemos que trabajar.

En la mayoría de estos países el derecho de los niños a permanecer con su familia y a que ésta sea ayudada a cuidarles es papel mojado, porque muy frecuentemente faltan políticas de apoyo y reunificación familiar y, en ocasiones, tampoco existe un marco jurídico adecuado que promocione alternativas a la institucionalización de los niños, aun cuando la existencia de residencias madre-hijo, de guarderías para recién nacidos o de ayudas económicas para las mujeres con cargas familiares no compartidas reduciría muy considerablemente el número de niños entregados en adopción[19].

[19] ADROHER, S. y ASSIEGO, V. (2001), "La adopción internacional", en LÁZARO I. (Coord.), *Los Menores en el Derecho Español*. Madrid: Tecnos, pp.407-455; FERRÁNDIS, A. (2003), "La adopción internacional", en LÁZARO I. Y MAYORAL I. (Coords.), *Jornadas sobre derecho de los menores*. Madrid: Universidad Pontificia Comillas, pp. 203-212.

Una de las cuestiones más importantes y más complicadas que se plantean en relación con esta cuestión es hasta cuándo hay que intentar que la familia de origen se haga cargo del niño, hasta cuándo hay que ayudarla para ver si es capaz de cuidarle.

No es una pregunta fácil de responder, ya que es difícil lograr el equilibrio entre no prestar ayudas de ningún tipo y entender la adopción de los menores por otra familia como primera y, muchas veces, única manera de proteger a los niños (como ocurre muchas veces en los países en desarrollo), y disponer de un amplio catálogo de ayudas de todo tipo que se aplican sucesiva y/o conjuntamente, muchas veces sin medios suficientes y sin plazos determinados legalmente, de modo que los niños quedan demasiado tiempo en una situación de inestabilidad y pseudo-protección mientras se les dan oportunidades a sus padres (como ocurre muchas veces en nuestro país).

Sin embargo en la respuesta a esta pregunta está la clave de la adecuada protección de los menores. Deben permanecer con su familia de origen siempre que sea posible, deben prestarse ayudas para lograrlo, pero debe hacerse durante un tiempo previamente fijado en función de la edad y las características del niño, y aplicando durante el mismo los medios suficientes. Si en ese plazo, razonable para el niño, y con esas ayudas, objetivamente suficientes, sus padres no han logrado asumir sus responsabilidades, el menor debe ser separado de ellos e integrado de forma estable en otra familia.

1.2.3. El derecho a que te separen de tu familia si no cumple adecuadamente con sus funciones

El criterio prioritario por el cual los niños deben permanecer con sus padres y ser cuidados por ellos, pierde vigencia y aplicabilidad en los casos en los que su interés aconseje lo contrario, es decir, en los supuestos en los que el niño no esté siendo atendido por su familia, y las ayudas posibles no sean suficientes para que ésta pueda satisfacer adecuadamente las necesidades del menor en un plazo razonable. Y es que el cuidado parental pierde su sentido si la familia "cuidadora" no es capaz de proporcionar al niño aquello que éste necesita para crecer y desarrollarse.

La propia Declaración de Derechos del Niño de Naciones Unidas, después de reconocer que los niños necesitan amor y comprensión para el pleno desarrollo de su personalidad, antepone su crecimiento en un ambiente de afecto y seguridad moral y material a la permanencia bajo el cuidado de sus padres.

Así, el artículo 6 de la Declaración dice textualmente que:

> *"El niño, para el pleno y armonioso desarrollo de su personalidad, necesita amor y comprensión. Siempre que sea posible, deberá crecer al amparo y bajo la responsabilidad de sus padres y,* ***en todo caso****, en un ambiente de afecto y de seguridad moral y material".*

La prioridad de la satisfacción de las necesidades de niño sobre el cuidado parental parece claramente deducible de la expresión "*en todo caso*", que nos lleva a pensar que los niños vivirán con su familia siempre que sea posible, pero que, vivan con su familia o no, deben tener siempre garantizado, por encima de todo lo demás, el crecimiento en un ámbito afectuoso y seguro.

En este mismo sentido, las normas y leyes que recogen la necesidad de que los niños crezcan con sus familias mencionan también, como criterio suficiente y legítimo para separar a los niños de sus padres, el interés superior del menor, o las situaciones en las que el cuidado familiar "no sea posible".

De modo que, si las necesidades del niño no son cubiertas por su familia adecuadamente, tiene que ser separado de ella, para que pueda recibir los cuidados que necesita y la especial protección que tiene reconocida[20]. En definitiva, para que pueda vivir en ese ambiente de afecto y seguridad que la Declaración de Derechos del Niño menciona, y pueda disfrutar del cariño y la comprensión necesarios para su desarrollo.

Esta separación puede ser solicitada por los propios padres, si se encuentran en circunstancias graves que les impiden cuidar a los niños y desean que la entidad protectora de menores se haga cargo de ellos temporalmente. Pero puede también producirse en contra de su voluntad, en los casos en los que se haya apreciado la desprotección de los menores y concluido que, a pesar de las ayudas posibles para la familia, ésta no puede continuar haciéndose cargo de ellos (artículo 172 Código Civil).

1.2.4. El derecho a tener un cuidado alternativo de tipo familiar

En las situaciones en las que los padres no pueden ejercer las responsabilidades de cuidado de sus hijos, o lo hacen de forma contraria a los intereses de los menores, las autoridades públicas tienen la obligación de declarar el desamparo de los niños, privados de la asistencia moral o material que necesitan, y asumir las responsabilidades de su cuidado, buscando para ellos recursos alternativos a la familia.

---

[20] En este sentido, el Tribunal Europeo de Derechos Humanos de Estrasburgo afirma en una de sus sentencias que "*Naturalmente, lo ideal para un niño es vivir con sus padres pero cuando se manifiesta una situación patológica, puede resultar necesaria la separación, incluso por una larga duración*". Sentencia de 9 de mayo de 2003 (Sección 1ª).

Cuando el niño tiene que ser cuidado por personas que no son sus padres, sus intereses, y en especial su necesidad de recibir afecto y su derecho a la seguridad y al cuidado continuado, deben ser la consideración fundamental. Han de examinarse sus características y circunstancias y tener en cuenta sus opiniones, y, como regla general, debe procurarse que sea confiado a otra familia y que se incorpore a ella cuanto antes, de forma temporal o defi nitiva, dependiendo de cuál sea su situación y la de su familia de origen [21].

La adopción

La incorporación definitiva del niño a otra familia tiene lugar a través de la adopción. En este caso, el niño rompe todos los vínculos, sociales y jurídicos, que lo unen a sus padres biológicos para integrarse de forma irreversible, irrevocable y equivalente a la de un hijo biológico, en la familia adoptiva.

Las decisiones sobre la adoptabilidad de los menores deben tomarse en interés superior de los niños y una vez examinadas y descartadas otras posibilidades y/o ayudas que pudieran permitir que permanecieran bajo el cuidado de sus padres biológicos.

En todo caso, la adopción debe tramitarse porque las características del menor y su situación así lo aconsejen, y, en ningún caso, única o principalmente porque haya familias en disposición de adoptarlo. Además, como veremos más adelante, es preciso tener en cuenta que tomar una medida definitiva como esta, únicamente es posible en los casos en los que los padres así lo consientan o cuando hayan sido privados por la autoridad competente de la patria potestad por incumplimiento grave de sus obligaciones.

Los estudios llevados a cabo en varios países occidentales muestran que la mayoría de los niños y adolescentes adoptados (nacional e internacionalmente) funcionan bien en sus nuevas familias[22].

---

[21] El Derecho del menor a ser oído está recogido tanto en el artículo 9 de la Ley Orgánica 1/96, de 15 de enero, de Protección Jurídica del Menor, como en el artículo 12 de la Convención de Naciones Unidas de Derechos del Niño.

[22] Andresen, I.L.K. (1992), "Behavioural and school adjustment of 12-13 year old internationally adopted children in Norway: a research note", *Journal of Child Psychology and Psychiatry,* 33, pp. 427-439; Bagley, C. (1993), "Transracial adoption in Britain: a follow-up study, with policy considerations", *Child Welfare*, 72, pp. 285-299.; Berástegui, A. (2003), *Adopciones Truncadas y en Riesgo en la Comunidad de Madrid.* Madrid: Consejo Económico y Social.; Cederblad, M.; Hook, B., Irhamar, M. y Mercke, A.M. (1999), "Mental health in international adoptees as teenagers and young adults: an epidemiological study", *Journal of Child Psychology and Psychiatry*, 40: 1239-1248.Cederblad, M.; Irhamer, M.; Mercke, A.M. y Norlander, S. (1994), "Identity and adaptation on the paret of foreing adoptes", *Research on children and the familiy* 4. Sweden: Department of child and adolescent psychiatry. University of Lund; Dalen, M. (2003). *The state of Knowledge of foreing adoptions: a summary of the results of key international adoption research*

En este sentido, la adopción ha demostrado ser exitosa como medio de proteger el bienestar y el desarrollo del menor: los niños adoptados crecen significativamente mejor y tienden a mostrar mayor inteligencia, mejores resultados escolares, mejores relaciones familiares y mayor ajuste psicosocial que aquellos que crecen en ambientes de institucionalización o en cuidado acogedor[23]. También muestran mayor ajuste a largo plazo que los niños que crecen con padres biológicos que no los desean o son ambivalentes o rechazantes con respecto a su crianza[24].

Cuando se tiene en cuenta que muchos de los adoptados han tenido un comienzo de la vida muy difícil, estos resultados son aún más gratificantes y optimistas, y parece que indican que la adopción es una solución que da a los niños nuevas oportunidades en la vida y que es posible curar las heridas previas de su historia[25].

2. EL DERECHO DEL NIÑO A TENER UNA FAMILIA VS. EL DESEO DE UNA FAMILIA A TENER UN HIJO: TENSIONES Y DESAFÍOS

Hemos mencionado cómo tener una familia y disfrutar de un cuidado de tipo parental es fundamental para la supervivencia, el crecimiento y el desa-

projets based in Scandinavia. Disponible en: http://www.comeunity.com/adoption/adopt/research3.html, FISHER, L., AMES, E.W., CHISHOLM, K. Y SAVOIE, L. (1997), Problems reported by parents of Romanian orphans adopted to British Columbia. *International Journal of Behavioral Development*, 20, pp. 67-82; GROZE, V. E ILEANA, D. (1996), "A follow-up study of adopted children from Romania", *Child and Adolescent Social Work Journal*, 13 (6), pp. 541-565; KIM, W.J., SHIN, Y.J. Y CAREY, M. (1999). "Comparision fo Korean-American adoptees and biological children of their adoptive parents: a pilot study", *Child Psychiatry and Human Development*, 29 (3), pp. 221-228; MARCOVITCH, S., CESARONI, L., ROBERTS, W. Y SWANSON, C. (1995), "Romanian adoption: Parents' dreams, nightmares and realities", *Child Welfare*, 74 (5), pp. 993-1017; RUTTER, M. (1998). "Developmental catch-up, and deficit, following adoption after severe global early privation", *Journal of Child Psychology and Psychiatry and Allied Disciplines*, 39, pp. 465-476; SIMON, R. Y ALSTEIN, H. (1996). "The case for transracial adoption", *Children and Youth Services Review* 18 (1-2), 5-22.

23 VAN IJZENDOORN, M. H. & JUFFER, F. (2006), "Adoption as intervention: Meta-analytic evidence for massive catch-up and plasticity in physical, socio-emotional and cognitive development. The Emanuel Miller Memorial Lecture 2006", *Journal of Child Psychology and Psychiatry, 47*, pp. 1128-1245.

24 BOHMAN, M. Y SIGVARDSSON, S. (1990), "Outcome in adoption: lessons from longitudinal studies", en BRODZINSKY D. M. Y SCHECHTER M.D. (Eds.), *The psychology of adoption* (93-106). N.Y.: Oxford University Press.

25 MARCOVITCH, S., GOLDBERG, S., GOLD, A., WASHINGTON, J., WASSON, C., KREKEWICH, K. Y HANDLEY-DERRY, M. (1997), "Determinants of Behavioural problems in Romanian Children adopted in Ontario", *International Journal of behavioural development*, 20 (1), pp. 17-31. PALACIOS, J. (1998), "Familias adoptivas", en Rodrigo M.J. y Palacios J. (Eds.) *Familia y desarrollo humano*. Madrid: Alianza Editorial, pp. 353-372.

rrollo de los niños. Sin embargo, aunque la familia es más bien un derecho de los menores, es frecuente encontrar referencias a un supuesto derecho a convertirse en padres para justificar distintas intervenciones, tanto de cara a la adopción como en la aplicación de técnicas de reproducción asistida. Pero, ¿existe realmente este derecho?

2.1. ¿Deseo o derecho de ser padres?

El derecho, como concepto, se identifica con lo recto, lo justo, y supone, por una parte, desde el punto de vista objetivo, la oportunidad de regular los actos del hombre como ser social, y, por otra, desde el punto de vista subjetivo, la facultad o posibilidad que cabe ser ejercitada de forma coactiva frente a otros[26].

De modo que un derecho es un área de libertad que el resto de las personas tienen que respetar, como una cuestión de justicia. Es una libertad que se puede impedir que otros constriñan, que puede existir y ser reclamada desde que aparece recogida en una ley que lo otorga expresamente (positivismo jurídico), o puede ser considerado como un derecho natural o un derecho humano universal, si, como tal, puede ser reclamado por sí mismo (ley natural)[27].

Para distinguir cuándo un derecho debe ser considerado natural, y por tanto, invocable por sí mismo, uno de los conceptos más importantes a tener en cuenta es el de necesidad. Los derechos humanos-naturales lo son en cuanto responden a las necesidades que tenemos las personas, teniendo en cuenta que el concepto de "necesidad básica" no permanece inalterado a lo largo del tiempo, y que hay necesidades que en otro tiempo fueron básicas que hoy son relativas y viceversa.

Para determinar si tener hijos es un derecho humano, es decir, un derecho natural que no precisa de positivación para poder ser reclamado, es necesario establecer si es una necesidad básica de las personas.

Parece que, como ya hemos mencionado, recibir un cuidado familiar sí es una necesidad básica para los niños, que pueden llegar a morir si no disponen del mismo. Sin embargo, la necesidad de tener hijos no es igual, ya que no todo ser humano necesita ser padre/madre para sobrevivir, o para que la especie humana sobreviva, y no parece que la procreación constituya una necesidad suficientemente fundamental para generar un derecho de este tipo.

---

[26] VV.AA. (2009), *Diccionario jurídico El Derecho*. Madrid: Ed. El Derecho, pp. 436-437.

[27] Warnock, M. (2004), *Fabricando bebés. ¿Existe un derecho a tener hijos?* Barcelona: Gedisa.

En los últimos tiempos existe la tendencia a difuminar, e incluso a eliminar, la distinción entre las necesidades básicas y las relativas, incluso entre necesidad y deseo. Ciertamente, existe una relación entre querer algo y necesitarlo, pero no se trata de una relación directa, y no se puede decir que exista un derecho a cualquier cosa que se desee[28].

Si consideramos que la entidad de la necesidad de procrear no es suficiente para afirmar que se trata de un derecho que forma parte de la ley natural, cabe examinar aún si puede tratarse de un derecho positivo, si las leyes recogen el derecho a tener hijos.

Al examinar la legislación vigente, incluidos los convenios internacionales, no se encuentra mención expresa al derecho a la paternidad, o el derecho a tener hijos.

La importancia de la familia sí queda recogida en la Declaración Universal de Derechos Humanos (Naciones Unidas, 1948), que ya en su preámbulo reconoce la dignidad del hombre como derivada de su pertenencia a la "familia humana", que menciona expresamente que "la maternidad y la infancia tienen derecho a cuidados y asistencia especiales", y que recoge en su art. 16.1 que "*Los hombres y mujeres mayores de edad, sin ninguna limitación debida a su raza, nacionalidad o religión, tienen derecho a casarse y a fundar una familia*". Sin embargo, no menciona el derecho a tener hijos, y parece más bien que esta alusión del art. 16 lo que impide es prohibir tener hijos, sin que esto signifique, ni que tenerlos sea un derecho que se pueda esgrimir frente a otros, ni que si no se es capaz de tener hijos sin ayuda ésta pueda ser exigida.

En el resto de la legislación nacional e internacional tampoco hay una mención expresa al derecho a la procreación.

2.2. ¿Deseo o vínculo biológico como fundamento de la paternidad?

La importancia que se da al deseo o la voluntad de tener hijos en nuestro ordenamiento jurídico puede medirse también por el peso que se concede a la voluntad de ser padres frente al peso que se atribuye al vínculo biológico a la hora de determinar la paternidad: ¿se considera padre al que desea tener un hijo o al que tiene un vínculo genético con él?

En general, nuestra legislación enuncia el vínculo biológico como fundamento de la paternidad. Desde que entrara en vigor la Constitución de 1978 y,

[28] Warnock, M. (2004), *Fabricando bebés. ¿Existe un derecho a tener hijos?* Barcelona: Gedisa. Sirvan como ejemplo de esta tendencia algunos anuncios publicitarios, en los que se enuncian el derecho a una nueva óptica, a gafas de marca, a ser joven, a cambiar…

posteriormente, la Reforma del Código Civil de 1981, el ordenamiento jurídico español recoge como principio rector más importante en materia de filiación el principio de veracidad, y establece la admisibilidad de la investigación de la paternidad/maternidad, pudiéndose utilizar para ello todo tipo de pruebas, incluidas las biológicas[29]. Se reconoce así la importancia de que la filiación legal coincida con la biológica.

El principio de veracidad y de libre investigación de la paternidad y la maternidad, es, sin embargo, un principio informador relativo, y, aunque la regla general es la de adecuar en lo posible la filiación jurídica a la realidad biológica, hay que reconocer su carácter no absoluto[30].

Prueba de que no se trata de una cuestión absoluta es el uso de la expresión "*posibilitará*" utilizada en el artículo 39 de la Constitución Española, así como la existencia de excepciones legalmente previstas al principio de veracidad material, y de casos en los que se plantean, entre la doctrina y la jurisprudencia, importantes dudas y discusiones acerca de la oportunidad de que coincidan la filiación biológica y la jurídica, la conveniencia, o no, de que el hijo entable relación con los padres biológicos o, incluso, llegue a conocer su identidad[31].

Así ocurre en los casos de hijos nacidos a través de técnicas de reproducción asistida, los niños adoptados, o los llamados reconocimientos de complacencia,

---

[29] NICOLE V. en LLEDÓ LLAGÜE, F. (1994), "La filiación: su régimen jurídico e incidencia de la genética en la determinación de la filiación", *Cuadernos de Derecho Judicial*. Madrid: CGPJ, p. 29; RIVERO HERNÁNDEZ en LACRUZ BERDEJO, J.L.; SANCHO REBULLIDA, F. y otros (2002), *Elementos de Derecho Civil IV. Derecho de Familia*, Barcelona: Bosch, pp. 439-440; LASARTE ÁLVAREZ, C., *Principios de Derecho Civil. Derecho de Familia*, Madrid: Marcial Pons, pp. 332-333; SALVADOR GUTIERREZ, S. (1998), "Derechos registrales del menor", en RODRÍGUEZ TORRENTE J. (Ed.), *El menor y la familia, conflictos e implicaciones,* Madrid: Universidad Pontificia Comillas, pp. 132 y ss.; MOYA ESCUDERO, M. (2001), "El derecho del extranjero a conocer su origen biológico", *Revista de la Facultad de Derecho de la Universidad de Granada*, 4, p. 448-450. Todos ellos destacan la importancia y la vigencia del principio de veracidad en nuestro ordenamiento jurídico.

[30] SALVADOR GUTIERREZ, S. (1998), "Derechos registrales del menor", en RODRÍGUEZ TORRENTE J. (Ed.), *El menor y la familia, conflictos e implicaciones,* Madrid: Universidad Pontificia Comillas p. 132 y ss., y RIVERO HERNÁNDEZ en LACRUZ BERDEJO, J.L.; SANCHO REBULLIDA, F. y otros (2002), *Elementos de Derecho Civil IV. Derecho de Familia*, Barcelona: Bosch, p. 439; Sentencia del Tribunal Supremo núm. 451/1997 de 28 de mayo de 1997, Fundamento de Derecho Primero c) (RJ 1997\4326).

[31] El Tribunal Supremo y parte de la doctrina han interpretado este término, al que nos volveremos a referir al tratar sobre el derecho a investigar la paternidad en los casos de reproducción asistida, entendiendo que el derecho a investigar la paternidad es un derecho que nace limitado y que, aunque el legislador no puede evitar o prohibir la investigación, sí puede regular los requisitos que es preciso reunir y los casos en los que ésta será posible, teniendo en cuenta que este derecho entra en conflicto con frecuencia con otros considerados fundamentales. GUZMÁN ZAPATER, M. (1996), *El derecho a la investigación de la paternidad (En el proceso con elemento extranjero)*, Madrid: Civitas, pp. 37-38; Sentencia del Tribunal Supremo 116/1999, de 17 de junio (RTC 1999\116).

en los que se determina la paternidad en función del consentimiento prestado o el deseo de convertirse en padre.

De modo que, salvo en los casos excepcionales mencionados, el deseo de ser padres no juega un papel fundamental en nuestro ordenamiento jurídico, y el vínculo queda sometido a la existencia de relación biológica. Si eres padre biológico estás jurídicamente vinculado, y obligado a satisfacer determinadas necesidades de tu hijo, independientemente de que ser padre fuera o no tu deseo.

Si, a la hora de determinar la paternidad en nuestro ordenamiento jurídico, el vínculo biológico tiene mayor peso, y es la regla general, y la voluntad de ser padre constituye la excepción, no parece que pueda proclamarse un derecho a la paternidad (o la no paternidad) en todos los casos. En general, es padre, no el que quiere, sino el que tiene un vínculo biológico con el niño nacido, por lo que no se puede afirmar que exista un derecho a ser padre o a no serlo, a voluntad.

CAPÍTULO II.
LA DETERMINACIÓN DE LA ADOPTABILIDAD COMO PROBLEMA

1. HUÉRFANOS JURÍDICOS: LA ADOPTABILIDAD COMO PROCEDIMIENTO JURÍDICO

La adoptabilidad es una cuestión legal, pero tiene también un innegable alcance psicológico, médico y social[32]. De modo que debe ser valorada desde un punto de vista interdisciplinar e integral para asegurar que su declaración coincide con el interés superior de cada niño en cada caso concreto.

Debe además, en todos los casos, haber sido declarada antes de que aparezcan los posibles adoptantes, para evitar, en lo posible, que sea la propia demanda de niños adoptables la que impulse el proceso de adopción (especialmente internacional)[33].

Desde el punto de vista legal, es, junto con la valoración de la idoneidad, una de las fases fundamentales del procedimiento de adopción; quizá la más importante, por tratar de determinar si es necesario buscar una medida de protección familiar definitiva para un niño concreto, es decir, concluir si para que esté adecuadamente protegido tiene que ser separado para siempre de su familia biológica.

1.1. El registro de nacimiento frente al tráfico de niños

Uno de los presupuestos fundamentales para que un niño pueda ser declarado adoptable con garantías, y para evitar que niños que no lo son terminen

[32] INTERNATIONAL SOCIAL SERVICE, CENTRO INTERNACIONAL DE REFERENCIA PARA LOS DERECHOS DEL NIÑO PRIVADO DE FAMILIA, África y la adopción internacional desde un punto de vista africano, Ficha de formación nº 20.

[33] INTERNATIONAL SOCIAL SERVICE, CENTRO INTERNACIONAL DE REFERENCIA PARA LOS DERECHOS DEL NIÑO PRIVADO DE FAMILIA (Marzo-Abril 2011), *Boletín Mensual nº3-4/2011*. INTERNATIONAL SOCIAL SERVICE, CENTRO INTERNACIONAL DE REFERENCIA PARA LOS DERECHOS DEL NIÑO PRIVADO DE FAMILIA (Junio 2010), *The grey zones of intercountry adoption,* Information document 6, p. 8.

siendo víctimas del tráfico de menores, es el registro de su nacimiento: que el niño haya sido adecuadamente identificado como hijo de sus padres cuando nació, y que su filiación haya quedado inscrita correctamente en el Registro Civil.

La inscripción registral y la vinculación de la identidad del niño con la de sus padres biológicos resulta fundamental para evitar casos en los que quienes consienten la adopción no son los legalmente legitimados para ello, supuestos de niños robados o secuestrados para ser posteriormente dados en "adopción" por quienes aseguran ser sus padres, o niños dados por huérfanos sin serlo o presentados al proceso de adopción como hijos de padres desconocidos.

1.1.1. La identificación de los recién nacidos

La identificación de los recién nacidos es una cuestión de la que se ocupan con insistencia los ordenamientos jurídicos, y que, en España, ha sido regulada principalmente por las distintas Comunidades Autónomas, que en sus leyes de infancia y protección de menores recogen el derecho de los niños a una correcta identificación y la obligación de los centros sanitarios en los que las madres dan a luz de llevar a cabo esta labor con las suficientes garantías, estableciendo incluso sanciones para los casos en los que esto no se realice adecuadamente[34].

La razón de esta protección legal es evitar el intercambio y el tráfico ilícito de niños, intención que se encuentra claramente reforzada por la tipificación penal de este tipo de conductas, ya que el Código Penal castiga con pena de prisión la suposición de un parto, la ocultación o entrega de un hijo a terceros para modificar su filiación, y la sustitución de un niño por otro, añadiendo a la pena la inhabilitación para el ejercicio de la patria potestad en los casos en que los hechos sean cometidos por familiares del niño, y castigando también los cambios que se produzcan en los centros sanitarios por imprudencia grave de los responsables de la identificación de los menores (artículo 220 del Código Penal).

Además, está prevista pena de prisión e inhabilitación para el ejercicio de la patria potestad para quienes mediando compensación económica, entreguen a otra persona un hijo, descendiente o cualquier menor aunque no concurra relación de filiación o parentesco, eludiendo los procedimientos legales de la guarda, acogimiento o adopción, con la finalidad de establecer una relación análoga a la de filiación, quienes reciban a los niños en estas circunstancias

---

[34] GÓMEZ BENGOECHEA, B. (2007), *Derecho a la identidad y filiación. Búsqueda de los orígenes en adopción internacional y otros supuestos de filiación transfronteriza*, Madrid: Dykinson, pp. 108 y ss.

y quienes intermedien en la entrega de los menores (artículo 221 del Código Penal).

En ambos casos se prevé, además, la inhabilitación especial para empleo o cargo público de los educadores, facultativos o funcionarios que participen en estas actividades (artículo 222 del Código Penal).

La necesidad de identificar correctamente a los recién nacidos está presente en la mayoría de los ordenamientos jurídicos, sin embargo, en muchos países es difícil de llevar a la práctica y existen muchos problemas tanto para realizar una adecuada identificación de los niños como para su posterior registro[35].

En Derecho comparado la identificación aparece mencionada como un derecho de los menores[36], pero sobre todo como una obligación de los centros sanitarios en los que las madres dan a luz, recogiéndose incluso los medios concretos que deben emplearse para realizarla, que generalmente consisten en la impresión de las huellas digitales y plantares de madre e hijo; aunque en algún caso concreto, como el de Argentina, se prevé incluso, para garantizar la seguridad y eficacia de los procesos identificatorios, la posibilidad de incorporar el registro de huellas genéticas mediante la extracción de muestras de sangre de ambos[37].

1.1.2. La inscripción registral

Lógicamente está estrechamente unida a la identificación del recién nacido, y garantiza la veracidad, la permanencia de los datos y la publicidad de los mismos.

En el ámbito internacional se hace referencia al derecho de los menores a ser inscritos inmediatamente después de su nacimiento[38]. Veremos a continuación

[35] En este sentido:" International texts are thus powerless in view of the absence, in certain countries, of a system for the declaration of birth. As such, parents are sometimes unable to establish parenthood, which would otherwise be done by issuing a birth certificate or acknowledgement of paternity". INTERNATIONAL SOCIAL SERVICE, CENTRO INTERNACIONAL DE REFERENCIA PARA LOS DERECHOS DEL NIÑO PRIVADO DE FAMILIA (Junio 2010), *The grey zones of intercountry adoption,* Information document 6, p. 10.

[36] Así ocurre, entre otras, en la Ley Orgánica para la Protección del Niño y del Adolescente de Venezuela, Ley Nº L5266, de 3 de septiembre de 1998, que en su artículo artículo 17 establece que "*Todos los niños tienen el derecho a ser identificados, inmediatamente después de su nacimiento. A tal efecto, el Estado debe garantizar que los recién nacidos sean identificados obligatoria y oportunamente, estableciendo el vínculo filial con la madre*" (www.crin.info).

[37] GÓMEZ BENGOECHEA, B. (2007), *Derecho a la identidad y filiación. Búsqueda de los orígenes en adopción internacional y otros supuestos de filiación transfronteriza*, Madrid: Dykinson, pp. 112 y ss.

[38] Artículo 7 de la Convención de Naciones Unidas sobre Derechos del Niño, de 20 de noviembre de 1989.

cómo la necesidad de inscribir a los niños en el registro y de hacer constar en la inscripción, entre otras cuestiones, la identidad de sus padres, está también presente tanto en el Derecho Español como en el del resto de los Estados.

Regulación en Derecho Español

En nuestro ordenamiento jurídico tanto la Ley del Registro Civil, como su Reglamento contienen disposiciones que contribuyen a la protección de este derecho.

La legislación registral española establece la obligación de los padres, parientes, personas mayores de edad presentes en el momento del parto, el médico o la persona que encontró al niño en el caso en que éste fuera abandonado, de promover la inscripción de su nacimiento en el Registro Civil entre las 24 horas y los 8 días siguientes al momento del parto, ampliándose el plazo a 30 días en los casos en los que se acredite justa causa; recogiéndose, además, la obligación del encargado del Registro de exigir el parte médico o comprobar el hecho del nacimiento para realizar la inscripción (artículos. 42, 43, 44 de la Ley del Registro Civil, y artículos 166 y 168 del Reglamento del Registro Civil).

La inscripción registral da fe del hecho del nacimiento, la fecha y hora y el lugar del mismo, el sexo, y, en su caso, de la filiación del inscrito[39]. Y las menciones de identidad que deben hacerse consisten en los nombres y apellidos del inscrito, el nombre de los padres, número del documento nacional de identidad, naturaleza, edad, estado, domicilio y nacionalidad (artículo 41 de la Ley del Registro Civil; artículo 12 del Reglamento del Registro Civil; artículo 170 del Reglamento del Registro Civil). Si se ignora la fecha de nacimiento, ésta se establecerá de acuerdo con la edad aparente en virtud de informe médico, y si no se conoce el lugar del alumbramiento se inscribirá el primero conocido de estancia del nacido (artículo 169 del Reglamento del Registro Civil)[40].

De manera que, durante mucho tiempo, en la legislación registral no se recogía la necesidad de incluir un medio de identificación incuestionable, que garantizara la unión entre el certificado de nacimiento y la persona inscrita, ya

[39] Veremos más adelante cómo, hasta el año 1999 y con fundamento en los artículos 47 de la Ley del Registro Civil y 167 del Reglamento del Registro Civil, se permitía en España no hacer mención a la filiación materna en la inscripción del nacimiento si así lo solicitaba la madre.

[40] En los casos de menores abandonados, además de las circunstancias inscribibles se mencionará la hora, fecha y sitio del hallazgo y menciones de identidad de la persona que los haya recogido, señas particulares de conformación, relación de documentos, ropas y demás objetos encontrados y cuantas circunstancias sean útiles para una futura identificación.

que todos los elementos que se mencionaban en la inscripción eran externos al sujeto[41].

La insuficiencia de los datos que constaban en el Registro para garantizar la identidad del recién nacido y la relación efectiva entre la inscripción y una persona determinada hizo plantearse la necesidad de incorporar a la inscripción registral un dato biológico. Por este motivo, la Orden Ministerial de 15 de noviembre de 1996, de modificación del modelo oficial de cuestionario para la declaración de nacimiento en el Registro Civil, establece la necesidad de adaptar los cuestionarios oficiales de declaración de nacimiento, de manera que recojan la identidad fisiológica y ésta sea archivada por los Encargados de los Registros Civiles y pueda servir de prueba de la identidad del recién nacido; y recoge que, teniendo en cuenta que alguna Comunidad Autónoma, en uso de sus competencias en materia de sanidad, ha establecido ya un documento de identificación infantil que recoge las huellas dactilares del recién nacido, parece oportuno que esas huellas consten también en el cuestionario para el Registro Civil. De manera que al final del nuevo modelo oficial de cuestionario para la declaración de nacimiento aparece un recuadro para recoger las huellas del nacido, y dicho recuadro se cubrirá cuando exista una ley autonómica o estatal que obligue a tomar las huellas del recién nacido en un centro hospitalario del territorio[42].

De este sistema se ha alabado que supone la incorporación al Registro del método de identificación basado en las huellas dactilares y un reconocimiento del derecho a la identidad del recién nacido, pero ha sido también criticado por haber sido considerado insuficiente, ya que incorpora, de manera técnicamente deficiente, sólo un recuadro para recoger dos huellas de la mano del nacido, y únicamente en el modelo oficial de cuestionario para la declaración de nacimiento, de manera que el documento sólo se archiva en el legajo de nacimientos y no en la propia inscripción registral. Además, se considera un sistema incompleto, porque, al no incluir las huellas de la madre, tampoco se incorpora a los archivos registrales la relación de filiación materna, que sí aparece recogida en las normas autonómicas que tratan sobre esta cuestión[43].

---

41 SALVADOR GUTIERREZ, S. (1999), "Derecho a la identidad", *Actualidad Civil*, 4, p. 1492.

42 Orden Ministerial de 15 de noviembre de 1996, de modificación del modelo oficial de cuestionario para la declaración de nacimiento, BOE 26 noviembre 1996, núm. 285, [pág. 35540].

43 SALVADOR GUTIÉRREZ, S. (1999), "Derecho a la identidad", *Actualidad Civil*, 4, pp. 1492-1493. No debemos olvidar tampoco que la impresión de las huellas digitales no parece ser fiable hasta que el niño tiene al menos tres meses.

Por este motivo, la Orden de 10 de noviembre de 1999 incorpora dos recuadros en blanco destinados a recoger las huellas de la madre y las del hijo con la intención de reforzar la identidad biológica del niño[44].

En el ordenamiento jurídico español existe también la posibilidad de inscribir el nacimiento fuera plazo, es decir, más allá de los 8 días siguientes al parto (30 en casos especiales) que establece el Reglamento del Registro Civil.

La inscripción del nacimiento en este caso se realiza a través de la tramitación de un expediente ante el encargado del Registro Civil, en el que se investiga que no hay previa inscripción de nacimiento, la existencia de identidad del nacido y cuantas circunstancias deban constar en la inscripción[45].

Esta posibilidad de inscribir el nacimiento fuera de plazo ha sido muy utilizada en España por personas de raza gitana e inmigrantes, y son numerosas las Resoluciones de la Dirección General de los Registros y el Notariado que se refieren a esta cuestión, ya que han surgido frecuentes problemas relacionados en este tipo de inscripciones desde el momento en que empieza a dudarse de que los nacimientos se hayan producido en España[46].

La aparición de estas dudas sobre la veracidad de los hechos que se pretende inscribir dio lugar a la Instrucción de 7 de octubre de 1988 (Reglas generales sobre tramitación de expedientes de inscripción fuera de plazo de nacimiento y sobre expedición de certificaciones a los solos efectos de la obtención del Documento Nacional de Identidad), en la que se plantea la necesidad de evitar que, a través de la realización de inscripciones fuera de plazo, se inscriban en el Registro nacimientos ocurridos fuera de España y que no afecten a españoles

---

[44] Orden de 10 de noviembre de 1999, BOE 23 noviembre 1999, núm. 280, [pág. 40572; rect. BOE 1 diciembre 1999 , núm. 287 [pág. 41495]

[45] En los casos en los que existe duda sobre el sexo o edad del nacido el Médico del Registro Civil emite un dictamen al respecto, y para determinar el año y población de nacimiento basta la información de dos personas a quienes les conste de ciencia propia o por notoriedad; pero para precisar más el tiempo y lugar acreditados por notoriedad se procurará que concurran otras pruebas.

El Reglamento del Registro Civil establece además que siempre que no produzca dilación superior a treinta días, deberán incorporarse al expediente:

1. El parte de alumbramiento, suscrito por Médico, Comadrona o Ayudante Técnico Sanitario o, en su defecto, la partida de bautismo o análoga de la religión correspondiente.

2. Certificado del matrimonio de los padres o la partida eclesiástica.

3. Y, en su caso, certificación o parte oficial de la inscripción de nulidad, disolución o separación legal del matrimonio, o de la muerte o declaración de ausencia o fallecimiento del marido.

Esto se entiende sin perjuicio de las diligencias para mejor proveer, como la unión al expediente del certificado de empadronamiento, la práctica o ampliación de prueba testifical u otras. Artículos 311-316 del Reglamento del Registro Civil.

[46] Sobre esta cuestión son numerosas las Resoluciones de la Dirección General de los Registros y el Notariado. GÓMEZ BENGOECHEA, B. (2007), *Derecho a la identidad y filiación. Búsqueda de los orígenes en adopción internacional y otros supuestos de filiación transfronteriza*. Madrid: Dykinson, p. 111.

(que podrían servir de base para la adquisición fraudulenta de la nacionalidad española), y que se practique un asiento de nacimiento referido a una persona que ya está inscrita en el Registro Civil español, ya que a través de este medio podría enmascararse su verdadera identidad.

En relación con la inscripción registral, y debido a los casos de niños apropiados o robados destapados en los últimos tiempos, la Ley 20/2011, de 21 de julio de Reforma de la Ley del Registro Civil, establece, por un lado, que los niños tendrán personalidad y serán inscritos desde que nazcan con vida y se desprendan del seno materno; y, por otra parte, que los fallecimientos que tengan lugar después de los 6 meses de gestación sin haberse cumplido estos requisitos, figurarán en un archivo del Registro Civil sometido a publicidad restringida, sin efectos jurídicos, pudiendo los progenitores otorgar un nombre[47].

Regulación en Derecho Comparado

Aunque la necesidad de registrar el nacimiento es compartida y destacada por muchos ordenamientos jurídicos, las dificultades que se plantean en muchos países para llevar a cabo esta tarea hacen que la falta de registro sea uno de los mayores obstáculos que existen para la garantía efectiva del derecho a la identidad de las personas y para la realización de una declaración de adoptabilidad con garantías.

El Derecho interno de muchos Estados regula esta cuestión haciendo referencia a la necesidad de inscribir los nacimientos, a las personas que tienen la obligación de promover dicha inscripción, los plazos en los que ésta debe realizarse, e incluso las posibles sanciones que se siguen de la falta de cumplimiento de esta exigencia, pero encontramos importantes diferencias en la redacción y aplicación de estos preceptos en función del país del que se trate. A pesar de la frecuencia con la que aparece en las legislaciones, el registro del nacimiento no se percibe universalmente como un derecho fundamental de la persona y, por ese motivo, en muchos países no ocupa un lugar preferente en la lista de prioridades, desatendiéndose su valor frente a problemas más inmediatos, considerándolo una pura formalidad legal de poca trascendencia para el desarrollo del niño[48].

Así, según los cálculos de UNICEF, en el año 2003 quedó sin registrar el 36% de los nacimientos que se produjeron en todo el mundo, quedando anulado

---

[47] Reforma Ley 20/2011, de 21 de julio, del Registro Civil. Disposición Adicional Cuarta.

[48] CENTRO DE INVESTIGACIONES INNOCENTI (marzo de 2002), "El registro de nacimiento. El derecho a tener derechos", *Innocenti Digest*, 9, www.unicef-icdc.org, p. 12.

el derecho de más de 48 millones de niños a tener una identidad, un nombre y una nacionalidad[49].

Aunque el problema de los nacimientos no registrados afecta a todos los países, en los llamados "en vías de desarrollo" las dificultades en esta materia son notables y allí se encuentra la mayor parte de los menores no registrados de forma adecuada. Aun así, cifras relativas al año 2000 confirman que es posible encontrar sistemas que funcionan al máximo, con cobertura prácticamente universal, incluso en los países más pobres, siempre y cuando consideren el registro del nacimiento como una prioridad nacional, de manera que una vez establecidas las estructuras sociales y administrativas necesarias, incluso los Estados con un Producto Interior Bruto modesto pueden mantener un elevado nivel de cobertura[50].

El examen de la situación por regiones muestra que en el año 2003 en el África Subsahariana quedó sin registrar el 55% de los nacimientos, en Asia Meridional[51] el 63%, en medio Oriente y África del Norte[52] el 16%, y en la región de Asia Oriental y el Pacífico[53] quedó sin registrar el 19% de los nacimientos. En América Latina y Caribe el porcentaje de niños sin registrar alcanza el 15%, el 23% en los países de Europa central y oriental, y en los países industrializados el porcentaje total es del 2%[54].

El registro supone la constancia oficial del nacimiento de un niño y establece su identidad, constituyendo un prerrequisito para la posterior obtención de un certificado de nacimiento, que permitirá demostrar el nombre del niño y la relación de éste con sus padres y con el Estado[55]. Su relación con la declaración de adoptabilidad es, por lo tanto, indudable ya que, como veremos más adelante, el consentimiento de los padres biológicos es uno de los requisitos fundamentales para que el niño sea declarado adoptable, y contribuye de forma decisiva a prevenir adopciones ilegales, porque "*la existencia de un sistema eficaz de registro de nacimientos, unido a la expedición coordinada de certificados de*

---

[49] UNICEF (2005), *The "rights" start life. A statistical analysis of birth registration*, p. 3.

[50] Así ocurre en países como Armenia, Azerbaiyán, Georgia, Kirguistán, Moldavia y Uzbekistán, que tienen unas tasas de cobertura superiores al 90%. CENTRO DE INVESTIGACIONES INNOCENTI (marzo de 2002), "El registro de nacimiento. El derecho a tener derechos", *Innocenti Digest*, 9, www.unicef-icdc.org,p. 10.

[51] Afganistán, Bangladesh, Bhután, India, Maldivas, Nepal, Pakistán y Sri Lanka.

[52] Arabia Saudita, Argelia Djibuti, Egipto, Emiratos Árabes Unidos, Irak, Israel, Libia, Jordania, Kuwait, Líbano, Marruecos, Omán, Irán , Siria, Sudán, Túnez, Yemen.

[53] Brunei, Camboya, China, Estados Federales de Micronesia, Fiji, Filipinas, Indonesia, Islas Cook, Islas Marshall, Islas Salomón, Kiribati, Malasia, Mongolia, Myanmar, Nauru, Niue, Palau, Papua Nueva Guinea, Corea, Laos, Samoa, Singapur, Tailandia, Tonga, Tuvalu, Vanuatu, Vietnam.

[54] CENTRO DE INVESTIGACIONES INNOCENTI (marzo de 2002), "El registro de nacimiento. El derecho a tener derechos", *Innocenti Digest*, 9, www.unicef-icdc.org, p. 8.

[55] CENTRO DE INVESTIGACIONES INNOCENTI (marzo de 2002), "El registro de nacimiento. El derecho a tener derechos", *Innocenti Digest*, 9, www.unicef-icdc.org, pp. 2, 4.

nacimiento, puede contribuir a la protección de los niños contra toda modificación ilegal de su identidad, como el cambio de nombre o la falsificación de sus vínculos de parentela"[56]. Además, el registro del nacimiento es presupuesto de todos los demás derechos humanos, y su importancia alcanza a otras cuestiones tales como la educación o la atención sanitaria, la justicia juvenil, la protección contra los malos tratos y la explotación infantil.

Debido a su trascendencia en relación con todas las cuestiones mencionadas, y debido a la enorme magnitud del problema de la falta de inscripción, son numerosos los países que, apoyados por las Naciones Unidas, han iniciado campañas de puesta en marcha y/o mejora de sus sistemas de registro de nacimientos[57].

1.2. Separación de la familia de origen y privación de derechos respecto al niño

Como ya hemos mencionado, la declaración de adoptabilidad es, junto con la declaración de idoneidad y la asignación, una de las cuestiones más importantes a las que deben hacer frente las autoridades públicas a lo largo del procedimiento de adopción. Su importancia radica en que es presupuesto indispensable para que se busque una nueva familia para el niño, ya que determina la ruptura total de los vínculos jurídicos entre el menor y su familia de origen.

Precisamente por la trascendencia que tiene esta decisión, en el ordenamiento jurídico español es, desde hace años, una cuestión fuertemente intervenida por las administraciones públicas. Igual que ocurre con la declaración de idoneidad y el matching, la decisión de declarar adoptable a un niño corresponde a la entidad protectora de menores, y no está ya en manos de sujetos privados, unidos o no al niño por lazos familiares[58].

La determinación de separar definitivamente a un niño de su familia originaria y buscar para él unos nuevos padres está precedida por la pérdida de patria potestad por parte de los padres biológicos. Esta pérdida puede ser consecuencia de distintas circunstancias:

---

56 CENTRO DE INVESTIGACIONES INNOCENTI (marzo de 2002), "El registro de nacimiento. El derecho a tener derechos", *Innocenti Digest*, 9, www.unicef-icdc.org, p. 5.

57 CENTRO DE INVESTIGACIONES INNOCENTI (marzo de 2002), "El registro de nacimiento. El derecho a tener derechos", *Innocenti Digest*, 9, www.unicef-icdc.org, pp. 17-21.

58 Esto no ha sido siempre así, ya que, como nos recuerdan últimamente las noticias que aparecen en los medios de comunicación, en una época no demasiado lejana, eran posibles en España las adopciones privadas, en las que unos y otros se ponían de acuerdo para llevar a cabo la adopción sin intervención de las administraciones públicas.

1.2.1. Abandono

La primera de ellas es el abandono, entendiendo como tal dejar al niño en algún lugar de forma anónima con la intención de renunciar definitivamente a los derechos que se tienen sobre él.

Durante muchos años existió en España la posibilidad, vigente aún en algunos países (en Europa, principalmente Francia e Italia), de dar a luz de forma anónima, de manera que era posible solicitar a quienes intervenían en el parto o en la posterior inscripción registral del nacimiento, que no hicieran constar la identidad de la madre, a pesar de ser ésta conocida.

Con respecto a esta cuestión existen en Europa dos tendencias claramente diferenciadas: por una parte, la de los Estados regidos por el principio clásico *mater semper certa est*, cuya legislación recoge la necesidad de que conste siempre la identidad de la mujer que da a luz; y por otro lado, la de aquellos que subordinan el derecho a conocer el propio origen a otros criterios y valores sociales, de manera que, argumentando entre otras razones el derecho a la intimidad y el honor de la madre, incluso cuando se conoce el hecho del parto y la identidad de la mujer y del hijo, la determinación legal de la maternidad se subordina a su voluntad, permitiéndole ocultar su identidad[59].

Entre los primeros, en los que la determinación de la filiación materna está presidida por el derecho de las personas a la identidad y a conocer su propio origen, y que representan la tendencia mayoritaria en el ámbito europeo, podemos mencionar a Alemania, Austria, Bélgica, Grecia, Holanda, Portugal, Hungría, Suiza, Polonia, Turquía, Croacia, Noruega, Eslovenia, Dinamarca y Reino Unido[60].

Los segundos, que permiten la maternidad anónima, minoritaria en las legislaciones internas europeas, subordinan la determinación jurídica a la voluntad de la madre de varias formas, unas veces en todo tipo de filiación, otras sólo en los casos de filiación no matrimonial, en ocasiones exigiendo el reconocimiento expreso o tácito de la madre después del parto o la posesión de estado, o permitiéndole desconocer la maternidad ya inscrita, de forma que ésta

[59] RIVERO HERNANDEZ, F., "Mater semper certa est?. Problemas de determinación de la maternidad en el ordenamiento español", *Anuario de Derecho Civil*, 1997-I, pp. 34-35; GARRIGA GORINA, M. (2000), *La adopción y el derecho a conocer la filiación de origen: un estudio legislativo y jurisprudencia*l. Madrid: Aranzadi, pp. 131-132; Sentencia del Tribunal Europeo de Derechos Humanos de 13 de febrero de 2003, demanda nº 42326/1998, Hechos, II, D, TEDH 2003\8.

[60] Sobre esta cuestión: GÓMEZ BENGOECHEA, B. (2007), *Derecho a la identidad y filiación. Búsqueda de los orígenes en adopción internacional y otros supuestos de filiación transfronteriza.* Madrid: Dykinson, p. 132.

no se determina automáticamente por el solo hecho del parto[61]. Este modelo es originario del Código de Napoleón y propio de los ordenamientos latinos; en la actualidad, y tras la declaración de inconstitucionalidad de la legislación registral española sobre esta materia, prevalece sólo en las legislaciones de Italia, Luxemburgo y Francia[62].

En el resto del mundo existen también ambas tendencias, de manera que encontramos tanto países que contemplan en sus legislaciones la determinación de la maternidad por la mera prueba del hecho del parto y de la identidad del hijo[63], como algunos ordenamientos jurídicos en los que está prevista la necesidad de que la madre reconozca formalmente al hijo antes de ser inscrita como tal, o de que preste su consentimiento antes de que su identidad sea recogida en el acta de nacimiento[64].

En España, esta posibilidad, contemplada en la legislación registral (artículos 167 del al Ley del Registro Civil y 47 del Reglamento del Registro Civil), fue declarada inconstitucional en el año 1999 por el Tribunal Supremo (Sentencia del Tribunal Supremo de 21 de septiembre de 1999). De modo que, en nuestro país, ya sólo es posible ocultar la identidad de la madre biológica abandonando al hijo en el sentido más literal de la palabra, es decir, dejándolo en algún lugar sin ser visto y sin que nadie conozca quién es su madre[65].

---

[61] GARRIGA GORINA, M. (2000), *La adopción y el derecho a conocer la filiación de origen: un estudio legislativo y jurisprudencial*. Madrid: Aranzadi, p. 132; RIVERO HERNANDEZ, F., "Mater semper certa est?. Problemas de determinación de la maternidad en el ordenamiento español", *Anuario de Derecho Civil*, 1997-I, p. 34; Sentencia del Tribunal Europeo de Derechos Humanos de 13 de febrero de 2003, demanda nº 42326/1998, Hechos, II, D, TEDH 2003\8.

[62] Sobre esta cuestión: GÓMEZ BENGOECHEA, B. (2007), *Derecho a la identidad y filiación. Búsqueda de los orígenes en adopción internacional y otros supuestos de filiación transfronteriza*. Madrid: Dykinson, pp. 133 y ss.

[63] Panamá, Bulgaria, República Dominicana, El Salvador, Estonia. GÓMEZ BENGOECHEA, B. (2007), *Derecho a la identidad y filiación. Búsqueda de los orígenes en adopción internacional y otros supuestos de filiación transfronteriza*. Madrid: Dykinson, pp.133-134.

[64] En Egipto, la Ley de promulgación de la ley de menores de Egipto, Ley Nº 12, de 25 de marzo de 1996, establece en sus arts. 21-23 que para que el nombre de los progenitores conste en el registro es necesario el consentimiento por escrito de ese progenitor. Además, el encargado del Registro Civil no podrá mencionar el nombre del padre o de la madre o de ambos, aunque se lo pidieran expresamente, si los padres son parientes consanguíneos en un grado que no permite el matrimonio; si la madre está casada y el padre del niño no es su marido no se mencionará el nombre de la madre; y con relación a personas que no sean musulmanas, si el padre está casado y la madre del recién nacido no es su esposa legítima, el nombre del padre no será mencionado, salvo que el alumbramiento se produjese con anterioridad al casamiento o tras rescisión del mismo, con la excepción de aquellas personas cuya religión permite la poligamia (www.crin.info) . Y en Rusia si los padres no están casados entre sí el dato referente a la madre se hace constar conforme a su declaración. COMITÉ DE DERECHOS DEL NIÑO (1995), Informes periódicos de los Estados partes correspondientes a 1995: Russian Federation, nº 134.

[65] El abandono de un niño en estas circunstancias constituye un ilícito penal recogido en el artículo 229 del Código Penal, castigado con pena de prisión de 18 meses a 3 años si es realizado

Es cierto que el trámite de la adopción sería más sencillo de esta manera, sin la intervención de la madre en el expediente, pero es cierto también que "*están en juego principios relevantes en materia de filiación biológica que no pueden ser burlados por la aplicación de un precepto reglamentario dictado en 1958, cuya inaplicación lo único que puede conseguir es la obtención de mayores garantías en la constitución de los vínculos materno-paterno/filiales, y en la posterior tramitación de los expedientes de adopción, en los que la Ley establece el necesario asentimiento de los padres del futuro adoptado*"[66].

En estos casos de abandono es importante establecer quién lo declara y conforme a qué criterios lo hace, qué medidas se deben tomar para intentar localizar a la familia, así como prever los procedimientos urgentes necesarios para la colocación familiar estable del menor.

1.2.2. Renuncia o entrega voluntaria

La segunda posibilidad de verse privado de la patria potestad de un hijo para que, con posterioridad, este sea declarado adoptable, es la renuncia o la entrega del mismo como decisión tomada por los padres (generalmente por la madre), y manifestada conforme a los cauces legales previstos.

En estos casos son los propios padres biológicos quienes consienten la adopción, y es especialmente importante examinar las circunstancias y el modo en que se produce este consentimiento.

El consentimiento de los padres o tutores

En los supuestos de renuncia voluntaria, para que el niño sea declarado adoptable es necesario que la adopción haya sido consentida por quienes están facultados para ello. Generalmente los padres del niño, pero también las instituciones protectoras de menores cuando los niños estaban ya a su cargo.

---

por los padres y de 2 a 4 años cuando el abandono se haya realizado en circunstancias que pongan en peligro la vida, salud, integridad física o libertad sexual del menor.

[66] SALVADOR GUTIERREZ, S. (1998), "Derechos registrales del menor", en RODRÍGUEZ TORRENTE J. (Ed.), *El menor y la familia, conflictos e implicaciones.* Madrid: Universidad Pontificia Comillas p. 138.

En el mismo sentido RIVERO HERNÁNDEZ, afirma que, aunque dejar indeterminada la filiación materna facilite la futura adopción, el fin no justifica los medios, y el precio que se paga por la supuesta facilitación es demasiado alto, ya que consiste en privar a una persona de su identidad, del conocimiento de su origen. RIVERO HERNÁNDEZ, F. (9 al 15 de junio de 2003), "De nuevo sobre el derecho a conocer el propio origen. El asunto Odièvre (STEDH de 13 de febrero de 2003)", *Actualidad Civil*, 24, p. 629.

Es importante comprobar que quien consiente es el padre/madre o tutor, ya que se han dado casos en que los niños habían sido robados o secuestrados y consentía la adopción alguien que, en realidad, no era su madre. Para tratar de evitarlos, en algunos países, como Guatemala, se llegaron a instaurar controles de ADN para comprobar que quien consentía la adopción tenía vínculo biológico con el niño[67].

Se han detectado también casos de niños cuyos padres habían sido declarados muertos cuando no lo estaban (falsos huérfanos); sistemas de "recolección" de niños en los pueblos; reclutadores de niños que cobran un sueldo mensual, que trabajan también en centros de salud y otros lugares a los que las familias acuden en busca de ayuda[68]; incluso alguna sentencia de casos en los que la madre aparece como desaparecida cuando no lo está y está capacitada para cuidar de sus hijos, en los que, un tribunal etíope que resuelve, declara la nulidad de la adopción por falta de consentimiento y ordena el retorno de los niños con su madre biológica[69].

Resulta también fundamental, a la hora de recabar los consentimientos, que quienes los prestan hayan sido suficientemente informados de sus consecuencias y asesorados al respecto (artículo 4.1 del Convenio de La Haya), que no hayan sido presionados y se les hayan ofrecido contraprestaciones de ninguna clase (artículo 4.3 del Convenio de La Haya), y que estén adecuadamente documentados (artículo 4.2 del Convenio de La Haya).

Es conveniente, también, que el consentimiento de los padres a la adopción (de la madre en particular) no se dé antes del nacimiento o en las primeras semanas de vida del niño[170].

Se debe dar a los padres la oportunidad de disponer de un período de reflexión después del nacimiento. Durante este período, y durante el embarazo,

---

67 SMOLIN, D.M. (2006), "Child laundering: how the intercountry adoption system legitimizes and incentivizes the practices of buying, trafficking, kidnapping, and stealing children", *The Wayne Law Review*, Vol. 52: 113, p. 167.

68 WERELDKINDEREN, AGAINST CHILD TRAFFICKING (2009), "Fruits of Ethiopia. Intercountry adoption: the rights of the child, or the "harvesting" of children?", http://poundpuplegacy.org/files/Second-Interim-Report-FINAL-redacted-for-distribution+annexures.pdf, p. 41. CONFERENCIA DE LA HAYA DE DERECHO INTERNACIONAL PRIVADO (2008), *La puesta en práctica y el funcionamiento del Convenio de La Haya de 1993 sobre Adopción Internacional. Guía de buenas prácticas*. Guía nº1, nº 85-86.

69 Sentencia de 12 de mayo de 2000, Tribunal Federal de Primera Instancia, WERELDKINDEREN, AGAINST CHILD TRAFFICKING (2009), "Fruits of Ethiopia. Intercountry adoption: the rights of the child, or the "harvesting" of children?", http://poundpuplegacy.org/files/Second-Interim-Report-FINAL-redacted-for-distribution+annexures.pdf, Anexos.

70 Esto es así en la ley española, según la cual la madre no puede consentir la adopción hasta pasados al menos 30 días desde el parto, pero esta norma no es común a la legislación de todos los países.

es muy importante prestar un acompañamiento psicosocial y/o económico a los padres para reducir los riesgos de renuncia y, si esta se confirma, para ayudarles a separarse dignamente de su niño[71].

Es especialmente importante la creación de protocolos hospitalarios para asistir a la madre que ha decidido entregar a su hijo en adopción tras el parto. En ellos debe regularse el modo en que se deciden cuestiones tales como ver o no ver al niño, conocer su sexo, ponerle un nombre, amamantarlo durante los días que dure la hospitalización, etc., y el momento en que se tomará una decisión sobre ellas.

1.2.3. Decisión pública sin consentimiento paterno

La tercera y última vía por la que es posible llegar a la declaración de adoptabilidad de un niño, es como consecuencia de una decisión de la autoridad pública que ha privado (generalmente a través de una decisión judicial) a la familia de origen de la patria potestad y, posteriormente, ha consentido la adopción.

La privación de la patria potestad como paso previo a la declaración de adoptabilidad no es frecuente en nuestro ordenamiento jurídico. Debe producirse siempre por sentencia de un tribunal y como consecuencia del grave y reiterado incumplimiento de los deberes que implica la relación paterno-filial, y tras considerar como la mejor opción para el menor la separación definitiva de su familia de origen, aun en contra de la voluntad de ésta[72].

El compromiso de contemplar la separación de la familia biológica como última opción, está recogido en la Convención de Naciones Unidas sobre Derechos del Niño, que manifiesta que esta alternativa debe tomarse sólo si la separación es necesaria en interés superior del niño[73].

En España no son frecuentes los casos en los que esto ocurre, entre otras razones, porque tenemos un sistema de protección de menores muy defensor del vínculo con la familia biológica, en el que, antes de privar definitivamente

[71] INTERNATIONAL SOCIAL SERVICE, Centro Internacional de Referencia para los derechos del niño privado de familia (2006).

[72] Estos deberes están recogidos en el artículo 154 Código Civil: Los hijos no emancipados están bajo la potestad de los padres. La patria potestad se ejercerá siempre en beneficio de los hijos, de acuerdo con su personalidad, y con respeto a su integridad física y psicológica. Esta potestad comprende los siguientes deberes y facultades: 1. Velar por ellos, tenerlos en su compañía, alimentarlos, educarlos y procurarles una formación integral 2. Representarlos y administrar sus bienes. Si los hijos tuvieren suficiente juicio deberán ser oídos siempre antes de adoptar decisiones que les afecten. Los padres podrán, en el ejercicio de su potestad, recabar el auxilio de la autoridad.

[73] Artículo 9 de la Convención de Naciones Unidas sobre Derechos del Niño.

de la patria potestad y declarar la adoptabilidad de un niño, se intentan otras medidas de protección menos definitivas y drásticas, como son los acogimientos familiares y residenciales.

De modo que, la mayor parte de las adopciones que tienen lugar en nuestro país son de niños cuyos padres han renunciado voluntaria y definitivamente a su cuidado, ya que en el resto de los casos, generalmente los niños van creciendo sometidos a otro tipo de medidas, y cuando cabría la declaración de adoptabilidad, por haberse descartado ya la reintegración en su familia de origen, son demasiado mayores para encontrar para ellos padres adoptantes, o para afrontar psicológicamente lo que supone la ruptura de vínculos con su familia biológica.

En este sentido, al examinar las cifras de tutelas llevadas a cabo por las Comunidades Autónomas por encontrarse los niños en situación de desamparo, y las de los autos de adopción aprobados, podemos observar cómo las tutelas son mucho mayores, y sólo en algunos pocos casos se pronuncian autos de adopción (algunos de los cuales, además, corresponden a adopciones consentidas por los padres biológicos)

Tabla 1.- Número de tutelas y autos de adopción.

	2001	2002	2003	2004	2005	2006	2007	2008	2009
Tutelas	6.082	5.722	5.973	5.784	6.510	7.508	7.792	8.381	8.215
Autos de adopción	1.075	1.028	896	828	691	916	740	672	883

Fuente: Estadística básica de medios de protección a la infancia. Boletín nº 12. Ministerio de Sanidad, Política Social e Igualdad, 2011.
http://www.observatoriodelainfancia.msssi.gob.es/productos/pdf/estadisticaBproteccion12.pdf

1.3. La adopción como mejor solución: plan de vida (el informe médico y psicosocial y su dimensión jurídica)

Una vez que se ha determinado que el niño no puede permanecer con su familia de origen ni ser cuidado por su familia extensa, es preciso elaborar para él un plan de vida que, en lo posible, permita ponerle al cuidado de una familia de forma permanente.

En principio, es preferible que la familia que se haga cargo del niño lo haga dentro de su propio país y como parte de un sistema de adopción nacional. Sin embargo, muchas veces esto no es posible por no existir un sistema de adopción nacional eficiente y capaz de satisfacer las necesidades de los niños. En estos casos es necesario recurrir a la adopción internacional, y, en ocasiones resulta preferible, ya que, de otro modo, los niños tendrían que ver retrasada su colocación permanente mientras se intenta reformar el sistema de protección nacional y se encuentra una familia para ellos dentro de su país[74].

Sin embargo, aunque la colocación permanente es, en principio, la mejor solución, antes de declarar la adoptabilidad de un niño, es necesario realizar un estudio de las cuestiones que pueden condicionar su desarrollo futuro, su capacidad de crear una relación adoptiva satisfactoria y su capacidad de apego. En él se contemplará, de la forma más completa posible, todo lo relacionado con su salud mental, física, emocional y relacional, y también se hará referencia a sus recursos personales y a sus limitaciones[75].

El diagnóstico sobre estas cuestiones servirá para, en la medida de lo posible, determinar qué problemas de salud son reversibles, cuáles pueden mejorar notoriamente, y qué dificultades de salud, emocionales y relacionales tiene el niño. De este modo se podrá decidir mejor si la adopción es la medida de protección más adecuada para el menor y qué características deberá tener la familia que se haga cargo de él[76].

El informe

Tanto el Convenio de La Haya (en su art. 16) como el International Social Service (en su Ficha de formación nº 21), mencionan la necesidad de recoger este estudio en un informe que resultará fundamental para que la adopción se realice en interés del niño, ya que, el que sea incorrecto o incompleto puede llevar a errores en el matching, y suponer problemas futuros para el niño y la familia. Es especialmente importante en los casos de niños con necesidades especiales, y tiene también especial trascendencia de cara a la búsqueda de orígenes.

El contenido de dicho informe será, en la medida de lo posible, el siguiente[77]:

- Los motivos por los que se plantea la adopción como medida de protección: qué otras opciones se han barajado (esfuerzos por evitar el aban-

---

74 Conferencia de La Haya de Derecho Internacional Privado (2008), *La puesta en práctica y el funcionamiento del Convenio de La Haya de 1993 sobre Adopción Internacional. Guía de buenas prácticas*. Guía nº1, nº 291-295.

75 Dentro de los factores que condicionan este "estado de salud" están el número y las circunstancias de las rupturas experimentadas, las circunstancias del embarazo, parto y primeros meses de vida, hospitalizaciones y enfermedades, etc.

76 International Social Service, Centro Internacional de Referencia para los Derechos del Niño Privado de Familia, Ficha de formación nº 20.

77 International Social Service, Centro Internacional de Referencia para los Derechos del Niño Privado de Familia, Ficha de formación nº 21.

dono, por reinsertar al niño en su familia, etc.), así como los motivos que justifican que sea una adopción internacional, si es el caso.

- Un resumen de la información psicosocial recopilada sobre el niño y su familia.
- El expediente médico sobre la salud del niño y sus antecedentes familiares.
- El expediente jurídico respecto a su adoptabilidad, con especial atención a la prueba de que se han recabado los consentimientos necesarios.
- Una descripción de la situación de vida actual del niño (hábitos, relaciones, comportamientos)
- Una valoración de los elementos positivos y los riesgos existentes en la personalidad, las vivencias y las características del niño. En particular sobre su capacidad para renunciar a su vida pasada y establecer nuevos vínculos.
- Una orientación sobre el tipo de familia que podría responder a las necesidades del niño (constitución, carácter, edad)
- Cualquier otra información que pudiera ayudar a realizar una designación en interés del niño y de la familia adoptiva.
- Fotografías del niño.

Estos informes se entregarán a los responsables del matching para ayudarles a realizar la asignación, y servirán también para que la familia adoptiva conozca al niño y sus vivencias previas, y así lo puedan comprender y acompañar mejor.

La guía de buenas prácticas de la Conferencia de La Haya propone dos modelos de informe, uno médico y otro psico-social que reproducimos en los Anexos[78]

1.4. El principio de subsidiariedad de la adopción internacional

El principio de subsidiariedad aparece mencionado, en relación con la adopción, en convenciones y convenios internacionales, y se recoge también en la legislación interna de algunos países. Determina que la separación definitiva de la familia de origen, el traslado de país y la integración en una nueva familia debe ser la última de las medidas a contemplar en cada caso para los

---

[78] Conferencia de La Haya de Derecho Internacional Privado (2008), *La puesta en práctica y el funcionamiento del Convenio de La Haya de 1993 sobre Adopción Internacional. Guía de buenas prácticas*. Guía nº1, Anexos 7-4 a 7-14.

niños necesitados de protección; de modo que, antes de plantear una solución tan radical y definitiva, es preciso barajar otro tipo de ayudas que permitan al niño permanecer con su familia o, al menos, en su entorno más cercano.

La primera mención a este principio se hace en el ámbito internacional en la "Declaración sobre los principios sociales y jurídicos relativos a la protección y el bienestar de los niños, con particular referencia a la adopción y a la colocación en hogares de guarda, en los planos nacional e internacional" (Naciones Unidas, 1986), que en su artículo 17 dice que "*Cuando no sea factible colocar a un niño en un hogar de guarda o darlo en adopción a una familia adoptiva, o cuando el niño no pueda ser cuidado adecuadamente en su país de origen, podrá considerarse la adopción en otro país como forma alternativa de proporcionarle una familia*".

Retomado en la Convención de Naciones Unidas sobre Derechos del Niño[79], y recogido también en el Convenio de La Haya de 1993[80], aparece descrito, por tanto, como la obligación de agotar las soluciones nacionales y promover la continuidad en la educación del niño antes de emprender una adopción internacional, considerando ésta una medida de último recurso.

Sin embargo, más recientemente, tanto UNICEF como la Guía de Buenas Prácticas de la Conferencia de la Haya, han señalado que el cuidado institucional, aunque sea en el país de origen del niño, es menos favorable que la adopción internacional, de modo que, a la luz del principio del interés superior del niño, la institucionalización debería ser la última de las medidas a tomar[81].

---

[79] Naciones Unidas, *Convención sobre los Derechos del Niño*, "Artículo 21: Los Estados Partes que reconocen o permiten el sistema de adopción cuidarán de que el interés superior del niño sea la consideración primordial y: a) Velarán por que la adopción del niño sólo sea autorizada por las autoridades competentes, las que determinarán, con arreglo a las leyes y a los procedimientos aplicables y sobre la base de toda la información pertinente y fidedigna, que la adopción es admisible en vista de la situación jurídica del niño en relación con sus padres, parientes y representantes legales y que, cuando así se requiera, las personas interesadas hayan dado con conocimiento de causa su consentimiento a la adopción sobre la base del asesoramiento que pueda ser necesario; b) Reconocerán que la adopción en otro país puede ser considerada como otro medio de cuidar del niño, en el caso de que éste no pueda ser colocado en un hogar de guarda o entregado a una familia adoptiva o no pueda ser atendido de manera adecuada en el país de origen".

[80] "Las adopciones consideradas por el Convenio sólo pueden tener lugar cuando las autoridades competentes del Estado de origen han constatado, después de haber examinado adecuadamente las posibilidades de colocación del niño en su Estado de origen, que una adopción internacional responde al interés superior del niño".

[81] "No requiere que todas las posibilidades se agoten, ya que no sería realista, supondría una carga innecesaria para las autoridades, y podría alargar de manera indefinida la posibilidad de encontrar un hogar permanente en el extranjero para el niño". Conferencia de La Haya de Derecho Internacional Privado (2008), *La puesta en práctica y el funcionamiento del Convenio de La Haya de 1993 sobre Adopción Internacional. Guía de buenas prácticas*. Guía nº1, nº 53.

En el caso de tener que optar por una adopción internacional como medida de protección, antes de tomar una decisión como esta, es necesario[82]:

- Haber planteado en primer lugar la opción de la adopción nacional, u otra medida de ámbito nacional que pudiera responder a las necesidades del niño, y haber procurado la adopción de tales medidas nacionales durante un tiempo razonable para el interés del menor. Muchas veces no se tienen en cuenta otro tipo de soluciones antes, y se utiliza la adopción internacional como primera opción, y no como la última[83].

  En este sentido, el cuidado permanente del niño por un miembro de la familia amplia es preferible, a no ser que quien ejerce su cuidado tenga motivaciones erróneas o no sea adecuado o no pueda satisfacer las necesidades (incluidas las necesidades médicas) del niño en particular.

  La adopción u otro cuidado permanente familiar a nivel nacional es, también, generalmente preferible. Sin embargo, ante la ausencia de familias adoptivas adecuadas o personas que ejercerían el cuidado del niño en el país, normalmente no es aconsejable mantener al niño esperando en una institución cuando existe la posibilidad de colocación en una familia adecuada y permanente en el extranjero.

  Esto implica que se deben hacer esfuerzos para ayudar a las familias a permanecer intactas o a reagruparse, o asegurarse de que el niño tenga la oportunidad de ser adoptado o cuidado en su país. Implica también que los procedimientos para la adopción internacional deben estar asentados dentro de un sistema integral de protección y asistencia del niño, que mantenga estas prioridades.

  Sin embargo, los Estados deben de igual manera garantizar que los esfuerzos para alcanzar este objetivo no dañen involuntariamente al niño, retrasando indebidamente una solución permanente por medio de la adopción internacional. Deben garantizar la elaboración del proyecto de vida permanente, en el menor tiempo posible, para todo niño privado de sus padres[84].

---

[82] International Social Service, Centro Internacional de Referencia para los Derechos del Niño Privado de Familia, Ficha de formación nº 41.

[83] Wereldkinderen, Against Child Trafficking (2009), *Fruits of Ethiopia. Intercountry adoption: the rights of the child, or the "harvesting" of children?*, p. 41.

[84] Conferencia de La Haya de Derecho Internacional Privado (2008), *La puesta en práctica y el funcionamiento del Convenio de La Haya de 1993 sobre Adopción Internacional. Guía de buenas prácticas*. Guía nº1, nº 53.

International Social Service, Centro Internacional de Referencia para los Derechos del Niño Privado de Familia, Ficha de formación nº 48, 51.

- Analizar si la adopción internacional responde al superior interés del niño. En concreto:
  - o Si, por sus características personales, el niño podrá adaptarse al cambio que una medida de este tipo supone (idioma, cultura, etc.)
  - o Si el menor se muestra de acuerdo con la medida (en función de su edad y madurez)
  - o Determinar qué condiciones serían las mejores para facilitar su integración.

El Convenio de la Haya y la Convención de Naciones Unidas sobre Derechos del Niño sólo imponen obligaciones de aplicación del principio de subsidiariedad a los países de origen de los niños, pero cabría también plantearse su aplicación respecto de los países de recepción, de modo que las personas dispuestas a adoptar tuvieran que agotar sus opciones nacionales antes de ser autorizados para realizar adopciones internacionales[85].

La falta de cifras y datos estructurados sobre las adopciones nacionales e internacionales realizadas por residentes en España (sobre las edades y características de los menores especialmente) nos impide comparar las adopciones realizadas en nuestro país y las llevadas a cabo en el extranjero, y verificar que las familias españolas están adoptando fuera niños con las mismas características que los que esperan una adopción en nuestros centros de protección (grupos de hermanos, niños mayores o con algún tipo de enfermedad o discapacidad).

Aun a falta de estos datos, podemos afirmar que se están produciendo adopciones de las denominadas especiales en el extranjero, que en los centros de protección españoles hay miles de niños esperando un cuidado familiar estable, y que parece que uno de los factores que influyen en la decisión de adoptar fuera en lugar de en el propio país es la intención de las familias adoptantes de evitar todo tipo de contacto con la familia de origen.

En esta situación, ante la duda sobre la conveniencia de replantear en estos términos el principio de subsidiariedad, nos parece acertada la reflexión sobre esta cuestión elaborada por la Conferencia de la Haya y recogida por el Servicio Social Internacional en uno de sus documentos[86]:

---

[85] International Social Service, Centro Internacional de Referencia para los Derechos del Niño Privado de Familia, Boletín Mensual nº 3-4/2009, Marzo-Abril 2009.

[86] Conferencia de La Haya en relación con el principio de subsidiariedad, en international social service, Centro Internacional de Referencia para los Derechos del Niño Privado de Familia (Marzo-Abril 2009), *"Edición especial sobre el principio de subsidiariedad"*, Boletín Mensual n.º3-4/2009, www.iss-ssi.org.

- Todos los Estados deberían animar a sus ciudadanos a adoptar niños en su propio país y, dentro de la preparación a la adopción, los candidatos adoptantes deberían ser informados y animados a considerar la adopción nacional.

- Sin embargo, no estamos seguros de que sea realista imponer una obligación sobre los candidatos adoptantes de agotar sus opciones nacionales antes de que se les autorice a realizar adopciones internacionales. Suponiendo que todos los bebés y niños/as pequeños sean adoptados rápidamente, no se puede suponer que todos los candidatos adoptantes tienen la capacidad de adoptar a aquellos niños que quedan. Debe haber una evaluación rigurosa y profesional de la habilidad y capacidad de los adoptantes para adoptar a determinados menores. Queda la duda de si debería evaluarse a todos los candidatos adoptantes para categorías de niños que inicialmente no quieren adoptar, con las consecuencias que esto puede tener para el posterior éxito de la adopción.

2. FALSOS HUÉRFANOS: LEGALIDAD VS. LEGITIMIDAD DE LA ADOPCIÓN

"My new daughter Pheary was waiting for me at the orphan center, sitting next to a woman I assumed was the orphanage caretaker. Mr. Visoth said something to Ms. Galindo, whereupon she told me that the woman with my daughter was not a caretaker but was her birthmother. I was numb, in total disbelief... I immediately expressed concern, and told Lauryn (Galindo) that Pheary's paperwork indicated she was "abandoned" and her parents were "unknown". How then could her birthmother be here with her at the orphanage? At the orphanage I learned that Pheary's sisters and brother were also there, along with their father...

Being at that time mother of a 3 year old daughter, I told Lauryn that I could never remove a child from her family. No matter how much I wanted to build a family of my own, I never do it at the expense of another mother and child. I was crying... Pheary was crying, Pheary was frightened. I asked Lauryn why was I taking this child when it was obvious that she already had a family? Lauryn was irritated with me. She said that I should take Pheary back to the hotel and we could talk about it later the next day. She said that if I did not take Pheary back to the hotel I might precipitate some negative consequences for Pheray and the adoption program. I was constantly reminded that if my actions caused any of the Cambodian officials to "lose face" I might jeopardize the entire adoption program and cause trouble for many other families. I reluctantly agreed to take Pheary to the hotel.

I also indicated to Lauryn that I did not feel right about giving the financial gift to Pheary's mother. I had been told to bring a $100 US bill for the "nanny" as a gift. When I turned out that the nanny was really the birth mother, I told Lauryn that it felt like I would be "baby buying" if I were to give money to the birth mother. Lauryn replied that if I was willing to give $100 to a nanny, then I ought to be even happier to give $100 to my daughter's birth mother... By this time Lauryn had told me that if I did not adopt Pheary, she might die or meet a worse fate...

The next day at the embassy I was required to fill out some official forms in order to obtain a visa for Pheary. One of the questions on the document asked if I knew the whereabouts of any living relative to the child I was adopting. I asked Lauryn what I should do, since I had just met Pheary's birth family less than twelve hours ago. Lauryn advised me to take a check mark in the box indicating that I had no knowledge of any living blood relatives to my adopted child. I refused to do so, and Lauryn became angry and made the check herself. I ran to the bathroom with my daughter and cried"[87].

Aunque la idea que muchas personas tienen cuando se habla de adopción es que se trata de una medida para dar una familia a un niño huérfano, la realidad es que un porcentaje muy pequeño de los niños que son adoptados no tiene ni padre ni madre vivos[88].

Al contrario, la mayor parte de los menores adoptables tiene familia y son separados de ella por distintas razones, en distintas circunstancias y con distintas garantías legales.

A continuación examinaremos algunas de las cuestiones, realidades y circunstancias, que influyen en estas declaraciones de adoptabilidad y que hacen que, a veces, tanto su legalidad como su legitimidad sean cuestionables, incluso que, en algunas ocasiones, se llegue al extremo de "hacer" a los niños huérfanos para que sean adoptados[89].

---

[87] SMOLIN, D.M. (2006), "Child laundering: how the intercountry adoption system legitimizes and incentivizes the practices of buying, trafficking, kidnapping and stealing children", *The Wayne Law Review*, Vol. 52: 113, pp. 141-143.

[88] Al menos el 80% de los niños que se encuentran en instituciones de cuidado tiene uno o ambos padres en vida. INTERNATIONAL SOCIAL SERVICE, Centro Internacional de Referencia para los Derechos del Niño Privado de Familia (2013), Boletín Mensual nº 02, p. 2.

[89] INTERNATIONAL SOCIAL SERVICE, Centro Internacional de Referencia para los Derechos del Niño Privado de Familia (June 2010), *The grey zones of intercountry adoption*, Information document No 6, p. 9. SMOLIN, D.M. (2006), "Child laundering: how the intercountry adoption system legitimizes and incentivizes the practices of buying, trafficking, kidnapping and stealing children", *The Wayne Law Review*, Vol. 52: 113, pp. 141-143.

2.1. De cómo las solicitudes "huyen" de la Haya: los datos de Selman y el Servicio Social Internacional

El Convenio de La Haya de protección del niño y cooperación en materia de adopción internacional, de 25 de mayo de 1993, es el instrumento internacional más importante en este ámbito y, a día de hoy se encuentra en vigor en 90 países[90].

Su objetivo principal es aumentar las garantías para los niños durante el procedimiento de adopción y asegurarse de que en la tramitación de las adopciones internacionales se respeten los derechos fundamentales de los niños, y, especialmente, que se tenga en cuenta el principio de su superior interés.

Además, pretende conseguir la cooperación entre los estados contratantes, la prevención de la sustracción, venta o tráfico de niños, y asegurar el reconocimiento de las adopciones constituidas de acuerdo con el Convenio (artículo 1)

Es cierto que la ratificación del Convenio de la Haya por un país de origen no es la solución a todos los problemas, pero sí tiende a asegurar que la adopción internacional se plantea y se mira desde el punto de vista de los derechos de los niños[91].

Con estos objetivos, y con el importante número de países en los que está en vigor, parecería lógico que las adopciones se dieran fundamentalmente entre países miembros del Convenio. Sin embargo, la realidad es otra, y las cifras muestran que, en un gran número de casos, los futuros adoptantes se ofrecen para ser padres en países en los que el Convenio de la Haya no está vigente.

Así, según datos del profesor Peter Selman, en 8 de los 10 países en los que más se adoptaba en el mundo en el año 2003, el Convenio de La Haya no estaba en vigor[92].

---

90 En octubre de 2013, www.hcch.net.

91 CANTWELL, N. (2012), *Intercountry adoption. An African perspective*. Addis Ababa: The African Child Policy Forum (ACPF), p. 12.

92 SELMAN, P., *The quiet migration in the new millennium: trends in intercountry adoption 1998-2003*, sin publicar.

Tabla 2. Países en los que más se adopta del mundo en los que está o no en vigor el Convenio de La Haya.

2003	Convenio de la Haya en vigor	Año de entrada en vigor
China	No	2006
Rusia	No	
Guatemala	No	2003
Corea	No	
Ucrania	No	
Colombia	Sí	1998
India	No	2003
Haití	No	
Bulgaria	Sí	2002
Vietnam	No	2012

Fuente: Selman, P. "The quiet migration in the new millennium: trends in intercountry adoption 1998-2003", sin publicar.

El Servicio Social Internacional menciona que, según cifras de 2008, en cinco de los países que más niños extranjeros se adoptan (Canadá, Francia, Italia, España y Estados Unidos), un 29,6% de los casos de adopción internacional fueron tramitados dentro del Convenio de la Haya, y un 70,8% fuera de él[93].

Y en este mismo sentido, en 4 de los 6 países en los que más han adoptado los españoles en los últimos tres años, tampoco estaba en vigor el Convenio (Federación Rusa, Etiopía, Ucrania y Vietnam), y en los últimos tiempos han crecido notablemente las adopciones en países como Vietnam[94] y Kazajstán[95], también fuera de La Haya.

93 International Social Service, Centro Internacional de Referencia para los Derechos del Niño Privado de Familia (June 2010), *The grey zones of intercountry adoption*, Information document No 6, p. 4.

94 En 2006, 2007 y 2008 no se adoptó ningún niño procedente de Vietnam (la adopción estuvo cerrada porque se detectaron irregularidades), en 2009 fueron 65 los adoptados y en 2010 llegaron a 320. Hasta 2012 en Vietnam no entró en vigor el Convenio de La Haya.

95 En el año 2006 hubo 70 adopciones españolas en este país, en 2007 fueron 130, 149 en 2008, 148 en 2009, y 131 en el año 2010. Por su parte, las idoneidades concedidas pasaron de ser ninguna en el año 2000 a 338 en 2007.

Tabla 3. Número de adopciones por país de origen y año.

2008		2009		2010		2011	
País	**Adopciones**	**País**	**Adopciones**	**País**	**Adopciones**	**País**	**Adopciones**
F. Rusa	899	F. Rusa	868	F. Rusa	801	F. Rusa	712
Etiopía	629	Etiopía	722	China	584	China	677
China	619	China	573	Etiopía	508	Etiopía	441
Ucrania	218	Ucrania	168	Vietnam	320	Vietnam	178
Colombia	189	Colombia	160	Colombia	197	Colombia	148

Fuente: Ministerio de Sanidad, Servicios Sociales e Igualdad, www.msssi.es

En China las adopciones han descendido desde que entró en vigor el Convenio de La Haya y el gobierno chino impuso nuevas condiciones para las adopciones internacionales (nivel mínimo de formación e ingresos, prohibición de adopciones monoparentales e índice máximo de masa corporal), hechos ocurridos respectivamente en 2006 y 2005.

A pesar de todo, China sigue siendo el segundo país en el que más adoptan los españoles, aunque entre los años 2003 y 2010 el número de adopciones se ha visto reducido prácticamente a la mitad.

Tabla 4. Adopciones e idoneidades en China.

	2003	2004	2005	2006	2007	2008	2009	2010
Adopciones	1.043	2.389	2.753	1.759	1.059	619	573	584
Idoneidades	1.738	3.473	4.956	5.389	2.692			

Fuente: Estadísticas de adopción internacional 2006-2010, Ministerio de Sanidad, Servicios Sociales e Igualdad, www.msssi.com; Boletín Estadístico 10, 2008, Ministerio de Sanidad, Servicios Sociales e Igualdad, www.msssi.com.

Incluso se ha llegado a mencionar cómo la reciente entrada en vigor del Convenio de la Haya en Guatemala, que ha supuesto un importante descenso en los niños adoptables en este país, ha motivado que, en los últimos años, el "mercado" de la adopción se haya movido hacia otros lugares en los que hay niños pequeños y sanos disponibles para la adopción internacional, especialmente hacia Etiopía, que se ha convertido en el siguiente gran país para las agencias de adopción[96].

[96] Si miramos conjuntamente las cifras de adopciones en Guatemala y en Etiopía, podemos ver cómo el cierre de la adopción internacional en Guatemala entre los años 2007 y 2009 se corresponde con un importante incremento en las familias estadounidenses adoptantes en el país africano. Etiopía se ha convertido, también, en el primer o el segundo país de origen de los niños adoptados en Francia, Italia y España (segundo en 2009 y tercero en 2010). Smith K (2010), *From Guatemala to Ethiopia: Shifts in Intercountry Adoption Leaves Ethiopia Vulnerable for Child Sales and Other Unethical Practices*, www.socmag.net.

De modo que, aunque, adoptar en un país no miembro del Convenio de La Haya supone, en principio (aunque no siempre[97]), menos garantías, los adoptantes "huyen" hacia países no Haya para presentar sus ofrecimientos, buscando, por encima de las garantías en el procedimiento, los plazos cortos y niños pequeños y sanos[98].

2.2. Pobreza y adoptabilidad

En España, según un estudio de la CEACCU del año 2006[99], cuidar a un hijo hasta los 18 años cuesta una media de aproximadamente 200.000 euros (unos 33 millones de pesetas)[100], mientras que en Etiopía, el ingreso per cápita anual es de 168,14 €, lo que arroja como resultado que, con el dinero que cuesta cuidar a un niño adoptado en España hasta la mayoría de edad, podrían mantenerse 66 niños en Etiopía hasta los 18 años. En otros países en los que son frecuentes las adopciones internacionales por parte de familias españolas este mismo cálculo ofrece como resultado que en Rusia podrían criarse 1,9 niños, en Colombia 4,47, en Ucrania 5,7 y en China 6,16[101].

Vistas estas cifras, cabe preguntarse si tiene sentido gastar, no ya el dinero que cuesta mantener a un hijo en nuestro país, sino simplemente el que cuesta una adopción internacional (incluyendo gastos de todo tipo: trámites, abogados, etc.), cuando sólo una parte de esa cantidad habría permitido al niño quedarse con su familia biológica. En Etiopía, por ejemplo, en un proyecto de rehabilitación para madres con sus hijos, donde las madres aprenden a cuidar de los niños, hay guardería y protección para ambos, cuesta 10 euros al mes que madre e hijo permanezcan juntos[102].

Y es que, muchas veces, los padres renuncian a cuidar a sus hijos únicamente por razones de pobreza[103]. Un estudio realizado sobre 45 casos, también

---

[97] "... Misconduct and bad practices also affect countries that have ratified the convention, whether states of origin or receiving states". ISS, Centro Internacional de Referencia para los Derechos del Niño Privado de Familia (June 2010), *The grey zones of intercountry adoption*, Information document No 6, p. 6.

[98] "(...) demand transfers to other countries where Haghe Protections do not exist and where, all too often, the authorities are totally unprepared to cope with the sudden influx of applications and are unable to apply basic child protections safeguards." Cantwell, N. (2012), *Intercountry adoption. An African perspective*. Addis Ababa: The African Child Policy Forum (ACPF), pp. 10-11.

[99] CEACCU 2006.

[100] Entre 98.205 y 301.298 euros, dependiendo de si se acude a un colegio o guardería público o privado, si se tiene seguro médico, actividades extraescolares, etc.

[101] UNICEF (2007).

[102] Wereldkinderen, Against Child Trafficking (2009), *Fruits of Ethiopia. Intercountry adoption: the rights of the child, or the "harvesting" of children?*, p. 38.

[103] En este sentido: International Social Service, Centro Internacional de Referencia para los Derechos del Niño Privado de Familia (June 2010), *The grey zones of intercountry adoption*, Information document No 6, p. 8.

en Etiopía, en el año 2008 muestra que esta es, claramente, la principal causa de renuncia de niños para la adopción internacional, seguida de los problemas de salud y el nacimiento fuera del matrimonio[104].

Tabla 5.- Principales motivos de renuncia manifestados.

Motivos	**Número**	**%**
Pobreza	29	69.10
Problemas de salud	9	21.4
Nacimiento fuera del matrimonio	4	9.5
Total	**42**	**100**

Fuente: "Fruits of Ethiopia. Intercountry adoption: the rights of the child, or the "harvesting" of children?" Wereldkinderen, Against Child Trafficking, 2009, pp. 36-37.

Como ya mencionamos en el Capítulo I, la falta de ayudas, políticas de apoyo y reunificación familiar, y, en muchas ocasiones, la falta de un marco jurídico adecuado que promocione alternativas a la institucionalización de los niños, hace que, en la mayoría de los países de origen, el derecho de los niños a permanecer con su familia y a que ésta sea ayudada a cuidarles no es real.

En este contexto, para muchos padres desesperados, el orfanato es una solución temporal para ayudar a sobrevivir a sus hijos durante un tiempo de crisis económica. Muchos de los orfanatos ofrecen regularmente horas de visita para las familias, y cuando la situación mejora, los padres pueden volver a llevarse a sus hijos[105]. Por otro lado, parece como si los padres biológicos pobres de otros países no fueran vistos como seres humanos que experimentan, como otros seres humanos, la pérdida de sus hijos como una tragedia. Se habla del agradecimiento que manifiestan estos padres cuando se llevan a sus hijos, sin darse cuenta que la desesperación puede generar agradecimiento incluso hacia las formas de ayuda más explotadoras[106].

Así, por ejemplo, los padres biológicos etíopes presentan con frecuencia problemas psicológicos. La mayoría de ellos sufren depresiones moderadas o severas después de haber renunciado a sus hijos para la adopción internacional, y para afrontar y superar estos problemas dicen contar únicamente con

104 WERELDKINDEREN, AGAINST CHILD TRAFFICKING (2009), *Fruits of Ethiopia. Intercountry adoption: the rights of the child, or the "harvesting" of children?*, pp. 36-37.

105 SMOLIN, D.M. (2007)," Intercountry adoption and poverty: a Human's Rights Analysis", *Capital University Law Review*, 2007, vol. 36, pp. 439.

106 SMOLIN, D.M. (2007)," Intercountry adoption and poverty: a Human's Rights Analysis", *Capital University Law Review*, 2007, vol. 36, pp. 434.

la oración y la conversación con amigos, ya que no disponen un servicio de *counselling*, ni antes ni después de la renuncia[107].

Favorecer la adopción en los casos en los que el motivo principal de la renuncia es la pobreza es dar una solución excesivamente radical al problema de estas familias. Es como si un cirujano decidiera amputar una pierna que puede curarse con antibióticos; ciertamente termina con el problema, pero de una manera excesivamente radical y generando unos daños y efectos que se podrían haber evitado.

Sin embargo, la realidad es que, en algunos lugares, las políticas de protección de menores han estado o están orientadas preferentemente hacia la adopción internacional porque ésta genera para los países de origen unos ingresos que la nacional no produce, o para compensar la falta de recursos del país a la hora de promover otras medidas de protección más idóneas[108]. Incluso se han dado casos de adopciones internacionales que se han llevado a cabo en países en los que hay largas listas de espera para la adopción nacional[109].

También es frecuente que se den donativos a quienes renuncian a los niños (para ayudarles a sobrevivir, a alimentar a sus otros hijos…), e incluso, en ocasiones, los gobiernos den ayudas y subvenciones a los orfanatos en función del número de niños que "colocan", y sin embargo, no haya ayudas para quienes quieren quedarse con sus hijos[110].

Esta no es una cuestión fácil de resolver, porque si negamos donativos o ayudas a quienes renuncian a sus niños estamos afirmando que los malnutridos y hambrientos padres biológicos y el resto de sus hijos deben marcharse sin nada sólo para preservar un consentimiento "puro", y que, por ejemplo, no se le debe ofrecer nada a la madre para mantener su salud y su vida durante el embarazo. Pero tampoco parece aceptable encontrar en la información de las páginas web de intermediarios acreditados para la adopción que, en algunos estados de origen, es obligatorio hacer una donación de mil dólares o euros,

---

107 Wereldkinderen, Against Child Trafficking (2009), *Fruits of Ethiopia. Intercountry adoption: the rights of the child, or the "harvesting" of children?* p. 36.

108 Wereldkinderen, Against Child Trafficking (2009), *Fruits of Ethiopia. Intercountry adoption: the rights of the child, or the "harvesting" of children?*, pp. 10-11.

109 smolin, d.m. (2007)," Intercountry adoption and poverty: a Human's Rights Analysis", *Capital University Law Review,* 2007, vol. 36, pp. 422-423.

110 La solución a estos problemas podría estar en que los pagos que se realizan por las adopciones internacionales sirvieran para establecer un programa de ayudas destinadas tanto a los padres que renuncian a sus hijos como a los que no lo hacen. smolin, d.m. (2007)," Intercountry adoption and poverty: a Human's Rights Analysis", *Capital University Law Review,* 2007, vol. 36, p. 434.

cantidad que, de ninguna manera se corresponde con el coste de vida local, y que muy probablemente terminará financiando otro tipo de redes[111].

El reto es encontrar el equilibrio justo entre, por un lado, la ayuda para el desarrollo, contribuciones, costes y honorarios o donaciones que ayudan a constituir y mantener un sistema efectivo de protección del niño, y por el otro, la prevención de problemas jurídicos o éticos que pueden surgir cuando la fuente de financiación está estrechamente relacionada con el procedimiento de adopción internacional[112].

Es importante que, en los casos en los que se solicite a las familias contribuciones para cubrir algunos costes de protección y cuidado del niño, la cantidad que se pida sea una cantidad fija que paguen todos los padres adoptivos, y que sea suficientemente transparente, es decir, conocida en general[113].

Sin embargo, actuando de esta manera es fácil que la protección de menores nacional termine dependiendo de los fondos de la adopción internacional, cuestión que no es recomendable, pero que, en algunos casos, es prácticamente inevitable, especialmente en las primeras fases de la construcción de un sistema de protección de menores, cuando no es posible conseguir fondos públicos. En estos supuestos, sería recomendable que se elaboraran planes para poder ir retirando gradualmente la dependencia de esos fondos procedentes de la adopción internacional[114].

2.3. Adoptabilidad y crisis humanitarias

Otra de las situaciones que resulta interesante analizar en relación con la aplicación del principio de subsidiariedad es la de las declaraciones de adoptabilidad, y las adopciones, que se producen en contextos de emergencia, tales como una catástrofe natural o un conflicto bélico.

---

111 INTERNATIONAL SOCIAL SERVICE, Centro Internacional de Referencia para los Derechos del Niño Privado de Familia (June 2010), *The grey zones of intercountry adoption*, Information document No 6, p. 10.

112 CONFERENCIA DE LA HAYA DE DERECHO INTERNACIONAL PRIVADO (2008), *La puesta en práctica y el funcionamiento del Convenio de La Haya de 1993 sobre Adopción Internacional. Guía de buenas prácticas*. Guía nº1, nº 227.

113 CONFERENCIA DE LA HAYA DE DERECHO INTERNACIONAL PRIVADO (2008), *La puesta en práctica y el funcionamiento del Convenio de La Haya de 1993 sobre Adopción Internacional. Guía de buenas prácticas*. Guía nº1, nº228.

114 Para conocer algunos ejemplos de situaciones en las que se ha ofrecido ayuda de manera ética sin comprometer el procedimiento de adopción internacional: CONFERENCIA DE LA HAYA DE DERECHO INTERNACIONAL PRIVADO (2008), *La puesta en práctica y el funcionamiento del Convenio de La Haya de 1993 sobre Adopción Internacional. Guía de buenas prácticas*. Guía nº1, nº 229-232.

Es frecuente que en estos casos, en los que nos vemos bombardeados por imágenes de niños y familias afectadas por terremotos, inundaciones y guerras, con consecuencias especialmente devastadoras sobre los países más pobres, la opinión pública se plantee rápidamente la necesidad de ayudar a estos niños, y, con frecuencia, aparezca la adopción internacional como forma de protegerlos y sacarlos de su situación de necesidad y desprotección. Cuestión que se ve favorecida porque aún es frecuente identificar la adopción con un acto humanitario[115].

Sin embargo, precisamente en estas situaciones, es difícil comprobar, o al menos hacerlo con rapidez, que se dan las circunstancias para determinar la adoptabilidad de niños que, en apariencia, se encuentran solos y desprotegidos. Asegurar que no existen familiares o personas del entorno dispuestas a hacerse cargo de ellos, o, incluso que no tienen unos padres que los están buscando, es una tarea que lleva tiempo y que debe hacerse con máximo cuidado y antes de declarar la adoptabilidad de un menor.

La Ley de Adopción Internacional española es clara respecto a esta cuestión, y, con el propósito de evitar que se produzcan adopciones sin las garantías suficientes, establece, en su artículo 4, que éstas no serán posibles en los países que se encuentren en conflicto bélico o inmersos en un desastre natural[116].

Respecto a esta prohibición, y a otro tipo de medidas que puedan tomarse en casos parecidos, es importante que sean explicadas a la población, ya que, por sí mismas y sin razonamiento suficiente, pueden resultar impopulares[117].

En el ámbito internacional, tanto la Asamblea General de Naciones Unidas como el Servicio Social Internacional se han pronunciado sobre esta cuestión, y han manifestado la necesidad de evitar que los niños que se encuentran en estas situaciones sean desplazados fuera del país en el que tienen su residencia habitual salvo por cuestiones de salud o seguridad, en cuyo caso el desplazamiento debe ser lo más cerca posible de su casa, deben ir acompañados por uno de sus padres o un cuidador conocido, y se debe establecer un plan de retorno[118]. Sólo si encontrar a la familia ha sido imposible y no hay tampoco posibilidad

---

[115] INTERNATIONAL SOCIAL SERVICE, Centro Internacional de Referencia para los Derechos del Niño Privado de Familia (June 2010), *The grey zones of intercountry adoption*, Information document No 6, p. 9.

[116] Ley 54/2007, de 28 de diciembre, de Adopción internacional.

[117] INTERNATIONAL SOCIAL SERVICE, Centro Internacional de Referencia para los Derechos del Niño Privado de Familia (June 2010), *The grey zones of intercountry adoption*, Information document No 6, p. 11.

[118] UNITED NATIONS, General Assembly (2009), 160, 162.

de cuidado estable dentro del país, debería plantearse como opción la adopción internacional[119].

La experiencia en este sentido del último gran terremoto ocurrido en Haití, ha llevado al Servicio Social Internacional a pronunciarse ampliamente sobre esta cuestión en los términos que a continuación recogemos[120]:

- En una situación como esta existen dos tipos de reacción respecto a la protección de los niños afectados. Por una parte, están los países que piensan que la mejor manera de protegerlos es acelerando y tramitando todas las adopciones posibles, y, por otro lado, quienes piensan que éstas deben limitarse para evitar abusos. Así, hay países que prácticamente han triplicado los niños adoptados en Haití en los meses posteriores al terremoto (Canadá, USA, Luxemburgo y Bélgica), otros que los han doblado (Alemania), quienes las han disminuido (Francia), y los que las han cancelado (como es el caso de España, que sólo ha terminado de tramitar en este tiempo siete adopciones que quedaban pendientes desde el año 2007)
- En una emergencia de este tipo lo esfuerzos deben dirigirse prioritariamente a satisfacer las necesidades básicas de toda la comunidad afectada, y no a gestionar con rapidez los procesos de adopción internacional.
- Las ayudas al desarrollo no deben estar directamente relacionadas con los servicios de adopción internacional.
- Antes de tramitar adopciones con otro país en estas circunstancias, debería haber suficientes pruebas de que el principio de subsidiariedad ha sido tenido en cuenta y cumplido.
- Se debe dar a los niños tiempo suficiente para recuperarse del shock que supone una catástrofe como ésta en un lugar que les resulte familiar antes de moverles a otro sitio o a otro país. Deben también tener la oportunidad de despedirse de sus relaciones cercanas.
- Después de haber vivido un terremoto, la adoptabilidad psicológica de los niños debe ser re-evaluada, para comprobar cómo les ha afectado esta experiencia.

---

119 Esta posición es compartida por UNICEF ACNUR, el Comité de Naciones Unidas sobre Derechos del Niño, La Conferencia de La Haya de Derecho Internacional Privado, el Comité Internacional de la Cruz Roja y ONGs internacionales tales como Save the Children y el Servicio Social Internacional (UNICEF 2010)

120 INTERNATIONAL SOCIAL SERVICE; DAMBACH, M. Y BAGGLIETTO, C. (2010), *Haití. "Expediting" intercountry adoptions in the aftermath of a natural disaster, preventing future harm.* http://www.iss-ssi.org/2009/assets/files/Haiti ISS final- foreword.pdf.

- Antes de trasladar a los niños a otro país para que sean adoptados deben ponerse en práctica medidas suficientes de identificación y registro. Debido a la debilidad del Estado en el país afectado, los estados receptores deben asegurarse de que los registros existen.
- Los países de destino tienen el deber de asegurar que los padres adoptantes están preparados para adoptar niños que acaban de vivir un terremoto, con sus devastadoras consecuencias de todo tipo.
- Es deseable esperar a que los vuelos comerciales estén de nuevo operativos para el traslado de los niños, para dar así la oportunidad a los padres adoptivos de acompañarles personalmente en el viaje y conocer de primera mano su país de origen.

2.4. La responsabilidad de los países de acogida y la presión de la "demanda"

En lo que se refiere al perfil de los menores, la realidad es que quienes se ofrecen para adoptar, buscan niños que distan mucho de ser el tipo de niños que con mayor frecuencia necesitan una familia. Generalmente quien quiere adoptar busca incorporar a su familia un hijo lo más pequeño y lo más sano posible, mientras que los niños que están esperando una familia suelen ser algo mayores, grupos de hermanos o menores con algún tipo de necesidad especial[121]. Al haber más solicitantes de adopción que niños pequeños y sanos declarados adoptables, el escenario actual es que hay padres que esperan (los que quieren niños pequeños y sanos) y hay niños que esperan (los que tienen características especiales)

Esta situación se ha visto agravada porque algunos de los países considerados tradicionalmente como países de origen de niños adoptados por familias españolas se han comenzado a replantear sus sistemas de protección de menores. En los últimos años han empezado a restringir el uso de la adopción internacional como medida de protección de menores, y a aplicar el principio de subsidiariedad de manera más rigurosa. De modo que, en estos lugares se ha empezado a fomentar la adopción nacional y a prever algunas ayudas para que las familias puedan hacerse cargo de sus hijos. Incluso algunos países, como

[121] "...the relative empowerment of single pregnant women has resulted in a situation where only a small proportion voluntarily relinquish their parental Rights. The result is that, at least for healthy white infants, the number of prospective adoptive parents far outstrips the available "supply" of adoptable babies. The unwillingness of birth parents to offer their children for adoption has been one of the determining factors limiting the availability of babies for adoption." SMOLIN, D.M. (2007)," Intercountry adoption and poverty: a Human's Rights Analysis", *Capital University Law Review*, 2007, vol. 36.

Brasil o Ucrania, han manifestado no necesitar ya adoptantes internacionales para niños pequeños y sanos; de manera que, parece que, cada vez más, las adopciones internacionales serán adopciones de niños con características especiales, y que los requisitos para los adoptantes extranjeros serán cada vez más restrictivos[122].

Que los países de los que tradicionalmente provenían los niños adoptados internacionalmente hayan empezado a aplicar este tipo de medidas y a restringir la salida de sus niños, unido al mantenimiento, o al menos la no excesiva disminución, de la "demanda" por parte de las familias españolas[123], obliga a padres y ECAIs a moverse buscando nuevos lugares en los que adoptar, especialmente, niños pequeños y sanos[124].

Este "desequilibrio" lleva a que, en algunas ocasiones, la presión de los padres que esperan impulse a "buscar" niños de las características demandadas para declarar su adoptabilidad, y hace aparecer la tentación del tráfico de niños y la aparición de menores que son declarados adoptables únicamente porque hay familias en otros países deseosas de convertirlos en sus hijos[125]. Así, se inician procedimientos en países hasta ahora no explorados (países africanos, Kazajstán…), y que muchas veces cuentan con estructuras jurídicas y administrativas frágiles y procedimientos poco claros. Estos países reciben presiones que adoptan formas variadas: oferta de ayudas al desarrollo, frecuentemente relacionadas con el sistema de protección de menores, y vinculadas a los programas de adopción internacional; invitaciones de sus autoridades a los países de destino; envío de misiones de distinto tipo a los países de origen; traslado

---

122 Así ha ocurrido hace algunos años en China, donde la enorme cantidad de ofrecimientos para adoptar recibidos ha llevado a endurecer los requisitos objetivos de las personas que se presentan para adoptar. Así, se ha eliminado la posibilidad de la adopción monoparental y se exige a los padres adoptivos un nivel mínimo de ingresos y formación, y un máximo en el índice de masa corporal.

123 Es cierto que la crisis económica que sufre España ha generado cierto descenso en el número de ofrecimientos para adoptar, pero aun así siguen siendo muchos los que se ofrecen y los que se ofrecieron hace tiempo y siguen esperando la asignación.

124 "It was over the course of the first decade of the 21st century that the African picture changed remarkably, and this was largely – though not exclusively- due to two factors. First, an increasing number of countries of origin in other parts of the world began placing restrictions on intercountry adoptions (…).CANTWELL, N. (2012), *Intercountry adoption. An African perspective*. Addis Ababa: The African Child Policy Forum (ACPF), p. 9.

125 SMOLIN, D.M. (2006), "Child laundering: how the intercountry adoption system legitimizes and incentivizes the practices of buying, trafficking, kidnapping, and stealing children", *The Wayne Law Review*, Vol. 52: 113, p. 127. INTERNATIONAL SOCIAL SERVICE, Centro Internacional de Referencia para los Derechos del Niño Privado de Familia (June 2010), *The grey zones of intercountry adoption*, Information document No 6, p.10.

de un número de expedientes para adoptar mucho mayor de las necesidades de familias adoptantes expresadas por los países de origen…[126].

También aparecen, con cierta frecuencia, casos de lugares en los que los propios padres biológicos son presionados para que den su consentimiento, adoptabilidades determinadas después de la asignación o el encuentro personal entre el niño y los futuros padres adoptivos, incluso niños secuestrados de sus familias o directamente concebidos para la adopción[127].

Es especialmente preocupante la existencia de intermediarios contratados por agencias de adopción, abogados y orfanatos que se dedican a buscar familias que estén dispuestas a dar a sus hijos en adopción a cambio de una compensación económica.

Para tratar de evitar estas situaciones, algunos Estados han incluido prohibiciones a la captación de niños en sus leyes sobre adopción o reglamentos de implementación; algunos las recogen en su legislación interna sobre adopción; y muchos utilizan también sanciones civiles o penales para suprimir tales actividades, autorizando a los Estados a investigar y enjuiciar a aquellos que trafican con niños[128].

La existencia de una alta demanda está propiciando también que, debido a las dificultades para adoptar niños pequeños y sanos en los plazos deseados, se produzca una cierta apertura de las familias hacia la adopción de niños con necesidades especiales, principalmente de las consideradas "reversibles". Es importante prestar atención a esta realidad, ya que, en ocasiones, en estos procedimientos se tiende a minimizar la importancia y las consecuencias de las especiales dificultades de los niños. Esto puede llevar a que se hagan cargo de ellos familias que no están preparadas para hacer frente a sus necesidades, o que tienen unos niveles de expectativas que difícilmente se corresponderán con la realidad, cuestión que pone especialmente en riesgo la adopción.

Esta situación, de largos plazos y dificultades para adoptar, parece que es también la que ha provocado en España el inicio de una, necesaria y excesivamente postergada, reflexión sobre la adoptabilidad de los niños que tenemos

---

[126] CANTWELL, N. (2012), *Intercountry adoption. An African perspective*. Addis Ababa: The African Child Policy Forum (ACPF), pp. 19-20.

[127] "At the same time, babies and toddlers, not unnaturally, remain the most desired by prospective adoptive parents both foreign and domestic. As a result, fears have arisen that this unfulfilled demand, from abroad in particular, may lead to unethical or illicit practices. CANTWELL, N. (2012), *Intercountry adoption. An African perspective*. Addis Ababa: The African Child Policy Forum (ACPF), p. 16.

[128] CONFERENCIA DE LA HAYA DE DERECHO INTERNACIONAL PRIVADO (2008), *La puesta en práctica y el funcionamiento del Convenio de La Haya de 1993 sobre Adopción Internacional. Guía de buenas prácticas*. Guía nº1, nº 85-86.

en nuestros centros de menores, a los que hay que dotar de un proyecto de vida estable y permanente[129].

2.5. Maternidad, consentimiento y cultura

Como ya hemos mencionado, los consentimientos para la adopción tienen que ser informados, asesorados, sin presiones y comprendiendo las consecuencias que tiene la medida.

En cuanto a la comprensión de las consecuencias de la adopción, debemos tener en cuenta que los padres biológicos pueden no entender el concepto de "renuncia" porque está basado en una cultura distinta de la suya, exclusivista y centrada en la familia nuclear (en contraposición a la familia extensa). Por eso, pueden interpretar que el hijo al que renuncian conservará, a pesar de la adopción, suficiente lealtad a la familia, identidad y conexión para mantener el contacto mientras crece, y ofrecerle después a la familia la ventaja de tener un miembro en un país rico.

Es fácil que exista confusión entre el modelo "inclusivista" de adopción que existe en la mente de muchos padres biológicos, y el "exclusivista" mantenido por la mayoría de los padres adoptantes. Por eso no es infrecuente la aparición de casos en los que los padres biológicos no sabían lo que consentían, pensaban que enviaban a sus hijos en "viaje de estudios" y esperaban noticias sobre sus hijos adoptados o su regreso al cabo de un tiempo[130].

Así ocurre, por ejemplo, en la cultura africana, en la que el concepto de filiación es muy amplio. Por una parte, todo el mundo está educado en el deber de ayudar a los otros, y es normal que los parientes que tienen mejores condiciones de vida se lleven con ellos a los niños de la gran familia (a las grandes ciudades, e incluso a Europa) para garantizar sus necesidades. Por otro lado, es frecuente, también, que las familias confíen el cuidado de los niños a otros familiares, porque culturalmente se entiende que el niño es mejor educado por un tercero, considerando que la educación incluye cuestiones como la capacidad de aguantar el sufrimiento, el dolor, el hambre, etc., para preparar al niño para que pueda hacer frente a las necesidades de la vida[131].

---

[129] El debate sobre esta cuestión está actualmente abierto, ya que durante dos años se reunió en el Senado una Comisión Especial para el estudio de la adopción nacional y otras cuestiones afines.

[130] WERELDKINDEREN, AGAINST CHILD TRAFFICKING (2009), *Fruits of Ethiopia. Intercountry adoption: the rights of the child, or the "harvesting" of children?* p. 41. CANTWELL, N. (2012), *Intercountry adoption. An African perspective*. Addis Ababa: The African Child Policy Forum (ACPF), p. 1.

[131] INTERNATIONAL SOCIAL SERVICE, centro internacional de referencia para los derechos del niño privado de familia (Marzo-Abril 2011), *La adopción interfamiliar en el contexto africano en general, y burkinés en particular*, Boletín Mensual nº3-4/2011.

Respecto a esta cuestión de la nulidad por falta de consentimiento, consentimiento mal informado y consentimiento forzado o inducido, cabría plantear multitud de cuestiones relacionadas con las causas procesales y los plazos para determinarla, la ley aplicable y la autoridad competente en casos de adopción internacional, etc. Pero, en relación directa con la cuestión de la adoptabilidad, vamos a centrarnos en los efectos que podría o debería tener una declaración de nulidad por este motivo.

En principio, una declaración de nulidad por falta de consentimiento, o de consentimiento válido, supondría la inexistencia de la adopción desde el primer momento y, por tanto, la búsqueda de la familia biológica, la recuperación de la relación de la filiación, y el restablecimiento de la patria potestad (en caso de tratarse de un menor) y de los apellidos.

Sin embargo, en los pocos casos de este tipo que se han planteado hasta ahora (todos referidos a adopciones nacionales), los Tribunales españoles han abierto en sus sentencias la posibilidad de que las adopciones nulas se mantengan, de modo que la declaración de nulidad no despliegue efectos en función de las circunstancias y el interés del menor. De este modo, varias sentencias del Tribunal Supremo consideran más acorde con el interés superior del niño que éste permanezca con la familia adoptiva y, por este motivo, suspenden los efectos que podría tener la declaración de nulidad[132].

Valorando las posibles consecuencias de una declaración de este tipo, nos planteamos el paralelismo que puede existir entre las adopciones que se están realizando en el extranjero con consentimientos poco claros, y las que se realizaron en España en los años 70-80 y que están saliendo ahora a la luz, ya que el contexto en el que ocurrieron aquellos hechos era muy parecido al que se nos plantea ahora en adopción internacional.

En el caso de los niños españoles robados o apropiados, nos encontramos con ausencia de consentimiento para la adopción por parte de los padres biológicos, consentimientos forzados o presionados y bebés a los que se hizo pasar por fallecidos. Aparecen también, como elementos que favorecieron la existencia de esta realidad, la presión de la demanda de niños pequeños y sanos para la adopción[133], un entorno social en el que la maternidad en soltería

[132] Sentencias del Tribunal Supremo 18/03/1987, 09/07/2001, 18/06/1998.

[133] Las crónicas de la época cuentan cómo en los años 70 no había niños para adoptar y, sin embargo, las peticiones no dejaban de aumentar, "La adopción: un problema de nuestro tiempo. La realidad de algunos niños abandonados urge la intervención jurídica en el tema", en ESPINA PÉREZ, P. (2007), *Historia de la inclusa de Madrid*. Madrid: Defensor del Menor de la Comunidad de Madrid, p.649; "No hay un solo niño para ser adoptado. Tres mil peticiones de adopción están pendientes de resolución en la Diputación madrileña. 1975", en ESPINA PÉREZ, P. (2007), *Historia de la inclusa de Madrid*. Madrid: Defensor del Menor de la Comunidad de Madrid, p. 707; "ABC, Martes 31 de agosto de 1976. En el Instituto Provincial de Puericultura hay muchas solicitudes de

suponía un grave problema para las chicas que quedaban embarazadas y sus familias, la escasez de ayudas para hacerse cargo de los niños, y una legislación poco garantista[134], que apenas regulaba el proceso de adopción (además de un grupo de personas dispuesto aprovecharse de este cúmulo de circunstancias, en ocasiones pensando incluso que hacían lo correcto).

Con respecto a las adopciones internacionales, también empiezan a salir a la luz supuestos en los que los padres biológicos no han consentido la adopción, lo han hecho sin comprender lo que esto significaba, o sometidos a presiones y chantajes[135]. Casos en los que la presión de la demanda de niños pequeños y sanos desde los países del primer mundo hace que los niños sean secuestrados o separados de sus padres por la fuerza, concebidos para la adopción o declarados adoptables, principalmente, porque hay alguien dispuesto a hacer de ellos sus hijos.

En el ámbito internacional aparecen también la pobreza y los desastres naturales como detonantes de las declaraciones de adoptabilidad y, al igual que ocurría en España, pocas ayudas, legislaciones poco garantistas, estados débiles hacia los que se dirigen los ofrecimientos para adoptar con mucha frecuencia, y personas dispuestas a beneficiarse o lucrarse en estos procesos.

Sin embargo, a pesar de tratarse de situaciones parecidas, con efectos muy similares, da la sensación de que pretendemos efectos diferentes para unas y otras. Existe el riesgo de entender que en los casos nacionales ocurridos hace tiempo hay que dar efectos a la nulidad, proteger los derechos de quienes fueron privados de sus hijos, buscar y recuperar relaciones, y en los internacionales cerrar los ojos y, en nombre del interés superior del menor, procurar que, si llega a haber nulidades, no lleguen a desplegar efectos por entender que "dónde mejor va a estar el niño que con una familia europea o norteamericana".

---

adopción y pocos niños para adoptar", en ESPINA PÉREZ, P. (2007), *Historia de la inclusa de Madrid*. Madrid: Defensor del Menor de la Comunidad de Madrid, p. 709; "Se ha quintuplicado el número de matrimonios que quieren adoptar niños. El número de niños adoptables ha disminuido drásticamente", Los hijos de nadie. Año 1973, en ESPINA PÉREZ, P. (2007), *Historia de la inclusa de Madrid*. Madrid: Defensor del Menor de la Comunidad de Madrid, p. 663.

134 La legislación vigente en este momento es anterior a la importante reforma que sufrió la regulación de la adopción en 1987, anterior también a la prohibición del parto anónimo, y a otras reformas que han surgido a partir de los casos salidos a la luz en los últimos años, como la del artículo 30 del Código Civil. y de la Ley del Registro Civil, que, desde 2011, permite dejar constancia en el Registro Civil de los fallecimientos posteriores a los seis meses de gestación en los casos en que los niños no han llegado a nacer vivos. Ley 20/2011, de 21 de julio, del Registro Civil.

135 We are concerned here with situations where the birth parents are manipulated to officially abandon their child. By taking advantage of economic hardship, exploiting problems arising from single motherhood, and making illiterate parents sign consent forms, intermediaries are forcing parents to abandon their children. INTERNATIONAL SOCIAL SERVICE, Centro Internacional de Referencia para los Derechos del Niño Privado de Familia (June 2010), *The grey zones of intercountry adoption*, Information document No 6, p. 9.

Esta es una cuestión sobre la que es preciso reflexionar para evitar aplicar un rasero distinto a situaciones que tanto se parecen, en las que están y estuvieron afectados padres e hijos a los que se les ha generado un terrible sufrimiento.

3. HUÉRFANOS A LA ESPERA: ADOPCIÓN Y NECESIDADES ESPECIALES

Una de las características del nuevo escenario de la adopción mundial es el cierre o la enorme restricción de la adopción internacional para muchos países de origen. Son muchos los países de origen que han mejorado sus sistemas de protección y fortalecido la opción de la adopción nacional, o incluso los programas de preservación familiar, por lo que los únicos niños que salen en adopción internacional, siguiendo el principio de subsidiariedad ya explicado, son los niños difíciles de colocar en su propio entorno, que son aquellos niños que o bien por su mayor edad o bien por sus características de salud, étnicas o familiares, no encuentra fácilmente una familia en su país.

En este sentido, hay que reconocer que aunque todos los niños que sufren necesidad en el mundo fueran legalmente adoptables, la mayoría de ellos esperarían en vano a una familia que les adoptara, porque el número de solicitantes de adopción que se ofrecen para adoptar niños con necesidades especiales es significativamente inferior al número de niños de estas características en situación de necesidad, y esto es así tanto a nivel nacional como a nivel internacional, en los países de origen así como en los países de destino. De hecho, en algunos países, la adoptabilidad de los niños que tienen determinadas características no se llega ni siquiera a gestionar por considerarse imposible encontrar una familia para ellos.

El importante descenso en la cifra anual de adopciones internacionales que se está viviendo en España ha colocado a un importante contingente de familias a la espera, con tiempos de adopción cada vez más largos[136]. A pesar de que la mayoría de estas familias han sido consideradas inicialmente idóneas para la adopción de bebés sanos, determinadas asociaciones, ECAIS y países de origen de los niños están intentando dar respuesta a la situación de los "niños que esperan"; captando a estas familias en espera hacia la adopción especial, generalmente asegurando procesos más cortos y rápidos de adopción y necesidades especiales "asequibles" para las familias.

---

[136] SELMAN, P. (2010), "Intercountry adoption in Europe 1998-2008: patterns, trends and issues", *Adoption & Fostering*, 34 (1), 4-19.

3.1. Adopción especial vs. necesidad especial

Para comprender el significado y el alcance de las adopciones especiales en la vida de las familias y la organización de las adopciones, es especialmente relevante la definición que se haga de las necesidades de los niños privados de familia, tal y como ya hemos descrito en publicaciones anteriores[137].

En primer lugar, nos gustaría afirmar que todos los niños que necesitan ser adoptados son niños con alguna necesidad especial[138], como mínimo, la necesidad de ser cuidado en un entorno diferente al que les vio nacer.

En este sentido, encontramos en la crianza de los menores adoptados algunas necesidades que podemos considerar especiales, ya que no se tienen que cubrir para todos los niños o, siendo necesidades universales, como la construcción de la identidad, necesitan un abordaje especial o diferencial en estos casos. Estas necesidades, que derivan de la especificidad del hecho adoptivo las comparten la mayoría de los menores adoptados, como la necesidad de comunicación sobre sus orígenes[139], o las necesidades relacionadas con el establecimiento de un proceso alterado de vinculación[140].

Por otro lado, y entendemos que todos los menores que necesitan ser adoptados son niños que necesitan ser protegidos fuera de sus entornos naturales, por lo que, de algún modo, podemos considerar que son niños en riesgo, ya que de otra forma no necesitarían la protección que supone la adopción. Es esperable que este riesgo haya impactado de uno u otro modo en la vida del niño, generando necesidades específicas de atención, reparación y compensación de estos riesgos. Los motivos y el escenario en el que el niño o la niña necesitaron ser protegidos van a marcar algunas de sus necesidades, que pueden suponer un reto mayor o menor en la vida de la familia y que podrán ser asumidas de manera espontánea en unos casos, o con ayuda profesional en otros.

Aunque, según nuestro punto de vista toda familia que se ofrezca para adoptar debe estar preparada para cubrir algunas necesidades especiales en el desarrollo de su función parental, el término adopción especial se suele reservar a la adopción de niños cuya raza, mayor edad, pertenencia a un grupo de hermanos, inestabilidad en la historia de protección o discapacidades de

[137] Berástegui Pedro-Viejo, A. (2012), "Adopciones especiales ¿niños especiales para familias especiales?", *Papeles del Psicólogo*, 3 (33): 211-220.

[138] Hill, M. (2002). "El acogimiento familiar de niños con necesidades especiales". *Jornadas de acogimiento familiar de menores: "Un niño, dos familias"*. Ministerio de Trabajo y Asuntos Sociales. Madrid, 24 y 25 de junio de 2002.

[139] Berástegui, A. y Gómez Bengoechea, B. (2007), *Esta es tu historia: comunicación y búsqueda de los orígenes en adopción*. Madrid: Universidad Pontificia Comillas.

[140] Berástegui, A. (2010), "Relaciones afectivas familiares: apego y adopción", en. Loizaga Latorre., F., *Adopción Hoy: Avanzando Hacia Nuevas Estrategias*. Bilbao: Mensajero.

tipo emocional, físico o intelectual puede dificultar su adopción[141]. Aunque las definiciones son diferentes en función de los países y de las Comunidades Autónomas, se entiende que la dificultad se refiere, no tanto las posibilidades de integración del menor, sino a la facilidad para encontrar familias disponibles para ellos. Sin embargo, por lo general, estas adopciones también implican la presencia de ciertas necesidades especiales en los niños mayores retos, o al menos retos diferenciales en su desarrollo y crianza[142], que se suman a las necesidades de todos los niños, a las que implica la propia adopción y a las que tienen que ver con la historia de riesgo...

Finalmente, habría que hacer referencia a la adopción de niños con discapacidades de tipo físico, intelectual o sensorial que, independientemente de su adopción, serían considerados niños con necesidades especiales. Estas son las adopciones especiales de niños con necesidades especiales.

3.2. Adopción especial y riesgo

El primer escollo a la hora de evaluar la relación entre adopción especial y riesgo es la falta de actualización de la mayor parte de la investigación en este ámbito. La puesta en marcha de programas para la adopción de niños con necesidades especiales en torno a los años 80 en EEUU, promovido por la idea de que todo niño debía ser considerado adoptable, inició un cuerpo sólido de investigaciones relacionado con la adaptación en estas adopciones. Generalmente, en estos estudios están sobrerrepresentados los niños mayores frente a otras características especiales, y la adaptación se entiende en términos de ruptura o estabilidad de la adopción. Después de este primer impulso de la investigación, han sido pocos los estudios recientes que se centren en estas adopciones por lo que son muchas las cuestiones que quedan por explorar[143]. En España, esta cuestión ha sido abordada específicamente por Fernández[144]

---

[141] BRODZINSKY, D.M. Y PINDERHUGES, E.E. (2002), "Parenting and child development in adoptive families", en. BORNSTEIN M.H (Ed.) *Handbook of parenting: children and parenting*. Mahwah, NJ: Lawrence Erlbaum Associates, pp. 279-311.

[142] WIND, L.H., BROOKS, D. Y BARTH, R.P. (2007). Influences of Risk Historiy and Adoption Preparation on Post-Adoption Services Use in U.S. Adoptions. *Family Relations*, 56: 378-389. MCGLONE, K, SANTOS, L., KAZAMA, L., FONG, R. Y MUELLER, C. (2002), "Psychological stress in adoptive parents of special needs children", *Child Welfare*, 81 (2), pp. 151-171.

[143] HAUGAARD, J., MOED, A.M. Y WEST, N.M. (2000), "Adoption of children with developmental disabilities", *Adoption Quarterly*, 3 (4), pp. 81-92.

[144] FERNÁNDEZ, M. (2008). "Las adopciones especiales: aportaciones para el seguimiento de la investigación", en BERÁSTEGUI, A. Y GOMEZ BENGOECHEA, B. (Coords.), *Los retos de la postadopción: balance y perspectivas*. Madrid: Ministerio de Trabajo y Asuntos Sociales, pp. 45-58. FERNÁNDEZ, M. (2002), "Descripción del proceso de adaptación infantil en adopciones especiales. Dificultades y cambios observados por los padres adoptivos", *Anales de Psicología*, 18, pp. 151-168.

y, en su versión de adopción de niños mayores en adopción internacional, por Berástegui o Fuentes[145].

Los resultados que estudian los distintos factores por separado no son excesivamente rotundos en sus afirmaciones. Ningún factor aislado es capaz de predecir por sí mismo el éxito o el fracaso de la adopción y, por lo tanto, no hay razón para dejar de intentar colocar en hogares adoptivos a estos niños caracterizados como especiales. A pesar de que la relación con el riesgo no es directa, la presencia de determinada característica sí que modifica las dinámicas familiares, ofreciendo retos específicos o requiriendo de recursos y apoyos especiales para su integración familiar. Así como ningún factor aislado puede considerarse definitivo para el fracaso en adopción, y por lo tanto, ningún niño debería de perder la oportunidad de encontrar una familia por formar parte del grupo de adopciones especiales, hay que tener en cuenta que la acumulación de necesidades especiales en el menor ha sido considerada como el predictor más robusto de la inadaptación y la inestabilidad adoptiva[146].

A continuación se revisan la relación entre el riesgo, los retos de la adopción y los factores que se consideran dentro de las adopciones especiales.

3.2.1. Edad

Durante mucho tiempo, la edad de la adopción ha sido considerada la variable más importante para predecir el éxito de esta medida de protección, de manera que la práctica se ha organizado en función de la creencia de que, cuanto más joven se adoptara el menor mayores posibilidades tendría de desarrollarse adecuadamente y disfrutar de una adopción satisfactoria; mientras que, cuanto más tiempo pasaba desde su nacimiento a su adopción, el riesgo de inadaptación iba creciendo exponencialmente.

En la investigación, la edad de adopción se ha relacionado con todas las áreas de la adaptación estudiadas como los problemas emocionales y conductuales en general[147], los problemas externalizantes en particular[148], el desarrollo

---

[145] Berástegui, A. (2005), *La adaptación familiar en adopción internacional: una muestra de adoptados mayores de tres años en la Comunidad de Madrid*. Madrid: Consejo Económico y Social de la Comunidad de Madrid.

[146] McDonald, T.P., Propp, J.R. y Murphy, K.C. (2001), "The post-adoption experience: child, parent ad family predictors of family adjustment to adoption", *Child Welfare*, 80 (1), pp. 71-94.

[147] Verhulst, F. (2000), "Internationally Adopted Children: The Dutch Longitudinal Adoption Study", *Adoption Quarterly*, 4 (1), pp. 27-44.

[148] Simmel, C., Brooks, D., Barth, R.P. y Hinshaw, S.P. (2001), "Externalizing Symptomatology Among Adoptive Youth: prevalence and preadoption risk factors", *Journal of Abnormal Child Psychology*, 29 (1), pp. 57-69.

cognitivo[149], el rendimiento escolar[150] y la autoestima[151]. También se ha encontrado que, a mayor edad en el momento de la adopción, mayor riesgo de que los problemas alcancen gravedad clínica[152] y mayor riesgo de ruptura[153]. A pesar de este consenso en los resultados, gradualmente, distintos estudios han puesto en cuestión su interpretación[154].

En primer lugar, no hay acuerdo en la edad que diferencia un niño pequeño de uno mayor para la adopción, o si la relación es lineal[155]. Si bien algunos estudios consideran que las dificultades aumentan progresivamente a medida que lo hace la edad[156], otros se fijan en periodos ventana evolutivos, más allá de los cuales la adopción puede ser considerada una adopción especial. Este es el caso de la barrera de los 6-8 meses del establecimiento del apego, aunque los estudios que así lo consideran han sido realizados en muestras de menores en situaciones extremas de privación[157]. Otros autores ponen la edad límite para

[149] Morison, S.J.; Ames, E.W. y Chisholm, K. (1995), "The development of children adopted from Romanian orphanages", *Merrill-Palmer Quarterly,* 41, pp. 411-430, Rutter, M. (1998). "Developmental catch-up, and deficit, following adoption after severe global early privation", *Journal of Child Psychology and Psychiatry and Allied Disciplines,* 39, pp. 465-476.

[150] Verhulst, F. (2000), "Internationally Adopted Children: The Dutch Longitudinal Adoption Study", *Adoption Quarterly*, 4 (1), pp. 27-44; Dalen, M. (2003), *The state of Knowledge of foreing adoptions: a summary of the results of key international adoption research projets based in Scandinavia.* Disponible en: www.comeunity.com/adoption/adopt/research3.html.

[151] Juffer, F. y Van IJzendoorn, M. H. (2007), "Adoptees do not lack self-esteem: A meta-analysis of studies on self-esteem of transracial, international, and domestic adoptees", *Psychological Bulletin, 133*(6), pp. 1067-1083.

[152] Hjern, A., Lindblad, F. Y Vinnerljung, B. (2002), "Suicide, psychiatric illness and social maladjustment in intercountry adoptees in Sweden: a cohort study", *The Lancet*, 360, pp. 443-448., Logan, F.A., Morrall, P.M.E. y Chambers, H. (1998), "Identification of Risk Factors for Psychological Disturbance in Adopted Children", *Child Abuse Review,* 7, pp. 154-164.

[153] Berástegui, A. (2003), *Las adopciones internacionales truncadas y en riesgo en la Comunidad de Madrid.* Madrid: Consejo Económico y Social; Festinger, T. (2002), "After adoption: dissolution or permanence?", *Child Welfare* 81 (3), pp. 515-533; Palacios, J., Sánchez-Sandoval, Y. y León, E. (2008), "Intercountry adoption disruptions in Spain", *Adoption Quarterly*, 9 (1), pp. 35-55.

[154] Fernández, M. (2008), "Las adopciones especiales: aportaciones para el seguimiento de la investigación", en Berástegui, A. y Gomez Bengoechea, B. (Coords.), *Los retos de la postadopción: balance y perspectivas*. Madrid, Ministerio de Trabajo y Asuntos Sociales, pp. 45-58.

[155] Berástegui, A. (2005), *La adaptación familiar en adopción internacional: una muestra de adoptados mayores de tres años en la Comunidad de Madrid.* Madrid: Consejo Económico y Social de la Comunidad de Madrid. Haugaard, J. (1998), "Is adoption a risk factor for the development of adjustment problems? ", *Clinical Psychology Review*, 18 (1), pp. 47-69.

[156] Sharma, A.R., McGue, M. y Benson, P. (1996), "The emotional and behavioral adjustment of United States Adopted Adolescents: Part II. Age at adoption", *Children and Youth Services Review* 18 (1-2), pp. 101-114; Verhulst, F. (2000), "Internationally Adopted Children: The Dutch Longitudinal Adoption Study", *Adoption Quarterly*, 4 (1), pp.27-44, por ejemplo.

[157] Chisholm, K., Carter, M.C., Ames, E.W. y Morison, S.J. (1995), "Attachment security and indiscriminately friendly behavior in children adopted from Romanian orphanages", *Development and Psychopatology*, 7, pp. 283-294; Grotevant, H. y McRoy, R. (1988). « Emotionally disturbed adolescents: Early patterns of family adaptation. I", *Family Process,* 27, pp. 439-457, por ejemplo.

considerar una adopción especial en los dos años[158] o en los tres años[159], que separarían la adopción de bebés del resto. Finalmente, un grupo numeroso de autores, especialmente desde el trabajo social y no desde la psicología evolutiva, considera a un niño mayor en adopción cuando se adopta a partir del inicio de la edad escolar, es decir, a los 6 años, y ésta es la frontera que ha tendido a usarse en nuestro país para hablar de adopción especial[160], aunque en algunas comunidades autónomas este límite se eleva hasta los 8 años.

Por otro lado, la relación entre edad y riesgo está mediada por la historia previa. La clave de la adaptación se encuentra en la acumulación de experiencias adversas y en la duración y cronicidad de estas, variables que quedarían enmascaradas tras la edad de la adopción, y que son más difíciles de investigar que esta[161]. Sin embargo, otra variable moduladora del riesgo es el carácter temprano del mismo, que puede estar presente en adopciones de niños muy pequeños y no lo está necesariamente en la de los mayores.

Finalmente, la edad de la adopción no sólo enmascara variables relevantes de la historia previa del menor, sino que también puede determinar las dinámicas específicas de transición a la parentalidad adoptiva y las tareas diferenciales a las que tendrá que enfrentarse la familia para integrarse con el menor. Convertirse en padre de un bebé comportará unos retos y unas expectativas diferenciales que convertirse en padre de un preescolar o de un adolescente, y puede que, tanto la dificultad de estas tareas, como la adecuación de las expectativas a dichas tareas también queden enmascaradas tras la edad de la adopción. Por lo tanto, la relación entre edad y riesgo también depende de las expectativas de

---

[158] ROBINSON, G. (1998), *Older child adoption*, Colorado: Crossroad Publishing Company; PRIEL, B.; MELAMED-HASS, S.; BESSER, A. Y KANTOR, B. (2000), "Adjustment among adopted children: the role of maternal self-reflectiveness", *Family Relations* 49 (4), pp. 389-396. LOGAN, F.A., MORRALL, P.M.E. Y CHAMBERS, H. (1998), "Identification of Risk Factors for Psychological Disturbance in Adopted Children", *Child Abuse Review,* 7, pp. 154-164.

[159] BERRY, M. Y BARTH, R. (1989), "Behavioral problems of children adopted when older", *Children and Youth Services Review*,11 (3), pp. 221-238.; BERÁSTEGUI, A. (2005). La *adaptación familiar en adopción internacional: una muestra de adoptados mayores de tres años en la Comunidad de Madrid.* Madrid: Consejo Económico y Social de la Comunidad de Madrid.

[160] FERNÁNDEZ, M. (2002), "Descripción del proceso de adaptación infantil en adopciones especiales. Dificultades y cambios observados por los padres adoptivos", *Anales de Psicología*, 18, pp. 151-168; ROSENTHAL, J.A. Y GROZE, V. (1991), "Adoption outcomes for children with hándicaps". *Child Welfare,* 70 (6), pp. 623-637; BERÁSTEGUI, A. (2003), *Las adopciones internacionales truncadas y en riesgo en la Comunidad de Madrid.* Madrid: Consejo Económico y Social.

[161] JUFFER, F. Y VAN IJZENDOORN, M. (2009), "International adoption comes of age: Development of international adoptees from a longitudinal and meta-analytical perspective", en WROBEL G. Y NEIL, E. (Eds.), *International advances in adoption research for practice,* Londres: Willey-Blackwell, pp. 169-216; PALACIOS, J. Y BRODZINSKY, D. (2010) "Adoption research: Trends, topics, outcomes", *International Journal of Behavioural Development*, 34 (3), pp. 270-284; VERHULST, F. (2000), "Internationally Adopted Children: The Dutch Longitudinal Adoption Study", *Adoption Quarterly*, 4 (1), pp. 27-44.

unos y de otros, y de las dinámicas relacionales que se establezcan entre ellos. En este sentido, la falta de correspondencia entre la edad esperada y la edad del menor es un factor destacado en la ruptura de las adopciones[162].

La edad es, por lo tanto, un factor imposible de ignorar que va a configurar gran parte del escenario adoptivo, pero es imprescindible reconocer que, ni la temprana edad de adopción asegura el bienestar, ni la edad avanzada asegura el fracaso, aunque cuanto mayor sea la edad, mayor es la probabilidad de que el niño haya vivido situaciones de privación o maltrato, y más se diferenciará el ejercicio de la parentalidad del rol normativo[163].

3.2.2. *Diferencia racial*

En los estudios clásicos sobre adopción encontramos que la variable raza del menor no se encuentra especialmente relacionada con la adaptación del menor a la familia[164].

Las investigaciones específicas sobre las adopciones inter-raciales muestran también un nivel de adaptación general bueno y equiparable al del resto de las adopciones, no se detectan especiales diferencias en el comportamiento en casa, en el colegio y en el rendimiento escolar frente a otros niños adoptados[165], y parecen desarrollarse relaciones estrechas y de satisfacción mutua entre padres e hijos[166]. Cuando se encuentran, las diferencias pueden estar justificadas por las dinámicas especiales que pueden entrañar las adopciones internacionales y

---

[162] BERÁSTEGUI, A. (2003), *Las adopciones internacionales truncadas y en riesgo en la Comunidad de Madrid.* Madrid: Consejo Económico y Social; PALACIOS, J.; SÁNCHEZ-SANDOVAL, Y. Y LEÓN, E. (2005), "Intercountry adoption disruptions in Spain", *Adoption Quarterly*, 9, pp. 35-55.

[163] MCKAY, K., ROSS, L. Y GOLDBERG, A.E. (2010), "Adaptation to parenthood during the post-adoption period: a review of the literature", *Adoption Quarterly*, 13, pp.125-144.

[164] JUFFER, F., Y VAN IJZENDOORN, M. H. (2007), Adoptees do not lack self-esteem: A meta-analysis of studies on self-esteem of transracial, international, and domestic adoptees, *Psychological Bulletin, 133*(6), pp. 1067-1083.

[165] KIM, W.J. (1995), "International adoption: a case review of Korean children", *Child Psychiatry and Human Development,* 25, pp. 141-154; RUSHTON, A. Y MINNIS, H. (1997), "Transracially family placements", *Journal of Child Psychology and Psychiatry*, 38, pp. 147-159, TIZARD, B. (1991), "Intercountry adoption: a review of the evidence", *Journal of Child Psychology and Psychiary,* 32 (5), pp. 743-756.

[166] TIZARD, B. (1991), "Intercountry adoption: a review of the evidence", *Journal of Child Psychology and Psychiary,* 32 (5), pp. 743-756; ASSBURY, E.T., CROSS, D. Y WAGGENSPACK, B. (2003), "Biological, adoptive and mixed families: special needs and the impact of international adoption", *Adoption Quarterly*, 7 (1), pp. 53-57; VONK, M.E., LEE, J. Y CROLLEY-SIMIC, J. (2010), "Cultural socialization practices in domestic and international transracial adoption", *Adoption Quarterly*, 13, pp. 227-247.

a las diferencias en el cuidado previo dispensado en los distintos países cuyos niños, además, son portadores de fenotipos diferentes[167].

Aunque no muestre diferencias en los resultados, la adopción de menores con rasgos fenotípicos diferentes plantea retos específicos en los procesos de integración social y la construcción de la identidad[168], retos que, por el momento, han sido subestimados en nuestro país[169]. Un creciente cuerpo de investigaciones apoya la idea de que los padres en adopciones transraciales deben hacer frente a lo que han llamado "socialización cultural", que incluye la puesta en contacto con la cultura de origen, el apoyo en el desarrollo de una identidad positiva, y el desarrollo de mecanismos de afrontamiento de la discriminación[170]. Esta socialización cultural se ha relacionado con el ajuste[171], el sentido de pertenencia, el bienestar subjetivo y la autoestima de los adoptados[172], aunque no tanto con la satisfacción de los padres y su sensación de cercanía con los hijos[173].

Por otro lado, la irrupción de la adopción internacional como fenómeno generalizado ha obligado a repensar la inclusión de la adopción transracial dentro de las adopciones especiales. En muchos países ya no se puede manifestar la preferencia o elegir la raza del menor en el ofrecimiento para la adopción, y el Servicio Social Internacional ha alertado de las incongruencias de algunas autoridades centrales alrededor de la cuestión, preguntándose acerca de dónde empieza la disponibilidad, dónde la idoneidad y dónde la discriminación o el rechazo de las diferencias en adopción cuando se permite a las familias cerrar su ofrecimiento a los niños con determinados fenotipos étnicos[174].

---

167 MILLER, B.C., FAN, X., CHRISTENSEN, M., GROTEVANT, M.D. Y VAN DULMEN, M. (2000), "Comparisions of adopted and nonadopted adolescents in a large, nationally representative sample", *Child Development,* 71 (5), pp. 1458-1473.

168 MCROY, R.G.; ZURCHER, L.A., LAUDERDALE, M.L., Y ANDERSON, R.E. (1984), "The Identity of Transracial adoptees", *Social Casework*, January, pp. 34-39.

169 ANZIL, F.V. (2011), *Si yo cerrara los ojos y la tuviera delante, o sea, sin mirarla... sería una niña totalmente española, catalana, de aquí. Representaciones, identidades y filiaciones en la adopción internacional en Cataluña.* Tesis doctoral. Tarragona, Universidad Rovira y Virgili.

170 VONK, M.E., LEE, J. Y CROLLEY-SIMIC, J. (2010), Cultural socialization practices in domestic and international transracial adoption, *Adoption Quarterly*, 13, pp. 227-247.

171 Yoon, D.P. (2001), "Causal modeling predicting psychological adjustment of Korean-born adolescent adoptees", *Journal of Human Behavior in the Social Environment*, 3 (3/4), pp. 65-82.

172 MOHANTY, J., KEOSKE, G. Y SALES, E. (2006), "Family Cultural socialization, ethnic identity and self-esteem: web-based survey of international adult adoptees", *Journal of Ethnic and Cultural Diversity in Social Work*, 15 (3/4), pp. 153-172.

173 VONK, M.E., LEE, J. Y CROLLEY-SIMIC, J. (2010), "Cultural socialization practices in domestic and international transracial adoption", *Adoption Quarterly*, 13, pp. 227-247.

174 D. M. (1990), "A stress and coping model of adoption adjustment", en. BRODZINSKY, D. Y SCHECHTER, D. (EDS.), *The Psychology of Adoption* (pp. 42-61). Nueva York: Oxford University Press. INTERNATIONAL SOCIAL SERVICE, Centro Internacional de Referencia para los Derechos del Niño Privado de Familia (2011), "Adopción y discriminación: ¿pueden expresarse todos los deseos de los candidatos a la adopción?", *Boletín Mensual 2007* (2), pp. 1-2.

3.2.3. Adopción múltiple

Generalmente el hecho de adoptar a dos o más hermanos biológicos juntos es considerado como una adopción especial. Los resultados acerca de la relación entre las adopciones múltiples y la ruptura no parecen concluyentes y pueden estar mediados por las diferentes composiciones muestrales de los estudios.

Tratando de conciliar los distintos resultados, podría concluirse que, para el común de los niños, la adopción múltiple no tiene relación con la ruptura o bien implica un discreto aumento del riesgo de inadaptación familiar[175]. Este ligero aumento de las dificultades puede tener su origen en un aumento del estrés familiar en la transición a la parentalidad[176].

Por el contrario, en la adopción niños mayores, la adopción múltiple parece un factor de protección[177]. Sin embargo, las adopciones múltiples en hogares que tienen hijos biológicos antes de la adopción parecen tener más riesgo que en aquellos hogares en los que no hay más hijos[178].

Atendiendo más a la dinámica que a los resultados, algunos estudios de corte cualitativo han destacado las dificultades que puede suponer para la adaptación familiar la realidad de los niños que ejercen la función parental con respecto a sus hermanos menores[179], o la complejidad en el manejo de las lealtades cuando hay varios grupos de hermanos unidos biológicamente entre sí. Esta es una de las cuestiones en las que es claramente necesaria una mayor investigación para poder tomar decisiones con respecto al matching y al apoyo postadoptivo de los grupos de hermanos.

---

[175] LEUNG, P. Y ERICH, S. (2002), "Family functioning of adoptive children with special needs: implications of familial supports and child characteristics", *Children and Youth Services Review*, 24, pp. 799-816; BERÁSTEGUI, A. (2003), *Las adopciones internacionales truncadas y en riesgo en la Comunidad de Madrid.* Madrid: Consejo Económico y Social.

[176] BERÁSTEGUI, A. (2005), *La adaptación familiar en adopción internacional: una muestra de adoptados mayores de tres años en la Comunidad de Madrid.* Madrid: Consejo Económico y Social de la Comunidad de Madrid.

[177] BERRY, M. Y BARTH, R. (1989). "Behavioral problems of children adopted when older", *Children and Youth Services Review*,11 (3), pp. 221-238; FERNÁNDEZ, M. (2008), "Las adopciones especiales: aportaciones para el seguimiento de la investigación", en BERÁSTEGUI, A. Y GOMEZ BENGOECHEA, B. (COORDS.), *Los retos de la postadopción: balance y perspectivas*. Madrid, Ministerio de Trabajo y Asuntos Sociales, pp. 45-58; RUSHTON, A., DANCE, C. Y QUINTON, D. (2000), F"indings from a UK based study of late permanent placements", *Adoption Quarterly*, 3, pp. 51-71.

[178] BERRY, M. Y BARTH, R. (1989), "Behavioral problems of children adopted when older", *Children and Youth Services Review*,11 (3), pp. 221-238.

[179] MULLIN, E., Y JOHNSON, L. (1999), "The Role of Birth/Previously Adopted Children in Families Choosing to Adopt Children with Special Needs", *Child Welfare*, 78(5), pp.579-591.

3.2.4. Enfermedad crónica o discapacidad

Con respecto a las discapacidades, durante los años 80 se encontró que las tasas de ruptura en discapacidad eran menores que en niños con otras necesidades especiales, por lo que se empieza a considerar la discapacidad como reductora del riesgo de la adopción[180]. Rosenthal y Groze no encuentran relación entre la discapacidad visual, auditiva, física o cognitiva o el diagnóstico médico grave y la ruptura de la adopción, mientras que necesidades especiales no tan evidentemente graves como las dificultades en el aprendizaje, los retrasos en el desarrollo o los problemas de conducta sí que suponían una mayor tendencia de ruptura[181].

Por lo general, de entre las adopciones de niños con necesidades especiales estudiados por estos autores, las más exitosas en términos de adaptación familiar y del menor fueron aquellas en las que los menores tenían una deficiencia intelectual[182], población que ha sido el foco de atención de numerosos estudios.

Por ejemplo, en el estudio de Gliden en 1991, un 87% de un grupo de madres que adoptaron niños con alguna discapacidad intelectual dijeron que la adopción había cubierto o superado sus expectativas y, si volvieran atrás, volverían a adoptar de nuevo[183]. La mayoría de las familias manifestaron el impacto positivo que había tenido la adopción en los distintos miembros de la familia, impacto que ha sido destacado en adopciones de niños con Síndrome de Down, incluso en comparación con familias biológicas con niños de iguales características[184].

En el seguimiento longitudinal de adoptados con discapacidades intelectuales se confirman unos resultados muy positivos a largo plazo independientemente de las características del niño, de la composición familiar. Además, las

---

180 COYNE, A. Y BROWN, M.E. (1985), "Developmentally disabled children can be adopted", *Child Welfare*, 64, pp. 607-615; BOYNE, J., DENBY, L., KETTERING, W. Y WHEELER, W. (1984), *The shadow of succes: a statistical analysis of autcomes of adoptions of hard-to-place children*, Westfield, NJ: Spaulding for Children. BOYNE, J., DENBY, L., KETTERING, W. Y WHEELER, W. (1984), *The shadow of succes: a statistical analysis of autcomes of adoptions of hard-to-place children*, Westfield, NJ: Spaulding for Children.

181 ROSENTHAL, J.A. Y GROZE, V. (1991), "Adoption outcomes for children with handicaps", *Child Welfare,* 70 (6), pp. 623-637.

182 ROSENTHAL, J.A. Y GROZE, V. (1991), "Adoption outcomes for children with handicaps", *Child Welfare,* 70 (6), pp. 623-637.

183 GLIDDEN, L.M. (1991), "Adopted Children with Developmental disabilities: post-placement functioning", *Children and Youth Services Review,* 13 (5-6), pp. 363-377.

184 GATH, A. (1983), "Mentally retarded children in substitute and natural families", *Adoption and Fostering*, 7, pp. 35-40.

familias que adoptaron un segundo niño con discapacidad tuvieron un grado de ajuste comparable al de la primera adopción[185].

3.3. La experiencia de la adopción de menores con necesidades especiales

La revisión de la investigación sobre esta cuestión nos permite confirmar que las adopciones especiales implican mayores retos o al menos retos diferenciales con respecto a la adopción de bebés sanos o a la parentalidad normativa[186]. A pesar de este aumento del riesgo, la mayoría de estas adopciones tienden a funcionar bien y a mostrar elevados índices de satisfacción en un buen número de familias.

La pregunta que tenemos que hacernos es ¿estamos buscando familias especiales? Está pendiente un estudio en profundidad de las características y dinámicas familiares que predicen el éxito en las adopciones especiales[187]. Sin embargo, está empezando a aplicarse el modelo de estrés y afrontamiento familiar para explicar el éxito de la adopción o la resiliencia familiar en estos casos. Desde esta perspectiva, dos son los factores fundamentales que median entre los retos y fuentes de estrés asociadas a la adopción: las expectativas de la familia y los recursos de afrontamiento[188]. También la investigación ha destacado como cuestiones clave la preparación previa de la familia y el apoyo postadoptivo[189], que vendrían a competar el desarrollo de unas adecuadas expectativas y recursos.

---

[185] Glidden, L.M. (2000), "Adopting Children with developmental disabilities: a long term perspective", *Family Relations,* 49 (4), pp. 397-406.

[186] Wind, L.H., Brooks, D. y Barth, R.P. (2007), "Influences of Risk Historiy and Adoption Preparation on Post-Adoption Services Use in U.S. Adoptions", *Family Relations*, 56: 378-389; McGlone, K, Santos, L., Kazama, L., Fong, R. y Mueller, C. (2002), "Psychological stress in adoptive parents of special needs children", *Child Welfare*, 81 (2), pp. 151-171.

[187] Haugaard, J., Moed, A.M. y West, N.M. (2000), "Adoptio.n of children with developmental disabilities", *Adoption Quarterly*, 3 (4), pp. 81-92.

[188] Berástegui, A. (2005), *La adaptación familiar en adopción internacional: una muestra de adoptados mayores de tres años en la Comunidad de Madrid.* Madrid: Consejo Económico y Social de la Comunidad de Madrid; Berry, M. y Barth, R. (1989), "Behavioral problems of children adopted when older", *Children and Youth Services Review*,11 (3), pp. 221-238; Glidden, L.M. (1991), "Adopted Children with Developmental disabilities: post-placement functioning", *Children and Youth Services Review*, 13 (5-6), pp. 363-377; Groza, V. y Ryan, S. (2002), "Preadoption stress and its association with child behavior in domestic special needs and international adoptions", P*sychoneuroendocrinology* 27: pp. 181-197; Ligthburn, A. y Smith, C. (1996), Supporting and enhancing the adoption of children with developmental disabilities, *Children and Youth Services Review* 18 (1-2): 139-162. McGlone, K, Santos, L., Kazama, L., Fong, R. y Mueller, C. (2002), "Psychological stress in adoptive parents of special needs children", *Child Welfare*, 81 (2), pp. 151-171.

[189] Egbert, S.C. y LaMont, E.C. (2004), "Factors contributing to parents´ preparation for special-needs adoption", *Child and Adolescent Social Work Journal*, 21 (6), pp. 593-609.

3.4. El papel de las expectativas y la preparación preadoptiva

Con respecto a la preparación, la investigación destaca cómo las expectativas parentales son un predictor crítico de la adaptación familiar y del menor[190], por lo que los menores índices de satisfacción de las adopciones especiales tienen que ver con la falta de claridad en las expectativas de las familias[191]. Cuando la familia se encuentra con una necesidad especial que no había sido prevista o elegida aumenta exponencialmente el riesgo[192]. Por el contrario, las familias que adoptan voluntariamente a niños con necesidades especiales, han tenido muy frecuentemente experiencias previas con menores de iguales características en su familia o el trabajo, lo que les proporciona unas expectativas más adecuadas que les permite reaccionar más positivamente ante dificultades iguales o mayores que el resto de las familias[193]. También en esta dirección, las adopciones especiales que se derivan de acogimientos especiales son más exitosas[194].

Así, una buena preparación, capaz de ajustar las expectativas familiares, está asociada, en las adopciones especiales, con una evaluación más positiva de la relación con el niño, de la conducta del niño, de la vida familiar en general y con una reducción del estrés parental[195]. Por ello es tan importante la formación inicial de estas familias desde una perspectiva formativa orientada a la autoselección[196], y, también, proporcionar una información completa sobre

[190] Berástegui, A. (2005), *La adaptación familiar en adopción internacional: una muestra de adoptados mayores de tres años en la Comunidad de Madrid*. Madrid: Consejo Económico y Social de la Comunidad de Madrid; Berry, M. (1990)," Preparing and supporting special needs adoptive families: a review of the Literature", *Child and Adolescent Social Work*, 7 (5), pp. 403-418; McGlone, K, Santos, L., Kazama, L., Fong, R. y Mueller, C. (2002), "Psychological stress in adoptive parents of special needs children", *Child Welfare*, 81 (2), pp. 151-171. Sar, B. K. (2000), "Preparation for adoptive parenthood with a special needs child. Role of agency preparation tasks", *Adoption Quarterly*, 3, pp. 63-80; Welsh, J.A., Viana, A.G., Petrill, S.A., Mathias, M.D. (2008), "Ready to adopt: characteristics and expectations of preadoptive families pursuing international adoptions", *Adoption Quarterly*, 11 (3), pp. 176-203.

[191] Paulsen,C., y Merighi, J.R. (2009), "Adoption preparedness, cultural engagement and parental satisfaction in intercountry adoption", *Adoption Quarterly*, 12, pp. 1-18.

[192] Berry, M. y Barth, R. (1989), "Behavioral problems of children adopted when older", *Children and Youth Services Review*,11 (3), pp. 221-238; Partridge, S., Hornby, H. y McDonald, T. (1986), *Legacies of Loss, Visions of Gain: an inside look at adoption disruption.* Portland, ME: University of Southern Maine.

[193] Triseliotis, J. (1991), *El trabajo de grupo en la adopción y el acogimiento familiar*. Madrid: Ministerio de Trabajo y Asuntos Sociales (Orig. 1988).

[194] Rosenthal, J.A. y Groze, V. (1991), "Adoption outcomes for children with handicaps", *Child Welfare,* 70 (6), pp. 623-637, Coyne, A. y Brown, M.E. (1985), Developmentally disabled children can be adopted, *Child Welfare*, 64, pp. 607-615.

[195] Sar, B. K. (2000), "Preparation for adoptive parenthood with a special needs child. Role of agency preparation tasks", *Adoption Quarterly*, 3, pp. 63-80.

[196] Berry, M. (1990), Preparing and supporting special needs adoptive families: a review of the Literature, *Child and Adolescent Social Work*, 7 (5), pp. 403-418; Egbert, S.C. y LaMont,

el pasado del niño y su situación médica y psicológica en el momento de la asignación, y ayudar a comprender su significado y alcance[197]. En definitiva, la preparación para lo que será la vida de la familia adoptiva mejora la capacidad de adaptación y la habilidad para abordar de manera efectiva los retos que se plantean en la vida familiar[198].

En este sentido, hay algunas cuestiones que deberían ser tenidas en cuenta a la hora de evaluar las expectativas familiares con respecto a la adopción especial de un menor con una discapacidad o enfermedad, especialmente cuando el ofrecimiento inicial era para un bebé sano y, durante el proceso se ha abierto hacia este tipo de adopciones[199].

1.- Padecer una enfermedad o discapacidad no anula el resto de factores de riesgo y, muy frecuentemente, correlaciona con algunos de ellos. En este sentido, por ejemplo, es frecuente que tener una enfermedad o discapacidad haya podido desembocar en mayores problemas de maltrato o negligencia en la familia biológica o en el contexto de acogimiento[200].

2.- Padecer una enfermedad o discapacidad no anula ni minimiza los retos específicos de la adopción. Las variables que afectan al desarrollo y funcionamiento de estas adopciones, como la mayor edad o los problemas de conducta, son los mismos que impactan en el resto de las adopciones[201]. Por otro lado, los especiales retos que incluye la crianza de un niño con enfermedad o discapacidad puede potenciar la dificultad para asumir el estrés de la transición a la parentalidad adoptiva y sus tareas específicas como la adaptación inicial, el proceso de vinculación, la comunicación sobre los orígenes, la construcción de la identidad, la integración social o el manejo de las diferencias [202].

E.C. (2004), "Factors contributing to parents´ preparation for special-needs adoption", *Child and Adolescent Social Work Journal*, 21 (6), pp. 593-609.

[197] Fernández, M. (2008), "Las adopciones especiales: aportaciones para el seguimiento de la investigación", en Berástegui A. y Gomez-Bengoechea, B. (Coords.), *Los retos de la postadopción: balance y perspectivas*. Madrid, Ministerio de Trabajo y Asuntos Sociales, pp. 45-58; Marcenko, M.O. y Smith, L.K. (1991), "Postadoption needs of families adopting children with developmental disabilities", *Children and Youth Services Review*, 13, pp. 413-424.

[198] Egbert, S.C. y LaMont, E.C. (2004), "Factors contributing to parents´ preparation for special-needs adoption", *Child and Adolescent Social Work Journal*, 21 (6), pp. 593-609.

[199] Berástegui Pedro-Viejo, A. (2012), "Adopciones especiales ¿niños especiales para familias especiales?", *Papeles del Psicólogo*, 3 (33), pp. 211-220.

[200] Berástegui, A. y Gomez-Bengoechea, B. (2006), "Los menores con discapacidad como víctimas de maltrato infantil: una revisión", *Intervención Psicosocial*, 15 (3), pp. 1-14.

[201] Haugaard, J., Moed, A.M. y West, N.M. (2000), "Adoption of children with developmental disabilities", *Adoption Quarterly*, 3 (4), pp. 81-92.

[202] Berástegui, A. (2005), La *adaptación familiar en adopción internacional: una muestra de adoptados mayores de tres años en la Comunidad de Madrid.* Madrid: Consejo Económico y Social de la Comunidad de Madrid.

3.- El hecho de la adopción no anula los retos de la enfermedad o la discapacidad. En ocasiones, desde una concepción mágica, pensamos que la enfermedad o discapacidad de un niño que vive en protección sanará con el cambio de contexto. Sin embargo, es importante recordar que no toda enfermedad es "subsanable", no toda enfermedad es "aislable", en el sentido que el síntoma que se ha destacado y para el que nos hemos preparado, a veces, viene acompañado de otras cuestiones que no se habían tenido en cuenta, que no toda complicación es previsible ni diagnosticable y que las necesidades especiales afectan a todo el sistema familiar en muchas facetas de la vida.

4.- El hecho de la adopción especial no anula los retos de la vida. Tenemos que plantearnos cómo será la vida con el niño, no estáticamente, sino en el día a día de la familia, calculando que la acumulación de demandas, incluidas las de la necesidad especial, no desborden a la familia[203]. También habrá que plantearse el lugar de las necesidades especiales en el caso de que hubiera "imprevistos" como el paro, la enfermedad, el cambio de domicilio u otras cuestiones en la vida familiar.

3.5. El papel de los recursos y el apoyo postadoptivo en adopciones especiales

A medida que aumenta el carácter especial de la adopción aumenta, no solo la brecha entre el niño deseado y el niño adoptable, disminuyendo la disponibilidad de las familias, sino que también disminuye el número de familias a priori idóneas para asumir su adopción.

Por otra parte, el papel de los servicios de postadopción es crítico en estas adopciones[204], de manera que las necesidades de apoyo postadoptivo no cubiertas se asocian a una peor percepción de la calidad de la relación entre padres e hijos, y una percepción más negativa del impacto de la adopción en la familia y el matrimonio[205].

Como necesidades especiales de estas familias, en primer lugar, algunos autores destacan la importancia de un acompañamiento intensivo durante los primeros meses tras la adopción[206]. La sensación de acoplamiento en estos

[203] Berástegui, A. (2005), La *adaptación familiar en adopción internacional: una muestra de adoptados mayores de tres años en la Comunidad de Madrid.* Madrid: Consejo Económico y Social de la Comunidad de Madrid.

[204] Haugaard y cols. (2000). Op Cit.; Reilly, T. y Platz, L. (2004), "Post-Adoption service needs of families with special needs children: use, helpfulness and unmet needs", *Journal of Social Service Research*, 30 (4), pp. 51-67.

[205] Reilly y Platz (2004) Post-Adoption service needs of families with special needs children: use, helpfulness and unmet needs", *Journal of Social Service Research*, 30 (4), pp. 51-67.

[206] Berry (1990), Op.Cit. Fernández,(2008), Op Cit.

primeros momentos es un predictor de la estabilidad de la adopción, por lo que tiene que ser especialmente promovido y acompañado[207].

Más allá del acompañamiento intensivo del periodo de adaptación inicial, la presencia del trabajador social a lo largo de la vida de la familia también parece ser un factor destacado[208]. Por el contrario, la discontinuidad en los profesionales que acompañan a la familia desactiva la eficacia de los mismos, tanto en su capacidad de detección temprana de problemáticas que puedan poner en riesgo a la familia, como a la confianza que pueden ofrecer a la misma en su papel de consejeros u orientadores[209]. También en el largo plazo, los grupos formales e informales de apoyo están asociados a una mayor satisfacción familiar con las adopciones especiales[210], y son de los pocos recursos que han mostrado su eficacia en la reducción del riesgo[211].

En estos estudios algunas familias destacan algunas necesidades no cubiertas, la mayoría relacionadas con los servicios domiciliarios, como los servicios de respiro, los canguros o el cuidado domiciliario[212].

En la literatura anglosajona el apoyo económico y las ayudas para afrontar los gastos extraordinarios (médicos, dentales o terapéuticos) de estas adopciones, también se encuentran asociados a la satisfacción y el acoplamiento familiar[213]. Por otra parte, parece que el nivel socioeconómico de la familia marca su percepción y uso de los servicios de apoyo, de manera que las familias con más recursos sienten que los necesitan y se los financian, las familias con recursos medios sienten que los necesitan pero no pueden o les cuesta un sobresfuerzo especial tener acceso a los mismos, mientras que las familias de rentas más bajas parece que no perciben tanta necesidad de servicios de apoyo. En nuestro sistema, estas ayudas están presentes durante el acogimiento de menores con necesidades especiales, incluyendo el preadoptivo, pero dejan de ser accesibles tras la adopción.

207 Glidden (1991), Op Cit.; Rushton, A., Dance, C. y Quinton, D. (2000). "Findings from a UK based study of late permanent placements", *Adoption Quarterly*, 3, pp. 51-71.

208 Reilly y Platz, (2004), Op Cit.

209 Berástegui, A. (2003), Op Cit.

210 Marcenko y Smith (1991), Op Cit; Reilly y Platz (2004), Op Cit.

211 Barth y Miller (2000), Op Cit.

212 Marcenko y Smith (1991), Op Cit.; Reilly y Platz (2004), Op Cit.

213 Reilly y Platz (2004), Op Cit; Berry (1990) Op Cit.

4. HUÉRFANOS PARA SIEMPRE: LAS POLÍTICAS DE PROTECCIÓN DE MENORES Y LA ADOPTABILIDAD

4.1. Huérfanos de padres vivos

Las políticas públicas de protección de menores, y especialmente la aplicación de los principios de subsidiariedad e interés superior del niño, condicionan en gran medida cuáles y cuántos niños son declarados adoptables.

Estas políticas combinan ambos principios de distintas formas y suelen cambiar en función de sucesos concretos, muchas veces como consecuencia de casos aparecidos en los medios de comunicación y generadores de alarma social[214]. Optar por un sistema o por otro supone, en definitiva, decidir hasta cuándo y cómo se puede apoyar a la familia y en qué momento la protección de los niños hace necesaria su retirada.

A pesar de ser muchas las combinaciones y aplicaciones de estos principios, y por tanto muchas las políticas posibles, hay dos modelos fundamentales:

4.1.1. Políticas orientadas a la preservación familiar

Centradas en el mantenimiento de los niños en su entorno familiar de origen, tienden a no declarar la adoptabilidad de sus menores, o al menos a no hacerlo sin haber planteado antes otras múltiples y variadas medidas de protección.

En los países en los que existe este tipo de políticas, la adopción se pospone lo máximo posible, se protege el vínculo con la familia biológica, se toman medidas temporales mientras se espera a que ésta se recupere, se dan oportunidades y se lleva al extremo la aplicación del principio de subsidiariedad.

Se trata de modelos en los que raramente se toman decisiones definitivas o se priva de derechos sobre sus hijos a los padres biológicos, de manera que, sin su consentimiento no hay declaración de adoptabilidad; se llega, incluso, en algunas ocasiones, a poner el derecho de los padres biológicos a conservar la relación con sus hijos por encima de la estabilidad y el derecho a la familia de los menores.

Este tipo de políticas corren el riesgo de generar un número importante de "huérfanos sociales" o "huérfanos de padres vivos". Niños que se mantienen

---

[214] Por ejemplo, una muerte provocará un cambio hacia la prioridad del niño. Entonces el umbral baja, más niños son retirados, y se produce un contragolpe cuando la población teme que los profesionales tienen demasiado poder e invaden la privacidad de las familias. (OBSERVATORIO DE LA INFANCIA EN ANDALUCÍA , *Toma de decisiones en el sistema de protección a la infancia*, pp. 31-32)

durante años, a veces hasta la mayoría de edad, en instituciones o en cuidado familiar temporal, cuyos padres biológicos existen pero, ni han renunciado a sus derechos, ni han sido privados de la posibilidad de decidir sobre el cuidado de sus hijos por la autoridad competente[215].

4.1.2. Políticas orientadas a la adopción

Por el contrario, estas políticas apenas contemplan formas de protección diferentes de la adopción. En los países en que se aplican no hay otros apoyos o medidas, y los padres que necesitan ayuda para criar a sus hijos se ven empujados a consentir la adopción o a enviar a los niños a centros.

A la falta de otras medidas de protección se une que, para muchos de estos países, la adopción internacional es una importante fuente de ingresos. Esto hace que, no sólo no se gasten recursos en promover otro tipo de ayudas y medidas, sino que, si los niños son adoptados por familias de otros países, se generan recursos que se utilizan para cubrir otro tipo de necesidades. Y esto ocurre, no necesariamente porque las adopciones sean irregulares y se obtengan ingresos por los niños, sino simplemente por lo que suponen para el país los gastos que realizan las familias adoptantes y los donativos que aportan.

Estas políticas son propias, en general, de países pobres, con altos índices de natalidad y dificultades para atender adecuadamente a sus menores. Países que, además, son fuertemente presionados por la demanda de niños pequeños y sanos procedente del primer mundo.

4.1.3. La política española de protección de menores

El modelo español es, en este momento, claramente cercano a la política de preservación familiar, y un caso especialmente peculiar por ser uno de los países que más adopta en el extranjero y, a la vez, uno de los que más niños tiene institucionalizados[216].

Los motivos de esta situación son distintos y variados[217], pero uno de los más importantes es el funcionamiento del sistema de protección de menores español, condicionado fuertemente, por una parte, por las leyes de protección de

---

[215] International Social Service, Centro Internacional de Referencia para los Derechos del Niño Privado de Familia, Ficha de Información nº20.

[216] En España hay entre 35.000 y 40.000 niños dentro del sistema de protección y, al mismo tiempo, en los últimos diez años, los españoles han adoptado 41.318 niños en el extranjero.

[217] Algunos relacionados con las motivaciones de los adoptantes, la imagen social que existe de los niños necesitados de protección en países del tercer mundo y los que se encuentran en España, la cercanía o la lejanía de la familia biológica…

menores, tanto la estatal como las de las distintas Comunidades Autónomas, y, por otra, por el reparto de competencias que existe entre la administración local (responsable de los servicios sociales de zona) y la autonómica (competente a la hora de tomar las decisiones relacionadas con los niños), que hace necesaria una estrecha colaboración.

La falta de información completa, centralizada y estructurada acerca de estos menores, y la falta de homogeneidad que existe en la regulación de esta cuestión entre las distintas Comunidades Autónomas (unas promueven la adopción pronto, otras prácticamente nunca, unas tienen acogimientos simples por un determinado plazo, otras los mantienen sin plazo, unas tienen acogedores de emergencia o profesionalizados, otras no...), hace difícil, por no decir imposible, saber cosas tan fundamentales sobre ellos como cuánto tiempo llevan institucionalizados, por cuántas medidas de protección han pasado y en cuántos lugares diferentes, qué relación mantienen con su familia de origen, qué trabajo se está haciendo con ella de cara al posible retorno, cómo viven su acogimiento, qué esperan de su futuro, o por qué siguen en un centro.

A pesar de carecer de datos tan básicos y necesarios como los mencionados, sí que podemos saber que, tal y como está organizado el sistema en este momento, los niños protegidos por las Comunidades Autónomas por encontrarse en situación de desamparo o por haber cedido sus padres su guarda voluntariamente, pasan prácticamente siempre y antes de que se tome una decisión sobre su futuro, por un acogimiento residencial, es decir, por un centro de menores. Generalmente se trata de un centro de "primera acogida" donde viven mientras se decide si permanecerán en un centro, volverán con su familia o serán confiados en acogimiento familiar, con familia extensa o con familia ajena.

En algunas Comunidades Autónomas empiezan a existir programas de familias acogedoras de emergencia, que se ocupan de los niños desde que son protegidos hasta que se toma una decisión sobre su futuro más inmediato, pero, a excepción de los casos que pueden canalizarse a través de estos programas (por ahora no demasiados), los menores pasan, tengan la edad que tengan, un tiempo más o menos largo, según los casos, en un centro de este tipo.

A esta cuestión se refería el último borrador del anteproyecto de ley de protección de menores, y sobre él se hicieron eco los medios de comunicación, que mencionaron la intención de que los niños de menos de tres años, y en lo posible los menores de seis, no pasaran por centros y fueran siempre acogidos en familias[218]. Esta intención ha sido retomada por el Gobierno en su reciente-

[218] *El País*, 08/07/2011,"Los niños menores de seis años ya no irán a centros de acogida"; *Libertad Digital*, "Pajín prepara una ley para cerrar los orfanatos", http://www.libertaddigital.com/sociedad/pajin-prepara-una-ley-para-cerrar-los-orfanatos-1276413315/; *Europa Press*, "Pajín anuncia una ley de protección de la infancia para que prime acogida familiar sobre orfanatos",

mente presentado Plan de Infancia, en el que se anuncia una profunda reforma del marco jurídico de protección a la infancia[219].

Esta es una decisión positiva y necesaria, ya que son muchos los niños pequeños y bebés que pasan un tiempo muy importante de sus vidas en los centros, pero, para que sea plenamente eficaz, es necesario que venga acompañada de otras reformas en el ámbito autonómico y, sobre todo, de una ambiciosa búsqueda de familias dispuestas a cuidar de los menores. En caso contrario corremos el riesgo de que, al prescindir de estas plazas residenciales, los niños acaben por no ser tutelados a pesar de estar desprotegidos.

Los niños no sólo pasan por un centro de menores prácticamente siempre, sino que permanecen en acogimiento residencial (medida supuestamente temporal y subsidiaria), en muchos casos durante largo tiempo, en una situación de inestabilidad o provisionalidad que muchas veces se prolonga durante años, sin plazos ni planes personalizados de intervención, o sin que éstos salgan del papel, sean dotados de medios, se implementen y se revisen[220].

Desde el año 2007, los padres que consideren que la declaración de desamparo que les separó de la convivencia con sus hijos y que mantiene en suspenso su patria potestad, se hizo de forma equivocada o ha dejado de tener sentido por haberse producido un cambio en las circunstancias familiares que la motivaron, tienen un plazo de dos años para recurrir la resolución de la Comunidad Autónoma.

La inclusión de este plazo en el Código Civil, a través de la Ley 54/2007 de adopción internacional, impuso un límite a la reversibilidad de las medidas a solicitud de los padres, pero hasta el momento la legislación no establece plazos para las administraciones, que pueden alargar durante el tiempo que consideren necesario la situación de provisionalidad de los niños que están en guarda o tutelados, tanto en centros como en familias de acogida. Esta ausencia de plazos y la falta de planes de intervención personalizados, hacen que la situación de inestabilidad de estos niños se prolongue muchas veces excesivamente. Estas dos cuestiones son objeto, entre otras, de los anteproyectos de Ley que el Gobierno ha aprobado en Consejo de Ministros el 25 de abril de 2014.

Y es que es necesario establecer unos plazos máximos para que los menores tengan una medida de protección estable y definitiva: un tiempo máximo para recuperar a las familias biológicas para el ejercicio de sus funciones respecto de sus niños, un tiempo máximo durante el cual los niños pueden "esperar" a que

---

http://www.europapress.es/epsocial/noticia-pajin-anuncia-ley-proteccion-infancia-prime-acogida-familiar-orfanatos-20101213111753.html.

[219] II Plan Estratégico Nacional de Infancia y Adolescencia 2013-1016 (II PENIA), www.msssi.es, p. 21.

[220] La ausencia de plazos y la necesidad de establecerlos conforme a lo que éstos suponen para niños tan pequeños, es uno de los problemas más importantes de la legislación actual.

las cosas cambien. Plazo que se debe establecer teniendo en cuenta la edad de los niños y sus circunstancias, y valorando que su tiempo no es el de los adultos y que el retorno debe producirse sin perjudicar su interés[221].

Resulta también llamativa la situación en la que se encuentran los niños cuya guarda ha sido cedida voluntariamente por sus padres, imposibilitados temporalmente para cuidarlos y atender a sus necesidades. De nuevo por ausencia de límites temporales y planes de intervención, estos niños pueden pasar en guarda voluntaria años sin límite, en muchos casos regresando a sus casas los fines de semana, de modo que el sistema de protección de menores se convierte para ellos en una especie de "internado" que se prolonga hasta la adolescencia tardía o la mayoría de edad, sin que se plantee la posibilidad de transformar esta medida en otra más beneficiosa para los menores, que les proporcione un cuidado de tipo familiar.

Esta situación se ve favorecida por el hecho de que, antes de asumir la tutela de los niños, existe la tendencia a procurar que sean los padres quienes cedan voluntariamente la guarda, por entender que de esta manera será más fácil para el niño y la familia, menos traumático, y que habrá menos dificultades. De modo que, son muchos los niños "guardados" en centros, cuyos padres han cedido voluntariamente su cuidado y respecto de los cuales no se plantean medidas alternativas más estables y más cercanas a un entorno familiar. No parece adecuado "esperar" a los padres sin límite sólo porque han cedido el cuidado de los niños voluntariamente; por ello los anteproyectos de ley aprobados por consejo de ministros el 25 de abril de 2014 ponen límite también a estas situaciones.

Por último, es necesario recordar que, tanto en el ámbito internacional como en el nacional, la legislación recoge el derecho de los niños a vivir en familia, con lo que eso significa: priorizar el cuidado por parte de los padres biológicos, ayudarles a asumir sus funciones correctamente, y proporcionarle al niño un cuidado alternativo de tipo familiar cuando sea necesario, decidiendo siempre de acuerdo con el principio de su superior interés[222].

Los cambios necesarios

Partiendo de la situación descrita, consideramos que es necesario cambiar con urgencia algunas cuestiones:

---

221 La importancia del tiempo, su percepción y el valor que tiene su transcurso en la vida de las personas es diferente en función de la edad y de las circunstancias. Así, un tiempo que podría resultar razonable para que un padre o una madre reorganice su vida y la convierta en un entorno adecuado para un menor, puede ser demasiado para un niño que ya ha establecido vínculos fundamentales con la familia que lo ha cuidado durante este período.

222 GÓMEZ BENGOECHEA, B., BERÁSTEGUI PEDRO-VIEJO, A. (2009), "El derecho del niño a vivir en familia", *Miscelánea Comillas*, Vol. 67, núm. 130, pp. 175-198.

- Es preciso modificar la legislación vigente sobre protección de menores, principalmente, introduciendo plazos máximos de cuidado temporal para los niños.
- Debe también superarse la rigidez del sistema actual de un escenario de acogimiento vs. adopción, en el que los planteamientos intermedios entre ambas medidas, tanto en las motivaciones de las familias como en los planes para los niños, difícilmente tienen cabida, y que deja sin resolver muchos de los casos con los que nos encontramos.
- Es preciso crear una cultura del acogimiento de la que carecemos. Son pocas las familias que se ofrecen para acoger niños en situación de dificultad, por lo que es necesario dar a conocer esta medida y lo que supone, facilitar la tarea a quienes estén dispuestos a acoger proporcionándoles ayudas de todo tipo, y mostrar la cara más amable y bonita de una medida como esta, de la que normalmente sólo se conocen, a través de los medios de comunicación, los casos más dramáticos o aquellos en los que han surgido mayores problemas.
- Es recomendable que el trabajador social trabaje con la familia con el fin de recoger un consentimiento informado a la adopción. Debe explicar la necesidad del proyecto de vida familiar del niño a los padres biológicos, sus responsabilidades parentales, la necesidad que tiene el niño de crecer en un ambiente familiar, y hacerles tomar conciencia de que, aceptando confiar al niño a una nueva familia, participan positivamente en su proyecto de vida[223].
- La siguiente tarea que se debe afrontar está íntimamente relacionada con la primera: hay que iniciar una ambiciosa "búsqueda" de familias dispuestas a cuidar niños (no necesariamente a adoptarlos, pero sí a cuidarlos muchas veces de por vida) Una búsqueda que precisa superar fantasmas como las visitas con la familia biológica; el temor a que "te quiten" a los niños en cualquier momento, a que se vean obligados a volver a un entorno que ya no es el suyo... Una búsqueda que debe llevarnos a superar la mencionada rigidez del sistema, y a rastrear entre los ciudadanos (los que quieren adoptar aquí, los que quieren adoptar en el extranjero, los que no quieren necesariamente adoptar pero sí ayudar, los que quizá no se lo han planteado nunca, los que acuden un día a informarse sobre el acogimiento o sobre otra cosa...) a aquellos que puedan cuidar a estos niños que están en los centros. Necesitamos familias, por lo tanto, es

[223] International Social Service, Centro Internacional de Referencia para los Derechos del Niño Privado de Familia, Ficha de Información nº20.

preciso identificar los motivos por los que no existen y trabajar sobre ellos.

De modo que es preciso lograr un sistema:

- Capaz de procurar a los niños un cuidado de tipo familiar estable y continuo en el tiempo; ya que, como está ampliamente demostrado, la existencia de este tipo de cuidado resulta fundamental para su adecuado desarrollo físico y psicológico.
- Rápido a la hora de tomar decisiones, porque el paso del tiempo mientras se toma una decisión o se valoran las posibilidades de recuperación de su entorno de origen puede dañar a los niños de forma irreversible. Además, la lentitud del sistema puede provocar que un acogimiento, en principio temporal, se convierta (o debiera convertirse) en irreversible, por haber pasado el niño mucho tiempo con una familia y llegar a ser el retorno perjudicial a su interés superior[224].
- Que respete los tiempos de los niños y, en especial, la formación-mantenimiento de vínculos de apego, fundamentales para su adecuado desarrollo físico y psicológico.
- Preparado para prevenir y detectar las situaciones de riesgo para los niños, y dispuesto y dotado de medios suficientes para intervenir antes de que sea necesario separar a los niños de su familia

  En este sentido, y como ejemplo de las posibles acciones a emprender, resultaría útil incluir dentro del currículum pediátrico de los niños de 0 a 3 y de 3 a 6 años, la evaluación del desarrollo infantil y de la relación paterno-filial, así como la promoción de tratamientos y "cursos" de buen trato en los casos en los que resultara necesario[225]. Una atención de este tipo en estos años puede ser fundamental, ya que el maltrato y el cuidado negligente se gestan en el primer año de vida del niño.

  Resultaría también de gran utilidad la existencia de un sistema de acompañamiento educativo gestionado en paralelo, o bien al de asistencia sanitaria, o bien al sistema escolar, de manera que los padres pudieran contar con un apoyo cercano en alguno de los ámbitos en los que se desenvuelve la vida cotidiana de su hijo, de modo que no tengan que acudir a recursos que pueden resultarles lejanos o desconocidos. En este

---

224 BENAVENTE MOREDA, P. (enero-diciembre 2009), "Desamparo, acogimiento y retorno a la propia familia", *Derecho Privado y Constitución*, Núm. 23, p. 14.

225 CEREZO, M.A.; DOLZ, L.; PONS-SALVADOR, G. Y CANTERO, M.J. (1999), "Prevención del maltrato a infantes: evaluación del impacto de un programa en el desarrollo de los niños", *Anales de Psicología* 15,2, pp. 239-250.

sentido, podría plantearse la creación de centros de asesoramiento familiar en colegios y centros de salud, que pasaran a formar parte del grupo de recursos que se utilizan habitualmente durante el período de crianza y educación de los hijos, a los que pudieran ser derivados los padres, por el pediatra o el tutor del niño, en el caso de detectarse escasez de recursos educativos o prácticas inadecuadas de crianza.

- Que dé oportunidades a las familias biológicas (el niño tiene derecho a vivir con ella y a que se la ayude) para que puedan hacerse cargo de los niños de forma adecuada, pero que lo haga previendo un límite temporal acorde con las necesidades de estabilidad en el cuidado que tienen sus hijos, y contando con los medios necesarios para, durante este tiempo, poder trabajar en la recuperación adecuadamente.
- Protector de los derechos de los niños por encima, por supuesto, de la conveniencia de los técnicos (que muchas veces condiciona el funcionamiento del sistema), pero también de los derechos de sus familias biológicas, en los casos en los que ambos entren en conflicto. Esta cuestión es especialmente importante de cara a planificar visitas, prever plazos de recuperación y reintegración, y decidir sobre la reversibilidad del acogimiento.

En este sentido se ha pronunciado el Tribunal Supremo en sentencia de 31/07/2009, en la que afirma que la directriz que ordena procurar la reinserción familiar se subordina expresamente al interés superior del menor, y que "el derecho de los padres biológicos no es reconocido como principio absoluto cuando se trata de adoptar medidas de protección respecto de un menor desamparado y tampoco tiene carácter de derecho o interés preponderante, sino de fin subordinado al fin al que debe atenderse de forma preferente, que es el interés del menor".

En esta sentencia, el Tribunal sienta doctrina respecto a esta cuestión y manifiesta que para acordar el retorno de un menor desamparado a la familia biológica no basta con una evolución positiva de los padres biológicos, ni con su propósito de desarrollar adecuadamente sus funciones como padres, sino que es necesario que esta evolución sea suficiente para eliminar el riesgo de desamparo del menor y compensen su interés en que se mantenga la situación de acogimiento familiar en que se encuentra, teniendo en cuenta, entre otras circunstancias, el tiempo transcurrido en la familia de acogida, su integración en ella, el desarrollo de vínculos afectivos, si se mantienen referencias parentales con la familia biológica, y si en retorno comporta riesgos de tipo psíquico.

Es necesario, por tanto, hacer un estudio del riesgo-beneficio que supone para el menor el retorno, y cualquier otra medida que tenga que ver con su protección.

Algunas propuestas concretas

Como propuestas de reforma concretas para intentar hacer de nuestro sistema de protección una herramienta eficaz en el cuidado de los niños en dificultad apuntamos las siguientes:

- La creación de un sistema de información homogéneo, estructurado y eficaz en todas las Comunidades Autónomas, que permita conocer "al minuto" la situación de cada uno de los niños, el tiempo que llevan institucionalizados, los cambios de medida, la relación con la familia biológica, el motivo por el que se encuentran en un centro, etc., y que "avise" cada vez que un niño pase un determinado tiempo viviendo en acogimiento residencial o sin una medida definitiva, que nos recuerde que está ahí y que es necesario buscar una solución para él.

  Algunas Comunidades Autónomas ya se han dotado de un sistema parecido a este, y han protocolizado la recogida de datos acerca de los menores para facilitar la elaboración de informes y estadísticas que permitan conocer la situación de los niños que se encuentran en protección[226].

- Sería recomendable la implantación de un sistema centralizado estatal similar al "pasaje verde", vía de adopción establecida en el año 2000 por el gobierno chino para niños con necesidades especiales.

  La tramitación de adopciones a través del pasaje verde funciona con una lista única que contiene la información de todos los niños que están en un centro esperando una familia. A esta lista tienen acceso las ECAIs autorizadas a tramitar adopciones por esta vía, que, cuando encuentran un niño susceptible de ser "emparejado" con alguna de las familias cuyos expedientes gestionan, se lo comunican a la familia y, si ésta acepta, se

---

[226] Artículo 25. "*Sistema de información y gestión en infancia y adolescencia. 1. Se crea el sistema de información y gestión en infancia y adolescencia, en el marco del sistema de información social establecido por el artículo 42 de la Ley 12/2007 y con el objeto de garantizar la ordenación adecuada del sistema de protección y la coordinación administrativa. El sistema debe integrar todos los datos relativos a las actuaciones y medidas de intervención respecto de los niños o adolescentes, que deben servir de herramienta para la tramitación, comunicación e información de los entes públicos y las administraciones con competencia en la materia (...) 4. El departamento competente en materia de protección de los niños y los adolescentes debe establecer pautas obligatorias para la recogida de información cuantitativa y cualitativa que permita la confección de estadísticas e informes, con la garantía de que se respeta el anonimato de los datos personales que constan en los informes y de acuerdo con lo dispuesto por la legislación sobre protección de datos y otra normativa aplicable*". Ley 14/2010, de 27 de mayo, de los derechos y las oportunidades en la infancia y la adolescencia de Cataluña.

bloquea el expediente durante 48 horas. Durante este tiempo la familia tiene que preparar toda la documentación necesaria, que se introduce informáticamente, de modo que el niño deja de figurar en la lista única y se inician los trámites para formalizar la adopción.

Un sistema parecido permitiría que existiera una lista única de niños esperando familia (adoptiva o acogedora) en los centros, a la que pudieran acceder todas las Comunidades Autónomas, que podrían contrastarla con los expedientes de las familias declaradas idóneas que esperan y tratar de "emparejar" unos con otros de un modo similar a como ocurre en China.

Esto permitiría, también, conocer el perfil de los niños que esperan para poder así dirigir más adecuadamente la búsqueda de familias.

- Fortalecer y extender los programas de familias de emergencia, para procurar que, durante el tiempo estrictamente necesario para decidir la medida de protección adecuada, los niños puedan ser cuidados en un entorno familiar. No debemos hablar de cerrar los centros si antes no se potencia y extiende esta posibilidad.

- Establecer, por ley, plazos para la toma de decisiones. Se trata de incorporar plazos para que la Administración dote a los niños de un proyecto de vida estable, que les permita, a ellos, desarrollarse con la seguridad de que ese va a ser su hogar de ahí en adelante, y a las familias que los cuidan, educarlos con la tranquilidad de que los niños no se marcharán en cualquier momento.

  Un sistema de este tipo existe en Canadá, donde el plazo máximo de cuidado temporal es de 12 meses para niños de menos de 2 años, 18 meses para niños de entre 2 y 5 años y 24 meses para niños de 6 años o más.

  Partiendo de estos plazos (u otros que, en su caso, se acordaran), en los supuestos en los que resultara previsible que la familia fuera a poder recuperarse en este tiempo, se gestionaría un acogimiento temporal como los actuales y se establecería un plan de actuación con la familia dotado de medios suficientes. En los casos de renuncia desde el nacimiento, o de niños considerados adoptables desde el inicio, se promovería directamente la adopción[227]. Sin embargo, en los supuestos en los que, previsiblemente, los padres biológicos no se fueran a poder hacer cargo adecuadamente del niño dentro de estos límites temporales, éste pasaría a ser acogido por una familia que, pasado el tiempo máximo de cuidado

[227] Debemos mencionar en este punto la necesidad de revisar, también, el sistema de entrega de los niños cuyos padres renuncian a su cuidado desde el momento del parto.

temporal, sería su familia cuidadora definitiva, tramitándose para ello una adopción o manteniendo un acogimiento permanente, dependiendo de los casos (todo ello independientemente de que el niño se encuentre en situación de guarda o tutela).

En esta tercera lista, denominada "mixed bank" en el sistema canadiense, estarían, por tanto, fundamentalmente aquellos niños respecto de los cuales, desde el principio se entiende que existen pocas posibilidades de reinserción familiar (grupos de hermanos mayores con historia previa en el sistema de protección, aborto planeado pero no llevado a cabo, acogimiento en los primeros meses de vida, falta de implicación de los padres, falta de contacto…), y aquellos que se vayan incorporando porque, aunque no partieron de una situación de este tipo (porque en su caso parecía que la recuperación de la familia era posible), han ido agotando los plazos de cuidado temporal.

Gráfico 1. Esquema del sistema de protección de menores.

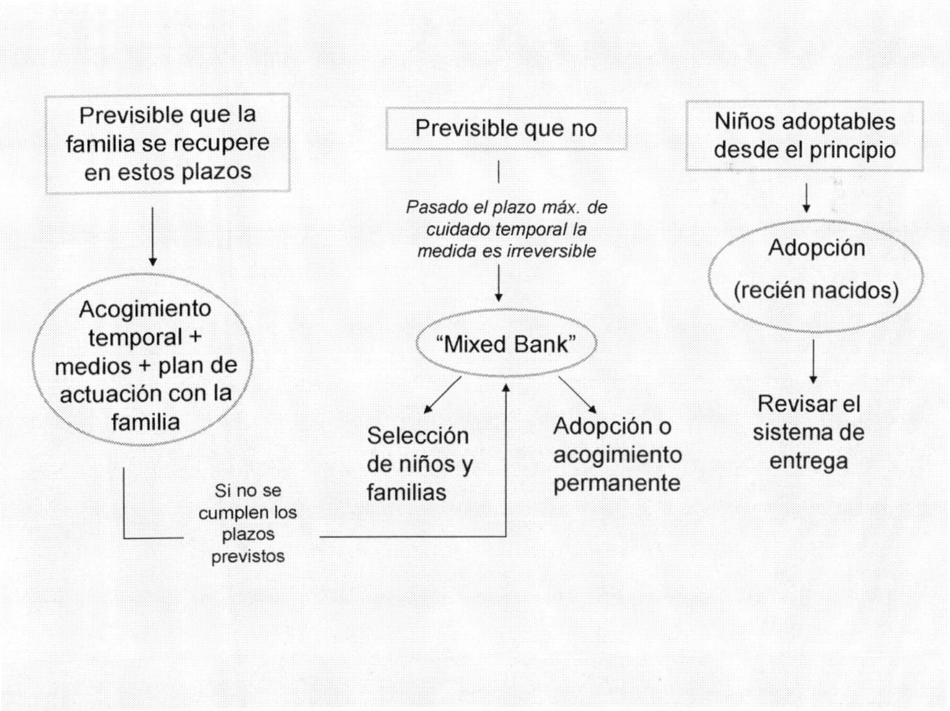

Fuente: elaboración propia

El "mixed bank" se introdujo en Canadá en un momento en el que la situación social en aquel país era muy similar a la que existe ahora en España (pocos bebés para adoptar, muchas solicitudes de adopción, ni-

> ños "abandonados" en el sistema de protección, soluciones temporales que se convierten en permanentes, y muchos niños "adoptables" en los centros), por lo que parece que podría ser una buena inspiración para resolver la situación por la que pasa el sistema español de protección de menores[228].
>
> Introducir algo parecido en nuestra legislación supondría un cambio fundamental para los niños, ya que pasado ese tiempo máximo, independientemente de que vaya a mantenerse el contacto con la familia biológica (si éste es recomendable), los menores no se moverían de la familia con la que estuvieran viviendo, si es que estaban en acogimiento familiar, o tendrían una medida de protección definitiva. Este cambio facilitaría, también, encontrar familias para ellos, ya que supondría, como consecuencia, un cambio para los acogedores, que verían disminuir el plazo de incertidumbre acerca de la permanencia de los niños en su familia.
>
> Y es que, como decíamos al principio, los tiempos de los niños no son los de los adultos, y un tiempo que podría resultar razonable para que un padre o una madre reorganice su vida y la convierta en un entorno adecuado para un menor, puede ser demasiado tiempo para un niño que ya ha establecido vínculos fundamentales con la familia que lo ha cuidado durante este período.

Una reforma como ésta hace necesaria, probablemente, la inclusión en la legislación de una nueva figura, como la adopción abierta, a caballo entre la adopción y el acogimiento actuales. Bajo esta figura quedarían protegidos todos aquellos niños cuyo retorno con la familia biológica no fuera posible (porque ésta no se ha recuperado lo suficiente como para asumir su cuidado, o porque ya ha transcurrido el plazo máximo de cuidado temporal y se han establecido vínculos con los acogedores) pero que, por algún motivo, se considera beneficioso el mantenimiento del contacto con la familia biológica (por la existencia de vínculos, la recuperación del entorno familiar, etc.)

Supondría también una apertura del sistema al planteamiento de posibilidades intermedias entre la adopción y el acogimiento: niños que hoy son acogibles pero que probablemente serán adoptables o acogibles definitivos,

[228] Sobre el modelo de Québec: EGGERSTON, L., *Looking after children. The Canadian Way*, http://www.research.uottawa.ca/perspectives/10041; ASSOCIATION DES CENTRES JEUNESSE DU QUÉBEC, *Cadre de reference. Un projet de vie, des racines pour la vie*; MINISTÉRE DE LA SANTÉ ET DES SERVICES SOCIAUX, *Un Project de vie, des racines pour la vie*, http://publications.msss.gouv.qc.ca/acrobat/f/documentation/2010/10-838-03F.pdf; ASSOCIATION DES CENTRES JEUNESSE DU QUÉBEC, *Looking after children. A life goal for every child*, http://www.acjq.qc.ca/public/a14178bc-45b5-4a12-b27e-38017be2da39/mes_documents/publications/2010_socen-a.pdf; DEMARAIS, S. ET. AL., *The Quebec model of concurrent planning: similar or different from other models?*, sin publicar.

familias dispuestas a cuidar temporalmente pero también a convertirse en padres, proyectos de cuidado y de familia que pueden ir cambiando, motivaciones suficientemente amplias…

Si el cambio finalmente se produjera, sería imprescindible para su éxito que se revisaran y adaptaran también, tanto los criterios de selección de las familias, como la preparación de las mismas, el seguimiento posterior y las posibles ayudas, y la propia cultura de la adopción y la protección de menores.

4.2. Países negligentes y países incapaces a la hora de declarar la adoptabilidad

Otra de las situaciones que podemos encontrar en países en los que la desprotección de la infancia es frecuente, es que la falta de estructura política y administrativa, y la ausencia de recursos e interés por atender las necesidades de los menores, hacen que estos queden al margen de una medida de protección como podría ser la adopción.

La falta de recursos administrativos y/o judiciales dedicados a estas cuestiones, motiva también que niños sin familia, o con un entorno que no se puede hacer cargo de ellos, pasen la infancia institucionalizados o, muchas veces, abandonados, y sobreviviendo como niños de la calle, mientras crecen sin que desde ningún organismo oficial se plantee su posible adoptabilidad.

Son niños respecto de los cuales no es posible la adopción, porque ninguna autoridad de su país de origen los ha declarado adoptables, unas veces por falta de recursos para asegurar que precisan de una nueva familia que los cuide para siempre, y otras veces por no priorizar la protección de estos menores frente a otras necesidades.

Acabamos de mencionar los casos de países en los que, por negligencia o por falta de capacidad, no se promueve la declaración de adoptabilidad de niños necesitados de adopción.

Además de estos supuestos, encontramos también lugares en los que, aunque las declaraciones de adoptabilidad se realizan y las adopciones se constituyen cuando son necesarias, hay casos en los que éstas no se promueven por las especiales características de los niños.

Se trata de menores con necesidades especiales que hacen de ellos "huérfanos para siempre", no necesariamente porque a lo largo de su infancia no pudiera aparecer una familia dispuesta a hacerse cargo de ellos, sino porque, al entender las autoridades competentes que por sus especiales necesidades será casi imposible encontrarles unos padres, ni siquiera son declarados adoptables, y son apartados de los cauces de protección familiar.

De esta manera permanecen para siempre sometidos a un cuidado de tipo institucional, sin ser siquiera incluidos entre los niños adoptables y privándoles así de la posibilidad de encontrar una familia, que, aunque apareciera en algún momento, nunca se encontraría con ellos y no podría adoptarlos por no estar entre los declarados adoptables. Simplemente han sido "sacados fuera del circuito de la adopción" por sus necesidades especiales.

4.3. Países que no aceptan la adopción: la kafala como medida de protección de menores

Es necesario mencionar, en este apartado dedicado a las políticas de protección de menores y a la adoptabilidad, a aquellos países, principalmente musulmanes, cuyos ordenamientos jurídicos prohíben expresamente la adopción.

Por tratarse de un tema de especial importancia y actualidad, la kafala, la alternativa que regulan estos países como medida para proteger a sus menores, es objeto de un estudio independiente, como estudio de caso, en el cuarto y último capítulo de esta obra.

CAPÍTULO III.
HUÉRFANOS POR DENTRO: LA ADOPTABILIDAD PSICOLÓGICA

A pesar de que la adoptabilidad es un término eminentemente jurídico y que contiene una dimensión ética y social innegable, es también posible mirarla desde una perspectiva psicológica y evolutiva.

Declarar la adoptabilidad supone evaluar y decidir con ciertas garantías que, para un niño en concreto, integrarse en una familia adoptiva va a ser una mejor experiencia de crecimiento y desarrollo que otras alternativas viables y disponibles. En este sentido, según el Convenio de la Haya (artículo 16) la Autoridad central del Estado de origen debe preparar un informe en que constará si la colocación en un hogar adoptivo obedece su interés superior, basándose en los informes sobre la evolución personal y familiar del niño, sus historia médica y la de su familia, sus necesidades particulares y su medio social y teniendo en cuenta sus condiciones de educación, su origen étnico, religioso y cultural y sus deseos y opiniones.

Desde esta perspectiva, declarar la adoptabilidad implica conocer bien al niño, sus deseos, sus necesidades, su historia familiar y sus posibilidades de beneficiarse plenamente de una adopción.

La historia reciente de la adopción ha pasado de un concepto muy restringido de adoptabilidad a otro mucho más abierto y optimista. La concepción tradicional de la adopción sólo consideraba adoptables a niños que pudieran pasar por hijos biológicos de sus padres adoptivos: recién nacidos, sanos, con características físicas similares a las de su nueva familia y una supuesta herencia genética sin especiales riesgos. Sin embargo, como ya hemos apuntado en el capítulo primero, la filosofía del derecho de todo niño a crecer una familia que emerge de los estudios sobre apego y sobre las consecuencias de la institucionalización de la segunda mitad del siglo XX[229], abre la adopción a un importante contingente de niños que con anterioridad no se consideraban adoptables, con el consecuente cambio de modelo en la adopción. En la actualidad se considera

[229] Gómez Bengoechea, B. y Berástegui, A. (2009), El derecho del niño a vivir en familia, *Miscelanea Comillas*, 67 (130), pp.175-198.

fuera de toda duda que para los niños en general es mejor vivir en una familia estable y permanente cuando falla la familia biológica, haciendo primar la adopción, por encima de otros recursos u opciones y confiando en que todo el niño es adoptable, siempre que le aseguremos una familia y un contexto de apoyo adecuados.

Sin embargo, el optimismo inicial con el que se abrió la posibilidad de adopción a todos estos niños y desde el que se impulsó el boom de la adopción internacional en Europa se vio ensombrecido con la aparición de la conciencia de los diversos riesgos que se derivan de la investigación sobre adopción[230]. Los estudios sobre el riesgo de ruptura, el riesgo de psicopatología o el riesgo de inadaptación social y familiar de los años 90 hicieron emerger la pregunta sobre si la adopción era la mejor medida para cualquier niño necesitado de protección y promovieron la emergencia de una generación más demandante de familias, más restrictiva con respecto a los perfiles de niños a adoptar.

La restricción de los perfiles de niños en función de variables de riesgo no es capaz de contestar a la pregunta fundamental:¿Es todo niño legalmente adoptable capaz de beneficiarse de la adopción? ¿Es la integración en una familia la mejor media para todo niño? ¿Y para este niño en concreto?

Para considerar positivamente la adoptabilidad de un menor desde este punto de vista psicológico, el niño o la niña tiene que saber, tiene que querer y tiene que poder ser adoptado. La dimensión del saber se refiere a la necesidad de estar informado sobre la adopción y preparado para asumir sus efectos y las etapas del proceso. La dimensión del querer implica que el niño debe haber sido consultado y debe estar debidamente motivado y en disposición de poner de su parte en el proceso de acoplamiento a la nueva familia. Con la dimensión del poder hacemos referencia a la capacidad del niño de beneficiarse del entorno adoptivo.

1. LA INFORMACIÓN Y PREPARACIÓN PARA LA ADOPCIÓN

En primer lugar, el niño tiene que estar informado de lo que va a pasar y tiene que haber sido preparado para la adopción. Para hacer efectivo este derecho, reconocido en el Convenio de La Haya es importante la evaluación que se haga de la madurez cognitiva y emocional del niño, el grado y tipo de información que necesita, y el modo y la temporalidad de este proceso de información y preparación. La información y la preparación del niño es un derecho, pero

---

[230] Hoksbergen R. y Laak, J. (2005), "Changing attitudes of adoptive parents in northern european countries", en Palacios, J. y Brodzinsky, D., *Psychological issues in adoption: research and practice*. Westport: Praeger, pp. 27-46.

también un factor de protección de la relación paterno-filial que se construye a raíz de la adopción[231].

Podemos entender la adopción como un proceso de desvinculación y revinculación que pretende restablecer la protección, la seguridad y la continuidad en la vida del niño. Sin embargo, de primeras, la propia adopción implica un momento de desprotección, inseguridad y ruptura, una transición que ha llegado a definirse como un trasplante[232]. Para restablecer la seguridad y conservar cierta sensación de protección y control, el niño tiene que entender, en la medida de su edad y de sus capacidades, cuáles son las implicaciones de la adopción, y tiene que serle facilitado un acercamiento lo más progresivo y seguro a su nueva realidad. Promover que los niños puedan predecir y controlar este proceso, a través de la información y la preparación, es una ayuda en el momento del encuentro y en los primeros momentos de la familia.

En este sentido, la información y la preparación del menor tiene que darse al menos en dos momentos, de manera previa al consentimiento, para que este pueda ser adecuadamente otorgado (o su deseo bien explorado), y de manera previa al encuentro y simultánea al proceso de acoplamiento y adopción.

- De manera *previa a la exploración* y el consentimiento, el menor debe saber qué es una adopción, su carácter irrevocable, la ruptura de vínculos legales que supone, cuánto puede tardar en darse, qué tipos de familias pueden acogerle.
- De manera *previa al encuentro*, una vez se ha seleccionado una posible familia adoptiva, el niño debe tener la oportunidad de hacerse una idea previa de la familia: cómo se llaman, cuántos son, cómo son, dónde viven, cuánto se parecen o se diferencian de lo que se había imaginado.
- El *proceso de encuentro y acoplamiento* debe acompañarse de la debida información para que el niño prevea los pasos que se van a ir dando de cara a la integración en su familia (y los técnicos puedan ir modulando éstos en función de sus reacciones)[233].

Los objetivos implicados en el proceso de información y preparación son[234]:

231 Fernández, M., González, A.M., Goicoechea, M.A.; De la Morena, L.; Quintana, I., Linero, M.J.; Fuentes, M.J. y Barajas, C. (2001), "Preparación y asesoramiento a los niños y niñas en los acogimientos preadoptivos", *Intervención Psicosocial*, 10 (1), pp. 105-115.

232 Berástegui, A., Gómez, B. y Adroher, S. (2007), *Adopción internacional en la Comunidad de Madrid: una guía para orientar y ayudar a las personas que estén pensando adoptar un niño en el extranjero*. Madrid: Consejería de Familia y Asuntos Sociales.

233 Fuentes, C. (1996), "Del acogimiento preadoptivo a la adopción", en Bueno A. (Coord.), *Intervención Social con Menores*. Alicante: Fundación Cultural CAM.

234 Fernández, M., González, A.M., Goicoechea, M.A.; De la Morena, L.; Quintana, I., Linero, M.J.; Fuentes, M.J. y Barajas, C. (2001), "Preparación y asesoramiento a los niños y niñas en

- Facilitar que el niño pueda comprender y asumir el hecho de ser adoptado: qué significa, qué cambios va a suponer en su vida, que pasos van a darse y el proceso de toma de decisiones al respecto (quién toma las decisiones, cuál es el lugar del consentimiento…)
- Prepararle para el encuentro la incorporación a su nueva familia: ayudarle a forjar las expectativas y modificar actitudes negativas o pasivas ante la nueva familia.
- Ofrecer al menor un espacio en el que hacer preguntas, sobre la adopción en general, sobre la familia en concreto cuando esta ya está asignada, en particular.
- Ayudarle a hacer una transición graduada y a afrontar el cambio con menor ansiedad y miedo, fomentando cierta sensación de control y capacidad de predicción.
- Ayudar al niño a mantener su identidad a través del cambio, tomando conciencia de su historia y asegurándole la continuidad a través de distintas etapas.
- Ofrecer apoyo emocional para favorecer el tránsito, ayudarle a expresar y gestionar sus sentimientos cuando aún son ambivalentes.
- Preparar las despedidas y el proceso de desvinculación progresiva de las personas familiares sin poner en cuestión las lealtades o los afectos[235], acompañar los duelos de la adopción.

Aun cuando los objetivos parecen claros, las propuestas metodológicas son muy distintas: las propuestas de trabajo individual y de grupo, el uso de métodos verbales y no verbales, el apoyo en las publicaciones disponibles adaptadas a la edad del niño[236] y los distintos tiempos de aproximación progresiva a esta realidad van a depender de los niños en concreto, por lo que esta debe ser una tarea lo más individualizada posible.

---

los acogimientos preadoptivos", *Intervención Psicosocial*, 10 (1), pp. 105-115. ISS/CIR. *Adopción: La preparación del niño a la adopción*, Ficha de formación Nº 27, www.iss-ssi.org.TRISELIOTIS, J. (1994), *El trabajo de grupo en adopción y acogimiento familiar*. Madrid. Ministerio de Trabajo y Asuntos Sociales.

[235] En este sentido los rituales de "bendición" de la despedida pueden ayudar a los niños a gestionar el tránsito de una familia a otra.

[236] Los libros de vida que pueden servir para explicar la adopción una vez se ha producido también pueden ser un esquema valioso para entregar de manera previa a la adopción. También los cuentos que hablan sobre adopción nos pueden ayudar a explicar las diversas historias posibles. Finalmente algunos libros pueden ayudar a trabajar las expectativas del niño acerca de la familia ideal y la familia real. (p. ej. López, J. (2008) La mejor familia del mundo. Madrid: SM).

A pesar de la importancia que puede tener la preparación en el éxito del proceso adoptivo, la tendencia hasta la fecha ha sido la de preparar bien a los futuros padres pero no tanto preparar a los futuros hijos. La corta edad de la mayoría de los menores, la velocidad de los procesos, la escasez de recursos en los países de origen al cargo de la adoptabilidad y la concepción de que los niños "cuanto menos saben menos sufren" ha hecho que los programas de preparación de niños para la adopción (o de acoplamiento inicial) hayan sido una excepción en los procesos de adopción.

2. EL CONSENTIMIENTO DEL MENOR PARA LA ADOPCIÓN

Para ser adoptable, el niño no solo tiene que saber sino que tiene querer, tiene que haber sido consultado si su edad lo aconseja y, en cualquier caso, su visión tiene que haber sido explorada, comprendida y tenida en cuenta antes de la adopción. Esto se materializa como un consentimiento escrito, otorgado libremente de la forma legalmente prevista en algunos casos y en la consideración de su opinión y sus deseos, como un criterio relevante de toma de decisiones, en otros casos.

La edad a partir de la cual el consentimiento del niño es obligatorio varía, por ejemplo, en los distintos países europeos, entre los 10 y los 15 años, siendo lo habitual hacerlo obligatorio a partir de los 12[237]. Algunos países como Islandia, destacan que antes de otorgar el consentimiento los profesionales deben explicar los efectos de la adopción y brindar orientación. Es decir, la información y preparación tiene que ser parte del proceso. En otros países estos consentimientos deben ser ratificados judicial o profesionalmente a través de una valoración independiente y profesional del consentimiento del niño.

Como ya hemos comentado, para que la opinión del menor sea tenida en cuenta, es importante cerciorarnos de que ha sido adecuadamente informado sobre qué es la adopción y cuáles son las consecuencias que va a tener en su vida y tenemos que asegurarnos de que las ha comprendido.

En este sentido, la importancia del consentimiento, que es un derecho establecido en el artículo 12 de la Convención de Derechos del Niño y, de nuevo en el propio Convenio de La Haya, tiene una concreción muy importante desde la perspectiva psicológica a la hora de evaluar la edad y el grado de madurez, las metodologías de exploración y diagnóstico de sus deseos y opiniones y también de sus necesidades.

---

[237] INTERNATIONAL SOCIAL SERVICE (2010), *El marco legal para la consulta y el consentimiento del niño en adopción*, Boletín Mensual, nº 4, abril 2010, www.iss_ssi.org.

Recoger la opinión libremente ofrecida del niño (sea o no su consentimiento formal) también supone presentarle todas las opciones posibles: que quiera y sea adoptado, que quiera ser adoptado y la adopción no llegue, que no quiera ser adoptado y, en su interés, se tome la decisión de que lo sea y que no quiera y no sea adoptado. En este sentido, en el momento de la exploración, se debe ser claro con el niño acerca del lugar que va a tener su decisión en el proceso y de si es o no vinculante.

Una vez recabada la opinión del niño hay que "*verificar si esta refleja correctamente sus verdaderas necesidades*"[238] por un lado, y hasta qué punto su opinión puede ser un factor de riesgo o de protección en el desarrollo de una posible adopción, en segundo lugar. Emociones como el miedo, la lealtad a los orígenes o la agresividad por el abandono, pueden hacer a los niños rechazar la idea de una adopción. En estos casos, si la necesidad del menor aconseja la promoción de su adoptabilidad, los procesos de preparación y acercamiento progresivo a la nueva realidad son especialmente relevantes para ganarse la "adhesión" del niño al proyecto adoptivo ya que su rechazo puede suponer un factor de riesgo para el desarrollo de la adopción[239].

Finalmente, es importante ayudar al niño a comprender cómo se ha tenido en cuenta su opción y sus deseos en el proceso de toma de decisiones, tanto si se ha recabado legalmente su consentimiento como si no y, especialmente, en los casos en los que se haya decidido a favor del interés pero en contra de la opinión del niño.

3. LAS POSIBILIDADES DE BENEFICIARSE DE UNA ADOPCIÓN

La adopción, en general, es una medida beneficiosa para los niños necesitados de protección y así es destacado por la investigación y el conocimiento técnico al respecto. La mayoría las investigaciones que comparan a los niños adoptados con aquellos que quedaron atrás, en los contextos de riesgo o en las instituciones, encuentran que los niños adoptados están mejor, en casi todos los ámbitos del desarrollo, resaltando el carácter protector de la adopción[240]. La adopción trae grandes beneficios para la gran mayoría de los menores porque rompen con el contexto familiar o institucional de riesgo previo, retoman el

[238] International Social Service (2010), *Aplicación del derecho del niño a ser consultado (3ª parte): consideración de la opinión del niño*, Boletín Mensual nº 6-7, Junio-Julio 2010, p. 5.

[239] Berástegui, A. (2003), *Las adopciones truncadas y en riesgo en la Comunidad de Madrid*. Madrid: Consejo Económico y Social de la Comunidad de Madrid.

[240] Van ijzendoorn, M. H. & Juffer, F. (2006), "Adoption as intervention: Meta-analytic evidence for massive catch-up and plasticity in physical, socio-emotional and cognitive development. The Emanuel Miller Memorial Lecture 2006", *Journal of Child Psychology and Psychiatry, 47*, pp. 1128-1245.

desarrollo estancado por la situación de desprotección o de protección precaria e inician un camino de recuperación en su nueva familia.

Aceptando este carácter protector de la adopción, es frecuente que la investigación destaque la vulnerabilidad o los riesgos de los menores adoptados. Son muchas las investigaciones que tratan de contestar a qué es lo que falla en las adopciones que van mal o, dicho de otro modo, qué es lo que tiene que funcionar para que la adopción sea exitosa, lo que finalmente nos conduce a la pregunta sobre qué consideramos el éxito de una adopción.

Consideramos la adopción como un recurso para ofrecer una familia estable y permanente a un niño que carece de ella, una familia con la que vincularse, a la que pertenecer y desde la que retomar una trayectoria evolutiva en riesgo. La adopción implica vincularse legalmente, identitariamente y afectivamente.

Desde este punto de vista sería capaz de beneficiarse de la adopción, y por lo tanto adoptable, el menor que se pueda implicar en una relación paterno-filial completa: capaz de establecer un vínculo de apego suficientemente seguro con sus futuros padres y hermanos, de desarrollar un sentimiento de pertenencia, de retomar su trayectoria evolutiva y adaptarse al nuevo entorno.

Así, la adoptabilidad para el niño sería como la idoneidad de los candidatos a adopción y, de hecho, es un concepto muy ligado a esta, como veremos más adelante.

3.1. Adoptabilidad y establecimiento de un vínculo

Como ya hemos comentado al hilo de la preparación, la adopción desde una perspectiva psicológica es, fundamentalmente, un *proceso de separación y revinculación* a unas nuevas figuras de apego. Esta realidad es una apuesta fuerte porque, en la mayoría de los casos, nos encontramos frente a un proceso delicado de vinculación ya que, en la mayoría de las ocasiones, concurren una quiebra en la secuencia temporal normal del establecimiento del apego, un cierto grado de experiencias de inseguridad en la infancia y una mayor complejidad en el desarrollo de los modelos de trabajo internos, ligado a la gestión narrativa e identitaria de la adopción y la cuestión de los orígenes[241].

En cuanto al establecimiento del vínculo, cuando la adopción se produce antes de los 12 meses parece que la recuperación es total y rápida por lo que los menores pueden establecer relaciones suficientemente seguras con sus familias.

---

[241] BERÁSTEGUI PEDRO-VIEJO, A. (2010), "Relaciones afectivas familiares: apego y adopción", en. LOIZAGA LATORRE, F., *Adopción Hoy: Avanzando Hacia Nuevas Estrategias*. Bilbao: Mensajero, pp.109-138.

Sin embargo, cuanto más tardía es la adopción (y por lo tanto más nos alejamos de las secuencias temporales típicas y es esperable un aumento del riesgo) la recuperación es más lenta e incompleta y no es homogénea en todas las áreas del apego. Aún así, en los niños adoptados pasada la primera infancia se produce una mejora significativa en los patrones de apego y en la sintomatología asociada, por lo que a pesar de que persistan las narrativas inseguras la gran mayoría de los niños establecen vínculos reales y suficientemente saludables con sus nuevas familias[242].

De todos modos, con respecto a la adoptabilidad, debemos distinguir entre las vicisitudes en la adquisición de patrones seguros y los problemas de transición a esta nueva relación y las ocasiones en las que estos vínculos o lo hacen de forma insuficiente, derivando en diagnósticos de trastorno reactivo del apego grave. Los profesionales que trabajan bajo este paradigma consideran que los niños con este diagnóstico están tan dañados a nivel neurológico y psicológico que no podrán establecer lazos afectivos y de pertenencia en ningún sistema familiar y, por lo tanto, su adaptación a sistemas familiares "naturales" (no profesionalizados) es poco esperable. Esto nos hace preguntarnos: ¿Hay niños tan dañados que no podrán establecer lazos afectivos y de pertenencia en ningún sistema familiar? Esta es una pregunta para la que no tenemos respuestas absolutas: hay casos en los que el niño no ha podido volver a vincularse, pero hay otros que, incluso después del rechazo de una primera familia, ha conseguido hacerse un hueco y empezar a formar parte de su nueva familia tras una larga historia de fracasos y abandonos y, de hecho, los mismos profesionales que trabajan el trastorno reactivo del apego como algo "incurable" consideran que este trastorno no es fácilmente diagnosticable a priori, y que se debe ofrecer al menor la posibilidad de vincularse para asegurarse de que no puede aprovechar esta posibilidad, por lo que es muy difícil diagnosticar el grado en el que será posible recuperar la seguridad del apego hasta que no pase al menos un tiempo equivalente al que el niño ha pasado en condiciones de privación[243].

3.2. Adoptabilidad y construcción de la pertenencia

Una de las cuestiones que debemos medir es si los niños van a poder considerarse parte de la familia que va a adoptarlo, y eso puede presentar algunas peculiaridades cuando nos referimos a la adopción internacional.

[242] Román, M. y Palacios, J. (2011), "Separación, perdida y nuevas vinculaciones: el apego en la adopción", *Acción Psicológica*, 8(2), pp. 99-111.

[243] Rygaard, N. (2008), *El niño abandonado: guía para el tratamiento de los trastornos del apego*. Barcelona: Gedisa.

En este sentido, la teoría clásica de la adopción nos advierte de que para estar plenamente integrado en su familia y beneficiarse de la adopción, el niño adoptado tiene que poder sentir que pertenece a la misma, a pesar de o al tiempo que se acepta su diferencia[244].

La resolución de la posible tensión entre los sentimientos de diferencia y la construcción de la pertenencia es clave en el éxito de la adopción, tanto para la familia, como para el menor y la construcción de su identidad como padres hijo[245]. La investigación ha descrito tres formas fundamentales de resolver esta tensión a lo largo del desarrollo: la experiencia integrada de la adopción, la experiencia diferenciada de la adopción y la experiencia alienada de la adopción[246]. Los adoptados integrados sienten que pertenecen a su familia sin tener especialmente presentes sus diferencias con ellas, los adoptados diferenciados se sienten diferentes a sus familias pero también se sienten parte de ellas, sin embargo, los adoptados alienados sienten que son diferentes a sus familias y no han conseguido establecer un sentimiento de pertenencia firme.

Los datos de la investigación nos hacen pensar que la gran mayoría de los menores son parte integral de la familia, independientemente de sus sentimientos sobre la diferencia, al menos desde la perspectiva familiar[247].

En el proceso de adoptabilidad, especialmente de niños algo mayores, se debería prevenir esta incapacidad del niño de sentirse parte de su nueva familia, sentimiento que en parte dependerá de su capacidad de haber gestionado su historia previa, haber solucionado sus conflictos de lealtades y sus duelos, y haber hecho una buena transición a la familia adoptiva.

Este esquema en relación con la familia adoptiva también debería ser explorado con relación a las diferencias étnicas y culturales y el proceso de integración en la nueva familia[248].

---

244 KIRK, D. (1964), *Shared fate*. New York: Free Press.

245 BERÁSTEGUI, A. Y GÓMEZ BENGOECHEA, B. (2007), *Esta es tu historia: comunicación y búsqueda de los orígenes en adopción*. Madrid: Universidad Pontificia Comillas.

246 HOWE, JD., SHEMMINGS, D. Y FEAST, J. (2001), "Age at placement and adult adopted experience of being adopted", *Child and Family Social Work*, 6, pp.337-349.

247 BERÁSTEGUI, A. (2005), *La adaptación familiar en adopción internacional: una muestra de adoptados mayores de tres años en la Comunidad de Madrid*. Madrid: Consejo Económico y Social de la Comunidad de Madrid.

248 BERÁSTEGUI, A. Y GÓMEZ BENGOECHEA, B. (2007), *Esta es tu historia: comunicación y búsqueda de los orígenes en adopción*. Madrid: Universidad Pontificia Comillas.

3.3. Adoptabilidad y adaptación

En la investigación sobre riesgo y desarrollo hay modos muy diversos de entender el éxito de la adopción, conceptos muy diferentes que a veces se confunden, estos conceptos son los de riesgo, recuperación y resiliencia[249].

En principio una adopción es exitosa cuando supone un recurso de protección. Sabemos que el niño ha vivido una situación de riesgo que se detiene con la adopción independientemente del grado en el que se haya producido un daño significativo en el desarrollo del niño. Una detección del riesgo temprana, seguida de una protección inmediata, de manera que no se generen daños secundarios en el menor, es muy importante a la hora de asegurar la adoptabilidad en adopción.

En segundo lugar, se espera que en la adopción se puedan iniciar procesos de recuperación de los posibles daños o retrasos en la trayectoria evolutiva del menor. El concepto de recuperación evalúa el grado en el que el menor retoma el curso del desarrollo, alcanzando niveles de funcionamiento equiparable al de la población de acogida.

La estrategia de la investigación sobre la recuperación es doble, por un lado se compara la distancia del adoptado con respecto a la población normativa, pero también se compara cómo esta posible diferencia cambia entre el momento de la llegada y las distintas etapas de su vida en familia. Desde esta metodología, los datos indican, por un lado continuidad, y por otro heterogeneidad en el cambio derivado de la adopción[250].

Con respecto a la continuidad, parece que los niños que llegan en mejor estado siguen estando mejor y mejoran más que los que llegan en peores condiciones. En este sentido, la recuperación es mayor y más rápida cuando el daño tienen una menor entidad, es decir, se ha expuesto al niño a menos factores de riesgo o ha contado con más recursos de protección y cuanto más temprano

---

[249] Berástegui Pedro-Viejo, A. (2013), "La postadopción en España: entre el riesgo, la recuperación y la resiliencia", en. Charro, B. y Carrasco, M.J. (coord.), *Crisis, vulnerabilidad y superación*. Madrid: Universidad Pontificia Comillas, pp.167-180.

[250] Juffer, F., Van Ijzerndoorn, M. y Palacios, J. (2011), "Recuperación de niños y niñas tras su adopción", *Infancia y Aprendizaje*, 34 (1), pp. 3-18. Palacios, J. y Brodzinsky, D.M. (2010), "Adoption research: Trends, topics, outcomes", *International Journal of Behavioral Development*, 34 (3), pp. 270-284. Palacios, J., Sánchez Sandoval, Y., León, E. y Román, M. (2008), "Adopción: evolución tras la adversidad inicial en adopción internacional", en Berástegui, A. Y Gómez Bengoechea, B. (Coords.), *Los retos de la postadopción: balance y perspectivas*. Madrid: Ministerio de Trabajo y Asuntos Sociales, pp. 35-44. Rutter, M., Beckett, C., Castle, J., Colvert, E., Kreppner, J., Mehta, M., Stevens, S. Y Sonuga-Barke, E. (2009), "Effects of profound early institutional deprivation. An overview of findings from a UK longitudinal study of Romanian adoptees", in Wrobel, G.m. y Neil, E. (eds.), *International advances in adoption research for practice*. New York: Wiley, pp.147-167.

comienza el proceso de recuperación. Por otra parte, parece haber factores biológicos y prenatales de tipo temperamental que inciden en un diferente grado de vulnerabilidad al estrés, por lo que hay menores que se recuperan mejor que otros y, por último, hay familias que favorecen más la recuperación que otras, en el sentido de que hay entornos que podemos considerar normales, otros especialmente reparadores y también entornos que multiplican el riesgo.

La heterogeneidad nos remite a la diferente recuperación de las distintas áreas del comportamiento y el desarrollo:

- Área física: en general podríamos hablar de una recuperación física total o casi total y bastante rápida, al menos en lo que se refiere a altura y peso (no tanto a perímetro craneal)[251].
- Área cognitiva: con respecto a lo cognitivo, la convivencia en familia no sólo hace que pare el retraso sino que se comiencen procesos de recuperación, que es rápida y completa para los menos dañados.
- Área conductual: con respecto a los problemas de comportamiento un porcentaje importante se recupera de los problemas de adaptación inicial, reapareciendo los problemas de conducta en determinadas edades, como el ingreso en la adolescencia[252].

Más allá del concepto de recuperación, el mundo de la adopción empieza a pensar el éxito de la adopción no en términos de recuperación sino de resiliencia. La resiliencia describe el proceso por el cual, a pesar del trauma y de los daños derivados, sin llegar a producirse una recuperación completa, el niño logra retomar un desarrollo en expansión que conserva la impronta del periodo herido[253].

A pesar de los buenos resultados en recuperación y de la esperanza que trae la perspectiva de la resiliencia, hay que destacar cómo las secuelas de la privación extrema siguen presentes de forma incapacitante en algunos niños a todas las edades, especialmente los comportamientos cuasi-autísticos, la hiperactividad y las dificultades-discapacidades cognitivas[254]. Aunque estas realidades son las menos frecuentes en la población adoptada, hemos de tenerlas muy

---

[251] Palacios, J., Sánchez Sandoval, Y., León, E. y Román, M. (2008), "Adopción: evolución tras la adversidad inicial en adopción internacional", en Berástegui, A. y Gómez Bengoechea, B. (Coords.), *Los retos de la postadopción: balance y perspectivas*. Madrid: Ministerio de Trabajo y Asuntos Sociales, pp. 35-44.

[252] Lindblad, F., Vinnerljung, B.; Von Borczyskowski, A.; Hjern, A. (2008), "Adopción internacional en Suecia: salud mental y adaptación social en adolescentes y jóvenes", *Infancia y Aprendizaje*, 31 (2), pp. 211-231.

[253] Cyrulnik, B. (2007), *De cuerpo y de alma*. Barcelona: Gedisa.

[254] Rutter, M., Beckett, C., Castle, J., Colvert, E., Kreppner, J., Mehta, M., Stevens, S. y Sonuga-Barke, E. (2009), "Effects of profound early institutional deprivation. An overview of

presentes a la hora de considerar la adoptabilidad de los menores. En algunas de estas situaciones, el desarrollo se estanca y atrofia de forma presumiblemente permanente, por lo que la aspiración terapéutica no es la recuperación, sino el logro de un nivel de funcionamiento cotidiano mínimamente adaptativo, siendo necesario el tratamiento del menor como una persona con una discapacidad permanente[255].

4. EVALUACIÓN DE LA ADOPTABILIDAD

Una vez descrito el concepto de adoptabilidad psicológica como ligado a la construcción de la vinculación, la pertenencia y la adaptación psicosocial y conductual, la pregunta no es tanto en qué áreas tenemos que fijarnos para describir la adoptabilidad sino cómo evaluarla. ¿Podemos predecir el riesgo o el fracaso de la adopción con alguna fiabilidad de manera previa a la adopción?

La evaluación y el pronóstico de las posibilidades de éxito están obstaculizados por varias cuestiones a tener en cuenta[256]:

- La *multitud y complejidad* de variables implicadas en el mapa de riesgo: que incluye variables bio-psico-sociales como las variables de riesgo genético, riesgo prenatal (exposición a sustancias tóxicas o al estrés, malnutrición fetal), riesgo preadoptivo (privación estimular, privación afectiva, estrés ambiental o fisiológico, inseguridad afectiva derivados de cuidados incompletos, desorganizados o separaciones, abuso y maltrato, de nuevo malnutrición…)
- El *desconocimiento* de la historia familiar del niño, su herencia genética, sus riesgos prenatales y sus historia postnatal[257] y sesgo, en ocasiones, de la historia postadoptiva.
- La gran *variabilidad* que puede existir en la calidad del cuidado intergrupos e intragrupos, incluso conociendo el tipo de experiencia familiar o institucional previa a la adopción.

---

findings from a UK longitudinal study of Romanian adoptees", en WROBEL, G.M. y NEIL, E. (Eds.), *International advances in adoption research for practice*. New York: Wiley, pp.147-167.

[255] Rygaard, N. (2008), *El niño abandonado: guía para el tratamiento de los trastornos del apego*. Barcelona: Gedisa.

[256] Berástegui Pedro-Viejo, A. (2013), "La postadopción en España: entre el riesgo, la recuperación y la resilencia", en. Charro, B. y Carrasco, M.J. (coord.), *Crisis, vulnerabilidad y superación*. Madrid: Universidad Pontificia Comillas, pp.167-180.

[257] Greene, S.; Kelly, R., Nixon, E.; Kelly, G., Borska, Z., Murphy, S. y Day, A. (2008), "Children´s recovery after early adversity: lessons from intercountry adoption", *Child Care in Practice* 14 (1), pp. 75-81.

- La *modulación* de la incidencia de estas variables en función de la *cronología* del daño (su precocidad y duración), la *fuerza* del trauma (relacionado con la frecuencia e intensidad de aparición del factor traumático) y las *relaciones* entre unas variables y otras (interacción y covariación).
- La interacción con factores de protección raras veces evaluados en los informes.

Gráfico 2: Niveles y factores de riesgo para la evaluación de la adoptabilidad[258].

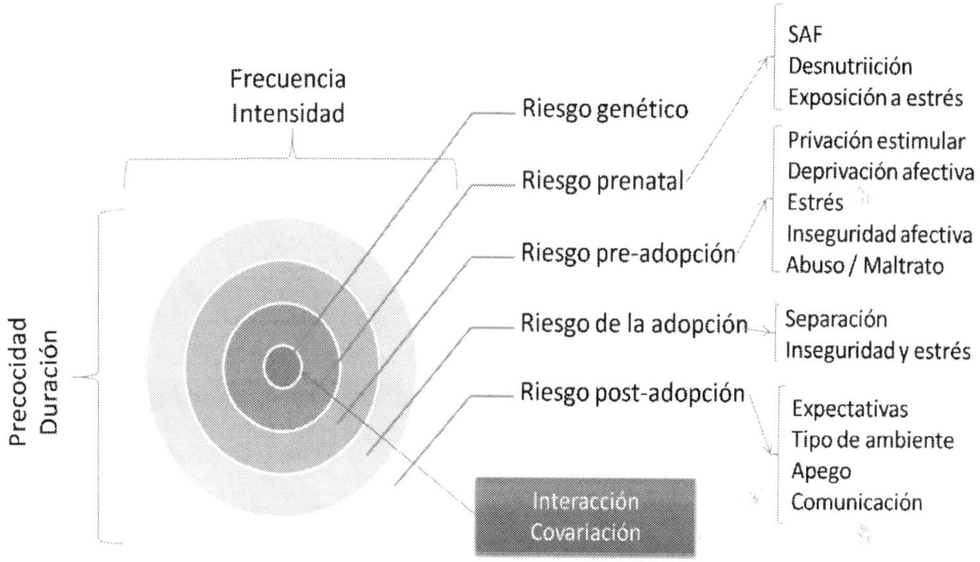

Por eso, realizar un buen pronóstico de la adoptabilidad del niño es una tarea que no se puede limitar a presentar un sumatorio lineal de riesgos, sino que entraña una gran complejidad, al tiempo que un margen de error bastante amplio. En conclusión, es posible que no todo niño sea adoptable desde una perspectiva psicológica, pero no es menos cierto que, con las herramientas que disponemos en la actualidad, no sabemos evaluar con precisión el riesgo que asumimos en cada adopción, por lo que tampoco podemos descartar para ningún niño la adopción como alternativa.

Por otro lado, es imprescindible recordar que el éxito de la adopción no va a depender sólo de las variables preadoptivas en el menor, sino que las variables de la adopción y la postadopción también juegan un papel central.

---

258 Berástegui Pedro-Viejo, A. (2013), "La postadopción en España: entre el riesgo, la recuperación y la resilencia", en. Charro, B. y Carrasco, M.J. (coord.), *Crisis, vulnerabilidad y superación*. Madrid: Universidad Pontificia Comillas, pp.167-180.

4.1. Adoptabilidad, idoneidad y matching: un cálculo relacional

Atender exclusivamente a las variables de riesgo que provienen del menor minimiza las posibilidades de los niños que han tenido una historia más compleja de encontrar una familia, lo cual iría en contra de los objetivos y la filosofía de la adopción[259]. Por eso, no debemos pensar la adoptabilidad como una variable exclusiva del niño, sino que deberíamos entenderlos desde una perspectiva ecológica y sistémica. No todas las familias que adoptan menores en dificultad fracasan y, de hecho, la mayor parte de ellas no lo hacen, por lo que el entorno familiar puede servir como un factor de protección que mitigue la influencia temprana de los riesgos asociados a la adopción. Los esfuerzos investigadores y técnicos deberían centrarse, por lo tanto, en determinar cuáles son las variables y dinámicas que facilitan esta adaptación y cuáles la dificultan, porque lo cierto es que no todo niño es adoptable por cualquier familia (y viceversa)[260].

Desde este punto de vista, las exigencias de la adoptabilidad van a ser un concepto íntimamente ligado a la idea de idoneidad. En la medida que aceptemos como adoptables niños con mayores necesidades o mayores riesgos tendremos que formar y seleccionar familias más preparadas y más competentes. Por el contrario, en la medida en que nuestros procesos de idoneidad estén dirigidos a seleccionar familias "medias" o familias meramente "normalizadas", en la adoptabilidad nos veremos forzados a dejar fuera a aquellos niños que se alejen más del patrón de niño "típico", es decir, pequeño, sano y sin especiales condiciones de riesgo.

Es por esto que la adoptabilidad es un cálculo relacional, cuanto más abierta sea, más restrictivos deben ser los procesos de idoneidad, mientras que cuanto más abierta sea la idoneidad más restrictivo debe ser el concepto de adoptabilidad. Sostener que todo niño desprotegido puede beneficiarse de la adopción supone asumir los riesgos específicos que esto conlleva e informar, formar, seleccionar y capacitar a las familias para que, en el cuidado de los menores, contrarresten los efectos adversos que haya podido tener la privación en su desarrollo.

Teniendo en cuenta que el interés superior del niño debe ser la consideración primordial, la opción lógica sería restringir enormemente la idoneidad y abrir sin restricciones el concepto de idoneidad pero, entonces, chocamos con el problema de la disponibilidad en el ofrecimiento. Cuanto más abierto es el

[259] Berástegui Pedro-Viejo, A. (2010), "Adopción internacional: ¿solidaridad con la infancia o reproducción asistida?", *Revista Alhoma*, 27, pp. 15-37.

[260] Berástegui, A. (2005), *La adaptación familiar en adopción internacional: una muestra de adoptados mayores de tres años en la Comunidad de Madrid*. Madrid: Consejo Económico y Social de la Comunidad de Madrid. Palacios, J. (2009), "Family context for emotional recovery in internationally adopted children", *International Social Work*, 52(5), pp. 609-620.

concepto de idoneidad es esperable que la adopción, al menos en sus inicios, más se diferencie de la experiencia normativa de parentalidad. Esto reduce el número de familias, no sólo capaces de antemano, sino sobre todo disponibles para hacerse cargo de estos menores. Así, la restricción extrema de la idoneidad puede ser contraria al interés de los menores en situaciones de riesgo bajo y medio, ya que dificultaría su proceso de encontrar una familia.

Gráfico 3: Relación inversa entre adoptabilidad, idoneidad y disponibilidad.

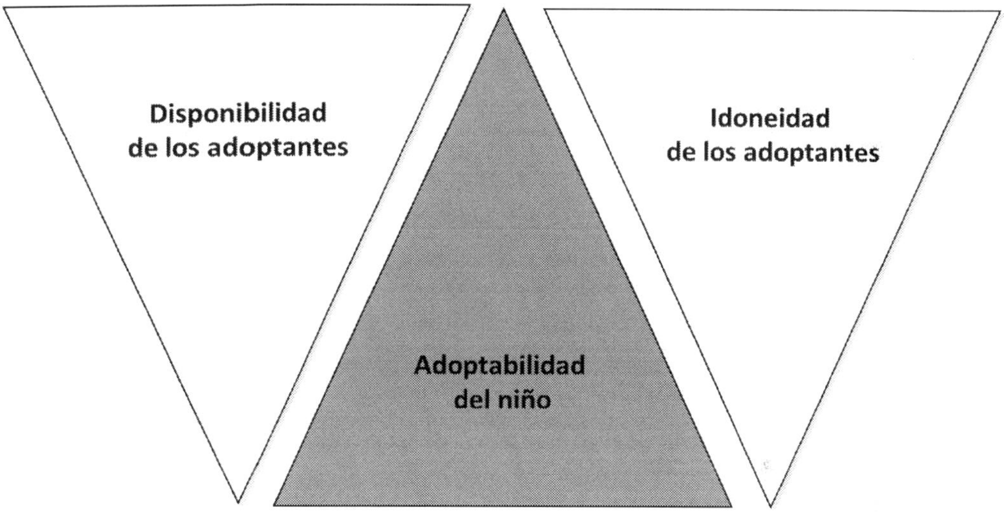

Por eso los procesos de emparejamiento o matching son fundamentales a la hora de adecuar los recursos y expectativas de las familias a las necesidades de los menores, intentando ofrecer las familias con más recursos a los menores con más riesgos, y presumiblemente más necesidades, y no al contrario[261]. Teniendo esto en cuenta, la adoptabilidad, en un sentido psicológico, podría ser un concepto relativo, como lo es la idoneidad, marcando para qué tipo de familia es adoptable cada niño, al igual que las idoneidades son concedidas para perfiles de niños concretos (al menos en edad y país)

4.2. Adoptabilidad y postadopción

Promover que todo niño sea adoptable no es solo un trabajo de la idoneidad sino también de la postadopción, de manera que supone promover también los

[261] Criterios como dar los niños mayores a las familias monoparentales sin muchos apoyos o los niños con necesidades especiales a las familias que ya tienen hijos biológicos son criterios contrarios a este equilibrio entre recursos y necesidades. BERÁSTEGUI, A. (2003). Op. cit.

recursos necesarios para que los padres puedan afrontar con éxito el estrés que conlleva la adaptación familiar. Los padres adoptantes lo son en un contexto que en ocasiones facilita pero en otras pone muy difícil el fomento de los factores de protección. La adopción es una realidad enormemente compleja y multifacética por lo que, para poder atender al niño y proteger adecuadamente sus derechos, habrá que entender cómo éste y su familia se ven afectados por multitud de sistemas que interactúan y se determinan recíprocamente entre sí, de modo que intervenir en unos contextos sin una visión compleja de esta realidad puede hacer que nuestros esfuerzos sean estériles. Por ello, la teoría de los sistemas ecológicos ha demostrado ser el acercamiento necesario para plantear la investigación y la intervención en este área[262]. Sería imprescindible atender a los factores de riesgo y protección que dependen del propio procedimiento y sistema de adopción en un nivel exosistémico, de cómo funciona el sistema escolar como microsistema para la integración del niño o qué factores macrosistémicos (por ejemplo, la visón social de la inmigración y de la diversidad en el país de acogida) están funcionando para modular el riesgo y la protección en adopción.

En cualquier caso, sostener que cualquier niño debe tener una oportunidad de crecer en familia supone comprometerse con las familias para que estas sean entornos eficaces y tener dispositivos de apoyo, no sólo disponibles sino altamente especializados en daño emocional infantil, y esto, hoy por hoy, es un objetivo todavía alejado de la realidad.

5. HUÉRFANOS DE NUEVO: ADOPTABILIDAD Y RUPTURA DE LA ADOPCIÓN

La adopción busca ser un recurso de protección familiar y permanente por lo que su mayor fracaso se da cuando la familia no logra serlo en plenitud o no consigue serlo de forma permanente. El reconocimiento de la buena marcha de la mayoría de las familias que han adoptado en las últimas décadas no debe hacernos olvidar que en un porcentaje, reducido pero relevante, de los casos, la adaptación se hace más compleja, no llega a producirse sin ayuda profesional externa y en casos extremos, el sistema llega a romperse frustrando las necesidades del niño y las esperanzas de las familias que los adoptaron.

---

[262] Berástegui, A. (2008), "La postadopción más allá de la familia y del niño: reflexiones y propuestas", en Berástegui A. y Gómez-Bengoechea, B. (coord.), *Los retos de la postadopción: balance y perspectivas*. Madrid. Ministerio de Trabajo y Asuntos Sociales, pp. 191-203. Palacios, J. (2009), "The ecology of adoption", in (Wrobel y E. Neil Ed.), *International advances in adoption research for practice*, pp. 71-94; Wiley-Blackwell. Schweiger, W.K. y O'Brien, M. (2005), "Special Needs Adoption: An Ecological Systems Approach", *Family Relations* 54, pp. 512-522.

Es enormemente paradójico constatar cómo la ruptura es una de las realidades de la adopción que más preocupan a técnicos, investigadores, asociaciones y políticos, y sin embargo, el conocimiento y el acceso a datos actualizados sobre esta realidad es alarmantemente escaso.

Hasta la fecha las investigaciones que se han acercado al fenómeno de la ruptura de la adopción son tres: a nivel nacional contamos con la investigación de Jesús Palacios y su equipo, publicada en 2005 con datos de Madrid, Valencia y Andalucía[263]. En la Comunidad de Madrid, los datos que tenemos son los de nuestro equipo en 2003[264]. Más recientemente, Cataluña ha compartido en prensa algunos avances de una investigación pendiente de publicar sobre la misma cuestión[265]. Estos estudios están centrados en determinar las tasas de ruptura, es decir, en qué porcentaje, en un periodo de tiempo determinado y una determinación geográfica, los menores adoptados, después de un periodo de convivencia en su familia adoptiva, han ingresado en el sistema de protección de menores.

En los dos primeros estudios, que se centran en las adopciones que se produjeron al inicio del boom de la adopción internacional, las conclusiones son muy similares: las adopciones que se "truncaban" en España eran pocas (entre el 1% y el 1,5%), bastante inmediatas (antes de cumplir los dos primeros años de convivencia en familia) y generalmente involucraban a niños mayores en el momento de la adopción (en nuestro estudio el porcentaje se elevaba a un 6,8% cuando los menores eran adoptados a partir de los 6 años de edad).

A excepción del estudio de Cataluña, que apunta a un 0,6% de rupturas, porcentaje aún más bajo que los anteriores, no se han vuelto a publicar datos sobre este particular y, sin embargo, la investigación internacional y la práctica profesional nos alertaba de la posibilidad de estar subestimando mucho el riesgo de ruptura.

En primer lugar, la realidad de las rupturas con reingreso del menor en el sistema de protección no eran las únicas vías de fracaso familiar. La estigmatización de las rupturas que se comienza a producir cuando sacamos los datos a la luz promueve que muchas familias, desbordadas por las dificultades de convivencia, busquen modos "extraoficiales" de suspender la adopción sin

---

263 Palacios, J.; Sánchez-Sandoval, Y. y León, E. (2005), "Intercountry adoption disruptions in Spain", *Adoption Quarterly*, 9, pp. 35-55.

264 Berástegui, A. (2003), *Las adopciones truncadas y en riesgo en la Comunidad de Madrid.* Madrid: Consejo Económico y Social de la Comunidad de Madrid.

265 Benet, C. (2012), *Las Adopciones Truncadas . Recursos de apoyo a los adoptados y sus familias adoptivas. Medidas de protección en supuestos de ruptura.* Ponencia presentada en las XIII jornadas de adopción internacional con comunidades autónoma, entidades colaboradoras de adopción internacional y asociaciones de familias adoptivas. Logroño, 14 de diciembre de 2012. Documento sin publicar.

recurrir a los servicios públicos de protección de menores. Es así como, primero los profesionales y luego los investigadores, empezamos a atender al fenómeno de las pseudorupturas[266], situaciones en las que se produce el cese de la convivencia en la familia a través de su ingreso en instituciones educativas internas, viajes de estudios indefinidos o centros de tratamiento psiquiátrico o de menores con trastornos de comportamiento de carácter privado .... Del mismo modo se empezó a describir la situación de las adopciones no constituidas, que describe aquellas adopciones en las que la convivencia familiar está intacta pero no se ha consolidado una relación paterno-filial más allá de la legal: muchas de estas familias atraviesan con muchas dificultades la infancia intermedia pero con la llegada a la adolescencia, la ausencia de vínculos es incapaz de sostener el aumento de la conflictividad propia de este momento, y devienen en rupturas adolescentes. Otras de ellas nunca se rompen pero las relaciones se difuminan con la mayoría de edad y terminan por desvanecerse con la independencia económica de los adoptados.

Por otro lado, la investigación internacional nos prevenía del aumento de las tasas de ruptura con la entrada de los menores en la adolescencia. Por ejemplo, en un estudio clásico llevado a cabo en Holanda a mediados de los 80, la ruptura de la adopción en adopción internacional se producía, de media, tras casi ocho años de convivencia entre el menor y la familia, generalmente coincidiendo con la entrada del menor en la adolescencia[267]. Siguiendo esta pista, un estudio reciente llevado a cabo por nuestro equipo[268] destacó cómo en un corte transversal de los niños mayores de 6 años en acogimiento residencial en la Comunidad de Madrid encontrábamos un 2,35% que provenían de la adopción y, de media, habían entrado en protección a los con 11,93 años (*DT*=3.12), siendo el menor de cinco años y el mayor de diecisiete en el momento del ingreso, aunque más del 50% fueron ingresados en el centro antes de cumplir los 12. Los niños habían convivido de media 6.22 años en su familia adoptiva (*DT*=4.17) en un rango desde el medio año a los 12 años y medio, confirmando esta presencia de rupturas tardías que era difícilmente detectable en los primeros años del boom de la adopción internacional en España. Por otro lado, a partir de este estudio podemos decir que no solo las adopciones de niños mayores están en riesgo de

---

266 Berástegui, A. (2008), La ruptura de la adopción y las pseudorupturas, en Berástegui A. y Gómez-Bengoechea, B. (coord.), *Los retos de la postadopción: balance y perspectivas*. Madrid. Ministerio de Trabajo y Asuntos Sociales, pp. 59-69.

267 Hoksbergen, R.A.C., Spaan, J.J.T.M. y Waardenburg, B.C. (1988), *Bittere ervaringen: uithuisplaatsingen var buiten landse adoptiekinderen*. Lisse: Swets and Zeitlinger.

268 Berástegui, A., Jódar, R. y Gómez-Bengoechea, B. (2011), *Competencias educativas básicas en menores residentes del sistema de protección en la Comunidad de Madrid*. Madrid: Instituto Madrileño del Menor y la Familia. Informe sin publicar.

ruptura, ya que el 50% de estos niños eran menores de 5 años en el momento de ser adoptados[269].

Los motivos para la ruptura que se han detectado en las investigaciones están implícitos en todo el capítulo sobre adoptabilidad. Las explicaciones que dan los familiares giran en torno a dos vectores importantes: las dificultades en el desarrollo de una relación afectiva entre padres e hijos y el control de la conducta más o menos grave del menor[270].

Este dato sobre las dificultades para controlar la conducta de los menores parece refrendarse por el hecho de que los menores provenientes de la adopción están sobrerepresentados en los centros de menores con trastornos de conducta (el 14,9% frente al 4,54 de los niños que no provienen de la adopción en el estudio de acogimiento residencial). Esto nos lleva a pensar en nuevas formas de acercarnos al fenómeno del fracaso en la adopción porque, ni todas las adopciones fracasadas se rompen formalmente, ni todas las adopciones en las que el menor ha de ser protegido por un tiempo son adopciones fracasadas, sino familias que luchan cotidianamente por hacer su convivencia posible y el desarrollo de sus hijos una realidad, a pesar de que han necesitado el uso temporal de un recurso residencial para sus hijos, que en este caso encuentran bajo el paraguas de la protección de menores, pero que también podría ser un recurso de salud mental, quizás menos estigmatizante para la relación familiar. Por eso debemos empezar a pesar en nuevos modos de abordar el fracaso de las adopciones que no es, ni más ni menos, que buscar nuevas formas de entender el éxito de las adopciones.

De cualquier forma, hay que tener en cuenta que cada caso de ruptura supone una realidad traumática para la familia pero, especialmente, para el menor cuyo interés debe ser "la consideración primordial" del proceso de adopción (CDN, 1989, art.21). Cada ruptura no solo supone el fracaso de esta medida, sino que dificulta enormemente las posibilidades del menor de encontrar una nueva solución familiar y adaptarse a ella. Al fin y al cabo, la ruptura de la adopción en su sentido clásico no es, ni más ni menos, que una forma de abandono que se produce, además, en menores que ya han sido víctimas de un abandono previo, y para los que la adopción pretendía ser una solución protectora definitiva en la que se había invertido mucho tiempo y esfuerzo.

---

269 Berástegui, A. (2012), *Las Adopciones Truncadas: Resultados de la Investigación*. Ponencia presentada en las XIII jornadas de adopción internacional con comunidades autónoma, entidades colaboradoras de adopción internacional y asociaciones de familias adoptivas. Logroño, 14 de diciembre de 2012. Documento sin publicar.

270 Berástegui, A. (2003). *Las adopciones truncadas y en riesgo en la Comunidad de Madrid*. Madrid: Consejo Económico y Social de la Comunidad de Madrid.

CAPÍTULO IV. UN ESTUDIO DE CASO SOBRE ADOPTABILIDAD: LA KAFALA ISLÁMICA

1. INTRODUCCIÓN

Los menores que viven en países islámicos son inadoptables legalmente dado que el Corán prohíbe la adopción. Por ello, los huérfanos en estos países lo son "para siempre". No obstante, la existencia de una figura de protección como la kafala islámica ha supuesto que muchas de estos menores se integren en familias por esta vía.

El interés por abordar de forma diferenciada y completa el tratamiento jurídico de la kafala islámica en España, en este libro sobre adoptabilidad responde a tres razones fundamentales: su nueva regulación jurídica, su creciente demanda social como alternativa a la adopción internacional "tradicional" y en algunos casos como estrategia migratoria, y la nueva política del Gobierno de Marruecos de "cerrar" las kafalas a los extranjeros que no residen en ese país[271].

En relación a la primera cuestión, si bien la kafala es una institución jurídica islámica "desconocida" en el ordenamiento español, su reconocimiento ha sido regulado "*ex novo*", tanto en la Ley 54/2007 de 28 de diciembre de adopción internacional (LAI)[272], como en el Convenio relativo a la competencia, la ley aplicable, el reconocimiento, la ejecución y la cooperación en materia de responsabilidad parental y de medidas de protección de los niños, hecho en La Haya el 19 de octubre de 1996, que ha entrado en vigor en nuestro país el 1 de enero de 2011 (CH)[273], primer convenio de La Haya que menciona esta singular institución y cuyo primer Estado firmante fue precisamente Marruecos, que estampó su firma el mismo día de la adopción del texto[274]. Una reciente

[271] Circular n° 40 S/2 del Ministro de Justicia y de las libertades marroquí de julio de 2012.

[272] BOE nº 312 de 29 de diciembre.

[273] BOE nº 291 de 2 de diciembre de 2010.

[274] Borrás, a (2011). "Europa: entre la integración y la multiculturalidad" en Combalia Z. Diago Diago, m.p. González varas, a. *Derecho islámico e interculturalidad,* Iustel Madrid, pp. 29-31.

sentencia del Tribunal de Estrasburgo, que ha devenido firme el 4 de enero de 2013 (Harroudj c. Francia, Requête no 43631/09), y a la que haré alusión en las páginas siguientes, pone de relieve la actualidad de esta regulación internacional y abunda en las soluciones que se proponen en este trabajo[275].

En segundo lugar, su demanda ha crecido exponencialmente en los últimos años y hasta 2012: Marruecos ha sido el segundo país para el que más solicitudes se han recibido en 2011 en Cataluña[276] o en León[277]. Y es que las familias han venido percibiendo la kafala como una alternativa más ventajosa a la adopción internacional, que en algunos países, de los cuales tradicionalmente provienen los niños, está dificultándose o endureciéndose, e incluso, en algún caso, cerrándose. Así se pone de manifiesto en algunos foros de internet en los que personas y familias han venido expresando su visión sobre las ventajas de la kafala frente a la adopción, pero también sus miedos o riesgos, que ahora, a la vista de los últimos acontecimientos, parecen premoniciones[278]. Esta actualidad se puso de relieve en una sentencia de nuestro Tribunal Supremo, de la que se hicieron eco varios medios de comunicación durante las navidades de 2011[279], y en los datos que obran en la Dirección General de Servicios para la Familia y la Infancia del Ministerio de Sanidad, Servicios Sociales e Igualdad: en el periodo comprendido entre los años 2002-2011 se constituyeron un total de 234 kafalas en Marruecos, según datos remitidos por los Consulados de España en este país.

Sin embargo, la noticia aparecida en julio de 2012 en diversos medios de comunicación internacionales ha invertido radicalmente esta tendencia: la posición del grupo socialista marroquí en el Congreso denunciado la utilización de la kafala por familias extranjeras o residentes en el extranjero para fines distintos de los que ha sido concebida, y la inaplicación de las normas marroquíes que la reservan para familias islámicas, han hecho reaccionar al

---

275 http://www.dalloz.actualite.fr/sites/dallozactualite.fr/files/resources/2012/10/cedh_43631-09.pdf

276 Noticia de La Vanguardia de 3 de septiembre de 2011: "los países prioritarios en 2011 son Rusia, Marruecos, Etiopía, Colombia y Malí".

277 Noticia en el diario de León del 26 de agosto de 2011.

278 En foroenfemenino.com aparecen algunas manifestaciones sorprendentes:

-"Quisiera saber si la kafala permite a los padres que van a adoptar escoger al niño, ya que tengo entendido que países como India lo hacen y otros como los sudamericanos no".

-"Tengo un familiar que está interesado en hacer la kafala en Marruecos, pero le dijeron que la kafala no es una adopción plena y que para que le den al niño, se tiene que convertir al islam, ¿es eso cierto? ¿Si se convierte al islam y luego sigue practicando el catolicismo le pueden quitar al niño? ¿le hacen algún seguimiento desde Marruecos para ver si sigue la religión del niño?"

-"Soy madre de dos niños de origen marroquí, uno niño y otra niña que ya van a colegio educación primaria. Los kafalé cuando eran bebés. Por aquel entonces podías elegir el sexo del bebé y yo no lo dudé:¡Quiero la parejita! Es que los que kafalamos en aquellos tiempos tenemos mucha suerte porque al ser de los primeros que kafalamos todo el tema estaba muy virgen y no saturado como ahora. ¡Nada que ver!".

279 Sentencia del Tribunal Supremo de 9 diciembre 2011 (JUR\2011\433222).

Ministerio de Justicia marroquí anunciando un importante cambio en la aplicación normativa[280] que de momento ha supuesto una paralización de las kafalas a favor de extranjeros[281]. Por ello, en España, la Comisión inter-autonómica de Directores Generales de Infancia de las Comunidades autónomas, adoptó el 16 de octubre de 2012 el acuerdo de no admitir nuevas solicitudes de "idoneidad" para kafalas en Marruecos, suspender la tramitación de las valoraciones que estaban en curso y no remitir ningún expediente nuevo a Marruecos[282].

No obstante, el Gobierno de España hizo gestiones ante el de Marruecos para que, las 61 familias que habían iniciado la kafala con anterioridad a la publicación de la Circular mencionada y ya tienen niño asignado, pudieran culminar el proceso y no les fuera de aplicación dicha Circular con carácter retroactivo. El Ministro de Justicia marroquí, Mustafa Ramid, manifestó a su colega español, Alberto Ruiz Gallardón, el 3 de octubre de 2012, en una reunión entre ambos ejecutivos, que el gobierno marroquí no bloquearía la concesión de las "kafalas" de niños huérfanos marroquíes en curso, las cuales se resolverán "caso por caso"[283].

---

[280] El ministro anunció que su ministerio ha decidido aplicar una nueva medida a finales de este mes, para que se reserve la kafala a las familias marroquíes o a las familias extranjeras musulmanas residentes en Marruecos", http://www.amicsinfantsmarroc.org./ De hecho, como señalaré más adelante, la normativa actual exige que la familia sea musulmana y que en el momento de la kafala tengan domicilio en Marruecos por lo que se les puede requerir un certificado de alojamiento que lo acredite (Circular de 1983 para ciudadanos extranjeros que quieran constituir una kafala), si bien ahora, puede autorizarse a la familia a desplazarse fuera de Marruecos.

[281] La Circular señala muy claramente las razones de esta prohibición: "la Kafala ne soit accordée qu'aux demandeurs qui résident d'une manière habituelle sur le territoire national et ce pour les considérations suivantes. La possibilité de s'assurer plus facilement et d'une manière efficace de l'existence des conditions requises se rapportant aux demandeurs de la Kafala et ce conformément aux stipulations de l'article 9 de la loi n° 15-01, notamment en ce qui concerne les conditions morales et sociales, ainsi que l'aptitude du demandeur de la Kafala à élever l'enfant abandonné selon les préceptes de l'Islam; La possibilité du juge des mineurs de suivre et de contrôler la situation de l'enfant objet de la Kafala et de surveiller le respect des obligations du Kafil, permettant de consacrer la volonté du législateur de protéger l'intérêt supérieur de l'enfant, étant entendu que ceci demeure difficile lorsque la kafala est accordée à des personnes résidant à l'extérieur du Maroc.

La possibilité de prononcer une décision d'annulation de la Kafala en cas de violation ou de non respect des obligations du Kafil envers l'enfant, objet de la Kafala ou en cas de renoncement à celle-ci ou si l'intérêt supérieur de l'enfant l'exige. La décision d'annulation pourra facilement être exécutée.

La désignation du Kafil en tant que tuteur de l'enfant met le premier sous le contrôle permanent du Juge des Mineurs, tel que stipulé par le Code de la Famille, ce qui devient impossible lorsque le Kafil réside en dehors du territoire national d'une manière permanente.

La possibilité d'appliquer les dispositions de l'article 30 de la loi 15-01 qui permettent une protection pénale de l'enfant objet de la kafala vis-à-vis du Kafil lorsque ce dernier commet une infraction pénale conformément au Code Pénal marocain".

[282] Nota informativa de 1 de octubre de 2012.

[283] El País, 7 de octubre de 2012.

Según los datos de la agencia EFE en un teletipo de 15 de enero de 2013, un grupo de familias, la mayoría españolas, recurrieron al rey Mohamed VI de Marruecos con una carta en la que pedían su intercesión para la concesión de la kafala, tras más de un año de espera. La carta fue enviada a finales de diciembre de 2012 y fue firmada por unas cuarenta familias, en su mayoría españolas pero también francesas, canadienses y estadounidenses.

La Asociación de Amigos del Pueblo Marroquí (Itran) instó al Gobierno marroquí a que se investigue "cómo algunas familias han cambiado el nombre (a los niños) y cómo se ha perdido el vínculo religioso y cultural con su país de origen, ya que incluso hay algunos niños que han sido bautizados en la fe cristiana", y que se "tomen unas medidas firmes e irrevocables"[284].

En junio de 2013, la Embajada de España en Marruecos informó a las familias de las nuevas exigencias de las autoridades marroquíes en materia de seguimiento de las kafalas que cada una de las familias españolas que tienen procedimientos de kafala bloqueados en Marruecos podrían ofrecer a través de sus abogados, en la medida en que lo estimen oportuno, a los jueces marroquíes que conocen del caso. No obstante, la Embajada señalaba que la decisión será adoptada por cada juez a la luz de la normativa marroquí y de las circunstancias del caso, y, por lo tanto, no hay ninguna seguridad de que las resoluciones vayan a ser favorables para las familias que asuman estos compromisos. Entre estos compromisos se encuentra que el cambio de nacionalidad del menor debe ser autorizado por el juez que ha constituído la kafala, que en el caso de que el juez autorice la salida del menor este deberá ser presentado con la periodicidad establecida por el juez en la embajada de Marruecos, o que no podrá transformarse la kafala en adopción.

Según un teletipo de la Agencia EFE de 6 de julio de 2013, el Tribunal de Familia de la ciudad de Rabat ya ha concedido más de 30 kafalas. Sin embargo, los procesos siguen paralizados en las ciudades de Tánger, Agadir y Casablanca, donde más de 40 familias (casi todas españolas) esperan la resolución de sus casos. La visita del Rey de España a Marruecos en julio de 2013 puso de nuevo en el punto de mira la situación de las familias que tenían su kafala pendiente.

A pesar de esta situación que se ha producido en Marruecos, el interés de este estudio persiste toda vez que son muchos los países de tradición islámica a los cuales pueden dirigirse las solicitudes de kafalas, y también, por qué no, es posible que Marruecos reconsidere en el futuro esta decisión en atención a la situación de la infancia abandonada en este país. Debe tenerse en cuenta que según los datos obrantes en la Secretaria General de Inmigración del Ministerio de Empleo y Seguridad Social, a 31 de diciembre de 2012, se estima que había

284 http://www.itran-marruecos.org/newitran/

en España aproximadamente 1.870 menores marroquíes no acompañados acogidos en centros de protección de las Comunidades Autónomas. Es decir, además de los menores que han sido "kafalados" por familias españolas y traídos a España con este motivo, muchísimos más han venido solos y están siendo actualmente protegidos por las Administraciones públicas españolas, respecto de los cuales Marruecos no ha manifestado preocupación por sus vínculos religiosos y culturales con su país.

En este trabajo comenzaré exponiendo el concepto y contenido que tiene la kafala en los países islámicos como medida de protección a la infancia; a continuación abordaré su reconocimiento como tal en España; analizaré en tercer lugar el procedimiento para constituir una adopción en nuestro país tras la kafala en origen, y terminaré con algunas consideraciones finales.

El presente estudio tiene como base el análisis de legislación, jurisprudencia y doctrina citada pero además, he querido que estuviera enraizado en la realidad práctica. Para ello, preparé y envié un cuestionario a algunos técnicos responsables de organismos autonómicos de protección de menores, y he recibido respuestas muy precisas que enriquecen de forma indudable las conclusiones de este trabajo. Agradezco de forma muy especial esta colaboración a Antonio Ferrandis de Madrid, Isabel Artero de Valencia, Carles Benet de Cataluña, Isabel Machado de Andalucía y Cristina Zalguizuri de Navarra.

Sus respuestas, en lo que a los datos generales se refiere, arrojan las siguientes conclusiones:

- ✓ Las solicitudes de idoneidad para kafalas han aumentado los últimos años, salvo en la Comunidad de Madrid; en Cataluña han pasado de 20 en 2008 a 38 en 2010, en Valencia de 1 en 2008 a 7 en 2010, en Andalucía de 10 en 2008 a 16 en 2010, y en Madrid de 14 en 2009 a 5 en 2011.
- ✓ Perfil de los kafiles ("adoptantes"): En Marruecos solo pueden kafalar matrimonios heterosexuales y mujeres solteras. Según los datos proporcionados, normalmente son parejas casadas sin hijos de entre 35 y 45 años de edad, en general de una edad más madura que los adoptantes; en algunos casos son "repetidores" realizando una segunda petición de kafala en la misma ciudad de Marruecos donde realizaron la primera. Un porcentaje significativo de estas parejas son marroquíes uno o los dos miembros. En relación a los casos de mujeres solas, la elección de una kafala viene motivada por las pocas opciones reales de "adopción" en otros lugares, y muchas veces esta es su última opción.

✓ Perfil de los makfoules ("kafalados"): Mayoritariamente los "makfoules" son niños muy pequeños (de pocos meses a un año de edad), aunque han llegado también niños algo mayores, pero sin sobrepasar los 6 o 7 años. En alguna comunidad autónoma son mayoritariamente chicos (Cataluña), mientras que en otra son un gran porcentaje de niñas.

2. LA KAFALA COMO MEDIDA DE PROTECCIÓN DE LA INFANCIA

2.1. Inexistencia de la adopción en los países islámicos[285]

El origen de la kafala islámica está estrechamente relacionado con la prohibición de la adopción contenida tanto en el Corán[286] como la Sunna: no es concebible que el hijo "adoptado" pueda integrarse en la familia con los mismos apellidos y derechos hereditarios que los demás hijos legítimos. Las razones de esta prohibición tienen que ver con fundamentos teológicos y sociológicos de la sociedad árabe e islámica, pero sobre todo tiene una explicación derivada de la vida del propio Mahoma.

Teológicamente, para el Islam, los lazos de paternidad y filiación se basan en las relaciones sanguíneas de un solo origen común, y por tanto no puede considerarse como "hijo" más que al que es hijo biológico. Esta concepción ha tenido honda repercusión sociológica: "la preservación del linaje representa para la sociedad arabo-musulmana un valor fundamental que impera sobre otros valores 'occidentales' como la protección de los derechos del menor ilegítimo o la importancia de igualar los derechos de todos los menores independientemente de que procedan o no del matrimonio o de que sean naturales o adoptados"[287].

Sin embargo, la adopción existía en la etapa preislámica, y de hecho, el Profeta tuvo un hijo adoptivo, Zayad. Pero Mahoma decidió casarse con su nuera, la mujer de Zayad, después de que Zayad la repudiase, y esta es, según la doctrina, tanto islámica como europea, la verdadera razón de la posterior prohibición contenida en el Corán: negar los lazos jurídicos de la adopción

[285] Ver especialmente, ZEKRI, H. OUHIDA, J. (2009), "La kafala en el Derecho marroquí", en QUIÑONES ESCAMEZ, A; RODRIGUEZ BENOT, A. ZEKRI, H. OUHIDA, J., *Kafala y adopción en las relaciones hispanomarroquíes.* Madrid: FIIAPP, pp. 15-130.

[286] "Ni ha hecho que vuestros hijos adoptivos sean vuestros hijos. Llamadles por (el nombre) de su padre. Es más equitativo ante Dios. Y si no sabéis quien es su padre, que sean vuestros hermanos en religión o vuestros protegidos" (Corán 33:3-5).

[287] ZEKRI, H. OUHIDA, J. "La kafala en el Derecho marroquí". .. op. cit. pág. 13.

era condición indispensable para considerar válido el matrimonio posterior del profeta[288].

Este suceso de la vida personal de Mahoma, ha tenido dos lecturas. Para algunos, el profeta se enamoró de su nuera y obligó a su hijo adoptivo a repudiarla, decretando a continuación que no era su hijo (para evitar el impedimento de afinidad), invocando que la adopción es contraria al principio de la filiación sanguínea exclusiva y casándose a continuación con su nuera[289]. Para otros, el hijo adoptivo que había sido esclavo, fue liberado y casado por el profeta con su propia prima para dotarle de estatus. Posteriormente ésta, considerando que su esposo no era de su clase social y, tras el fracaso de su matrimonio, reclamó un marido de su categoría por lo cual, una vez disuelto el matrimonio, el Profeta se casó con ella "por orden divina"[290].

Esta prohibición de la adopción se ha recogido expresamente en la legislación de algunos países islámicos, singularmente en el Código de familia marroquí de 2004[291] o en el Código de la familia argelino de 1984, pero está presente también en la legislación de otros muchos países islámicos como Afganistán, Arabia Saudí, Barein, Bangladesh, Egipto, Emiratos Árabes Unidos, Irak, Irán, Jordania, Kuwait, Mauritania, Omán, Pakistán, Qatar, Siria y Yemen[292]. Sin embargo, otros países de tradición islámica cuyos ordenamientos están más secularizados, la han permitido, como es el caso de Indonesia, Turquía, Líbano, Somalia y, particularmente, de Túnez desde la Ley de 0027, de 4 de marzo de 1958[293]. Sin embargo, la jurisprudencia ha "islamizado" esta normativa exigiendo, por un lado que el adoptante de un tunecino musulmán sea musulmán, y admitiendo la revocación de la adopción por la prohibición coránica de la adopción[294].

---

[288] "The marriage of the prophet with Zainab, previously considered incestuous, constituted the act and the simbol of a final and definite break withe the preislamic tradition of open adoption". BARGACH, J. (2007) *A study on abbandonement and the practice of kafala in Morocco for Amici dei Banbini*, (www.aibi.it).

[289] ANCEL, M. (1958), *L'adoption dans les principales legislations modernes.* París. J. H. VAN LOON, H. (1990) *Report on intercountry adoption.* Conference de la Haye de DIPr Doc. prel. núm. 1 avril 1990 p. 26.

[290] ZEKRI, H. OUHIDA, J. "La kafala en el Derecho marroquí"...op. cit. p. 16.

[291] Cuyo artículo 149.1 señala: "La adopción no tiene valor jurídico y no producirá ninguno de los efectos de la filiación legítima".

[292] ABBDOUD, M. (1968), *La condition juridique du* mineur *au Maroc*. Rabat, p. 76, y SZASKY, E. (1964), *Droit international privé comparé. Traité de législation comparée avec reference spéciale au DIPr egyptien et musulman.* París.

[293] Cuyo artículo 15 prevé que el niño adoptado y los padres adoptivos tendrán los mismos derechos y obligaciones que los derivados de la filiación legítima. Ver al respecto, OUAD ALI K. SAGUIR, T. "Acercamiento a la adopción en los países del Magreb". En ESTEBAN DE LA ROSA, G. (2007), *Regulación de la adopción internacional. Nuevos problemas, nuevas soluciones*, Navarra: Thomson Aranzadi, p. 87.

[294] OUAD ALI K. SAGUIR, T. op. cit. pág. 109.

2.2. Situación de la infancia "desamparada" en los países islámicos

En muchos de los países anteriormente mencionados, existe un número elevado de niños desamparados. Es el caso de Marruecos, país en el que se ha producido un aumento exponencial de "niños de la calle" a partir de los años 80, algunos de los cuales, a partir de los noventa, comenzaron a emigrar a Europa como "menores extranjeros no acompañados". Si bien no existe un censo reciente que recoja el volumen de este tremendo problema social, el Ministerio de Fomento marroquí, en 2002, estimó que existían en Marruecos 400.000 menores abandonados, de los cuales la mitad eran niños de la calle[295]. Otros autores, basándose en informes parciales realizados por UNICEF en algunas ciudades, cifran en 1.000 el número de niños abandonados anualmente en Marruecos[296]. Las causas de esta situación son de diverso tipo, tanto socioeconómicas (subdesarrollo y pobreza, éxodo rural, crisis económica), como relacionadas con la cultura familiar islámica tradicional (poligamia, sanción legal y social de la maternidad fuera del matrimonio-las relaciones sexuales no matrimoniales son un delito-, prohibición del parto anónimo desde 1993…)[297] o reciente (nuevos contravalores emergentes que debilitan la solidaridad familiar…). A juicio de una experta marroquí, la causa fundamental de los abandonos de niños es el número creciente de madres solteras, las cuales, en muchos casos, han sido madres no como consecuencia de relaciones extraconyugales, sino de relaciones de esponsales o de matrimonios no autentificados. Estos últimos son todavía frecuentes en las zonas rurales[298].

La respuesta a esta situación de la infancia abandonada puede venir,bien desde el interior de la red de solidaridad intrafamiliar de la familia extensa, cada vez más débil, o bien desde la solidaridad institucional privada, en muchos casos de órdenes religiosas católicas, dado que "el presupuesto del Estado dedicado al mantenimiento de los centros de atención de menores es mínimo y destinado de forma ocasional a la ayuda médica"[299].

2.3. La kafala como respuesta

Como respuesta a la recomendación coránica de proteger a los menores desamparados[300] (el propio Mahoma fue huérfano), y ante la prohibición de

[295] Id. pág. 90. Otros estudios cifran su volumen en unos 30.000 (Bargach, J. (2002), *Orphans of Islam: family, abandonment, and secret adoption in Morocco* .Rowman & Littlefield Publishers.

[296] Bargach, J. (2007) *A study on abbandonement and the practice of kafala in Morocco for Amici dei Banbini,* www.aibi.it.

[297] ouad ali k. Saguir, t. op. cit. pág. 91.

[298] zekri, h. Ouhida, j. op. cit. pág. 16.

[299] ouad ali k. Saguir, t. op. cit. pág. 97.

[300] En palabras del Profeta: "Yo estaré en el paraíso junto a quien acoge a los huérfanos".

la adopción, se creó una figura de protección infantil denominada kafala. Se trata de una institución mediante la cual, de forma provisional y revocable, una persona se hace cargo de un menor comprometiéndose a cuidarle, educarle y protegerle como un padre lo haría con su hijo. Protección, manutención y educación son las tres obligaciones principales que asume el kafil y, sin embargo, no se establecen vínculos paterno-filiales entre él y el niño (makfoul)[301]. Su carácter de institución de protección de la infancia es reconocida por dos importantes textos convencionales: la Convención de Naciones Unidas de Derechos del Niño de 1989[302] y el CH (artículo 3)

Expondré a continuación las formas de constitución de la kafala y sus efectos en relación, básicamente, al Derecho Marroquí, con alguna referencia más breve al argelino.

2.3.1. Constitución

En Marruecos (al igual que en Argelia) existen dos tipos de kafalas: la judicial, principalmente como kafala de niños abandonados, regulada por Ley nº 15/2001 (Dahir de 13 de junio de 2002[303]) y la privada notarial. Aunque la que fundamentalmente interesa es la primera, haré alusión al modo de constitución de ambas.

Kafala judicial de menores abandonados

La kafala no fue regulada positivamente en Marruecos hasta 1962, año en el que una Circular del Secretario general del Gobierno a los gobernadores locales

---

301 Así, en Marruecos se define la kafala como "el compromiso de hacerse cargo de la protección, educación y manutención de un niño abandonado del mismo modo que lo haría una padre con su propio hijo sin que esta relación conlleve la creación de un vínculo de parentesco o filiación ni otorgue al menor derechos sucesorios con respecto a la nueva familia" (art. 2 de la ley 15/2001).

En Argelia se define como "el negocio jurídico a través del cual una persona toma a cargo a un menor de manera voluntaria para mantenerlo, educarlo y protegerlo como lo hiciera un padre con su hijo". (art. 116 del Código de Familia Argelino de 9 de junio de 1994).

Vid DIAGO DIAGO, M.P (2010), "La kafala islámica en España", *Cuadernos de Derecho transnacional.* (Marzo 2010), Vol. 2, No 1, pp. 140-164. Este mismo trabajo ha sido publicado con el mismo título en COMBALÍA.Z. DIAGO DIAGO, M.P., GONZÁLEZ VARAS, M. (2011), *Derecho islámico e interculturalidad,* Madrid: Iustel, pp. 11-159. A partir de ahora lo citaré por esta segunda fuente.

302 Artículo 20.

303 Si bien el régimen jurídico está fundamentalmente contemplado en esta norma, deben tomarse en consideración otras dos disposiciones que lo completan: el Código de Familia de 2004, y el Real Decreto nº 2-03-600 de 7 de junio de 2004 relativo a la aplicación del artículo 16 de la Ley relativa a la kafala de los niños abandonados (OUAD ALI K. SAGUIR, T. "Acercamiento a la adopción...". op. cit, pág. 97).

la consideró como un acto oficial y público y no un simple negocio privado[304]. Algo similar ocurrió en esa época con la regulación del matrimonio: fue la Moudawana promulgada por Dahir de 22 de noviembre y 28 de diciembre de 1957 la que estableció por primera vez una serie de exigencias formales para el mismo.

Pues bien, en sintonía con este carácter relativamente público de la protección de menores, en Marruecos Ley de 15/2001 mencionada, y en Argelia el Código de Familia (arts. 116 y ss) y los arts. 492 a 497 Código de Procedimiento Civil y Administrativo de 25 de febrero de 2008[305], establecen el siguiente procedimiento de actuación en los casos de niños abandonados:

1. Se considera niño abandonado el nacido de padres desconocidos (o padre desconocido y madre conocida que renuncia a él), el huérfano y el niño cuyos padres hayan demostrado mala conducta o conducta descarriada y a los que se les haya privado de su tutela[306].

2. Una vez es localizado un niño abandonado, el "Procurador del rey" debe colocarlo en un centro de protección, o confiarlo a una familia temporalmente[307], promoviendo a la vez la inscripción de su nacimiento en el Registro Civil[308].

3. Posteriormente, a solicitud del Procurador del Rey, se promueve la declaración judicial de abandono del menor ante el tribunal de primera instancia[309]. Tras tres meses sin que los padres se den a conocer y reclamen el menor, éste es declarado en abandono[310].

4. En Marruecos podrán solicitar la kafala ante el juez, matrimonios de musulmanes o mujeres musulmanas siempre que sean mayores de edad, dispongan de medios económicos, no hayan sido condenados por delitos contra la moral o contra menores, no padezcan enfermedades contagiosas y no se encuentren en un procedimiento opuesto al menor (art.9). La "idoneidad" moral la califica el juez y no existe definición administrativa de la misma[311].

---

[304] BARGACH, J. *A study on abbandonement and the practice of kafala in Morocco for Amici dei Banbini* 2007 (www.aibi.it).

[305] DE VERDA Y BEAMONTE, J.R. (2010), "Efectos jurídicos en España del acogimiento de derecho islámico ("kafala")", *Diario La Ley*, No 7393, Sección Doctrina, 3 Mayo 2010, Año XXXI.

[306] Artículo 1 de la Ley 15/2001 marroquí.

[307] Artículo 4.1 de la ley marroquí.

[308] Artículo 5.

[309] Artículo 4.2 de la ley marroquí.

[310] Artículo 6.

[311] "El concepto de moral es amplio y difuso, lo mismo que sucede con el ordenamiento general, puesto que puede variar de un lugar a otro y de un tiempo a otro. Lo que en un lugar determinado es la moral dominante puede no considerarse del mismo modo en otro lugar, y lo que se considera

Es también requisito de capacidad la confesión religiosa islámica de los solicitantes: "En el caso en que el extranjero no sea musulmán, deberá de abrazar el Islam y aportar un acta de conversión otorgada ante dos Adules o notarios en presencia de dos testigos y certificada por autoridad judicial"[312]. En Argelia, el artículo 118 del Código de familia establece como requisitos de capacidad los siguientes. "La persona con título para cuidar a un kafil debe ser musulmán, sensible, honesto, capacitado para ofrecer apoyo y protección al niño"[313].

La kafala se promulga por un juez tutelar que, asesorado por una Comisión, valora la concurrencia de los requisitos anteriores, y es ejecutada por el juez de primera instancia. La kafala se inscribe en el Registro Civil marroquí[314] y supone además la "tutela dativa" para el kafil, que a partir de ese momento se convierte en el representante legal del niño.

La asignación no se realiza por la entidad pública, sino que los padres se dirigen directamente al orfanato y, tras pasar una breve encuesta social con su director, éste propone al niño que se ajusta a su perfil, o en el caso de ser varios los que pueden ajustarse, se deja en manos de los padres la elección del niño[315]. La gran diferencia del proceso en Argelia es que, en este país, los solicitantes

dentro de las pautas de lo moral en una época puede no considerarse tal en otra época. De ahí que los jueces detenten la facultad de estimar lo que ha de considerarse impedimento moral en la sociedad". ZEKRI, H. OUHIDA, J. op. cit. p. 38.

312 DIAGO DIAGO, M.P. op. cit. pp. 127-8. "Dicha conversión se queda, en la mayor parte de los casos, en papel mojado, puesto que el objetivo de la misma es única y exclusivamente obtener la kafala del menor y marcharse con él a sus países de origen para establecer en ellos su residencia permanente, donde se lleva a cabo la transformación de la kafala en adopción, de manera que la educación y el crecimiento del menor se desarrollan conforme a unas tradiciones y costumbres, completamente ajenas a las tradiciones y costumbres marroquíes". ZEKRI, H. OUHIDA, J.. op. cit. p. 37.

313 CALZADILLA MEDINA, M.A. (2004), *La adopción internacional en el Derecho español.* Dykinson, Madrid, p. 241.

314 Artículo 21.

315 Artículo 15. Como señala Carles Benet en su respuesta al cuestionario "No existe un procedimiento técnico de asignación, preparación y acoplamiento entre solicitantes y niño kafalado, parece que el procedimiento a seguir está en manos de cada institución y del personal que pueda haber en ella en esos momentos".

En relación con la asignación, en la web alkafala.worldpress.com se señala: "Una vez se ha obtenido el CI (Certificado de Idoneidad, en algunas comunidades se obtiene el Certificado de Adecuación para kafala) se puede empezar a confeccionar el dossier y contactar con los orfanatos o instituciones para ver si es posible realizar una kafala y si hay algún menor susceptible de ser kafalado que corresponda con nuestro Certificado de Idoneidad (o Certificado de Adecuación si fuera el caso). Una vez localizado un menor se puede viajar a Marruecos para presentar la demanda de kafala en el juzgado de la ciudad que corresponda. En el caso que haya en el orfanato varios menores que correspondan al Certificado de Idoneidad-Certificado de Adecuación del solicitante cabe la posibilidad que se deba escoger entre los menores, esta elección se hace de forma distinta según el orfanato, a veces mediante la presentación de los expedientes, a veces escogiendo directamente entre varios menores".

se dirigen a los servicios de asistencia pública, que son quienes valoran su idoneidad y proponen la asignación[316].

Al margen de estos supuestos, y no regulada por la mencionada Ley, existen también las kafalas judiciales intrafamiliares, en las cuales los titulares de la patria potestad, acuden al juez designando a un familiar como el "cuidador" o "guardador" de su hijo, pero sin que la kafala suponga en estos casos la tutela dativa. En la mayoría de las ocasiones este familiar reside en el extranjero.

Kafala notarial

Tanto en Marruecos como en Argelia existen también kafalas notariales[317]. Se trata de un segundo tipo de kafala que presenta dos grandes diferencias con la anterior. En primer lugar el menor no es abandonado, y son los padres quienes "asignan" el cuidado de su hijo a otra persona, con mucha frecuencia de su círculo familiar, aunque no siempre, y por tanto los supuestos son los mismos que la kafala intrafamiliar judicial, aunque las garantías son menores, ya que no se someten a los controles y prevenciones que la Ley establece para los menores abandonados. Esto es así porque en esta "asignación" no interviene el juez, y se realiza de una manera privada, mediante un acta adular, por lo que suele conocerse como kafala notarial. Estas kafalas responden a usos históricos, que tienen que ver con la solidaridad de la familia extensa, pero que en gran medida han perdido su sentido tradicional[318] .

Hoy en día las kafalas notariales se utilizan por las familias como estrategia migratoria: unos parientes del niño instalados en Europa, y con sus permisos de residencia en regla, lo traen a vivir con ellos. En principio se consigue un beneficio para todos: el niño vivirá con mejores recursos educativos y sanitarios y protegido por unos parientes; éstos tendrán ayuda y compañía asegurada; y los padres biológicos encuentran un alivio en sus gastos y una esperanza de futuro para sus hijos[319].

Sin embargo, tanto en casos transfronterizos como en casos domésticos, estas kafalas notariales son en ocasiones el vehículo jurídico del fenómeno denominado les "petites bonnes" (pequeñas sirvientas). La utilización de esta figura para tener "empleadas de hogar" muy baratas, incluso en situación de semi-esclavitud, o en el peor de los casos, a las que se somete a abusos y tratos

[316] Barraud, e. (2008),"Les multiples usages sociaux de la Kafala en situation de migration: protection et non protection des mineurs recueillis", *E.migrinter,* nº 2, pp. 133 y ss.

[317] En Argelia la «kafala» notarial se regula en el art. 117 del Código de Familia.

[318] Barraud, e. "Les multiples usages…" op. cit.

[319] Barraud, e. "Les multiples usages…" op. cit.

degradantes, pone encima de la mesa en este siglo XXI la lacra del trabajo infantil muchas veces "invisible".

El fenómeno está extendido en algunos países de origen, y en ellos no siempre se articula jurídicamente a través, por ejemplo, de una kafala[320]; ha comenzado a rebasar sus fronteras y a "salir del armario" en países europeos en los que el trabajo infantil en determinadas condiciones, está prohibido. En España no se ha detectado, todavía, pero puede llegar pronto, especialmente de la mano de la inmigración magrebí[321].

Para aumentar el control en estos casos se dictaron la Circular nº 2/12433, de 9 de octubre de 1990 del Ministro de Justicia marroquí, que instó a los jueces notariales a que apliquen a este tipo de kafala el mismo procedimiento y los mismos requisitos que los exigidos para la kafala de niños abandonados, con el fin de garantizar la protección del interés del menor"[322]; y la Circular no 2/1856, de 7 de febrero de 1996 del mismo Ministerio, que insta en los casos de kafalas notariales o adulares intrafamiliares al Ministerio Fiscal a valorar con más cuidado la idoneidad[323].

2.3.2. Efectos

Los efectos de la kafala judicial de menores declarados en desamparo en Marruecos están recogidos en el artículo 22 de la Ley mencionada. Los tres primeros efectos recogidos hacen equivalente la kafala a la filiación.

1. Guarda y custodia, obligación de alimentos, administración de sus bienes y representación legal[324].

---

[320] Puede verse el informe de HUMANS RIGHT WATCH. *Morocco. Inside the home, outside the law. Abuse of child domestic workers in Morocco. 2005.*

[321] SAVE THE CHILDREN (2008), *Esclavos puertas adentro: Las peores formas de trabajo infantil doméstico*, Madrid: "Aunque no hay constancia en la actualidad de fenómenos de esclavitud doméstica infantil en nuestro país, sí hay voces de alarma sobre la posibilidad de que la práctica de las 'petites bonnes' (pequeñas criadas) sea importadas a España, desde Marruecos, por parte de familias de inmigrantes procedentes de ese país."

[322] ZEKRI, H. OUHIDA, J. op. cit. pág. 108.

[323] "Investigar, por medio de la Fiscalía General, si la persona que desea asumir la kafala es apta para ello moral y socialmente, y si cuenta con los medios materiales suficientes para satisfacer las necesidades del menor, si no ha sido condenado previamente por alguna infracción contra la moral o un delito cometido contra menores, y si está libre de enfermedades contagiosas o que le incapacite para asumir sus obligaciones, de conformidad con los requisitos que el legislador exige reúnan quienes asumen la kafala de los menores abandonados". ZEKRI, H. OUHIDA, J. ZEKRI, H. OUHIDA, J. op. cit. pág. 109.

[324] Obligaciones recogidas en los artículos 121 y 122 del Código de familia argelino y artículo 22 de la ley marroquí esta última en los siguientes términos: "La orden relativa a la concesión de la kafala produce los siguientes efectos: a la persona encargada de la kafala o bien el organismo, institución, asociación u organización implicada le corresponde la ejecución de las obligaciones

2. Derecho a las ayudas económicas previstas para las familias con hijos. La persona que asume la kafala se beneficiará de las ayudas y los subsidios sociales concedidos por parte del Estado a los padres, haciendo en este tema equivalente la kafala a la filiación[325].

3. Responsabilidad civil[326]. Al igual que el padre, el kafil es el responsable civil de los actos del makfoul.

4. Derechos hereditarios y apellidos. La Ley marroquí 15/2001 relativa a la kafala de menores abandonados, permite que la persona que asume la kafala, pueda beneficiar al menor acogido con una donación, legado, tanzil, pero, sin embargo, nunca le dará los apellidos[327]. En Argelia se le puede designar legatario o donarle hasta un tercio de los bienes del kafil[328]. El legislador argelino introdujo en 1991, gracias a una Fatwa del Consejo Superior Islámico, la posibilidad de cambiar el apellido del menor a condición de que sea de ascendencia desconocida y de que su madre biológica, si ha lugar, diera su previo consentimiento por escrito. Esta reforma ha supuesto un aumento considerable de kafalas en Argelia y por tanto una mejora de la situación de la infancia abandonada[329].

---

relativas a la manutención, guarda y protección del menor tomado a su cargo y debe velar porque éste crezca en un ambiente sano, cubriendo todas las necesidades básicas del niño hasta que éste alcance la mayoría de edad legal, de acuerdo con las disposiciones legales que establece el Código de estatuto personal relativas a la guarda y manutención de menores. Si el menor tomado a cargo es de sexo femenino su manutención deberá prolongarse hasta que contraiga matrimonio, de acuerdo con las disposiciones del Código de estatuto personal relativas a la manutención de la niña. Las disposiciones del Código de estatuto personal relativas a la manutención de los menores incapaces de subvenir a sus necesidades se aplican igualmente cuando el niño tomado a cargo es discapacitado o incapaz de subvenir a sus necesidades".

[325] En el Código de familia argelino se refieren a los préstamos familiares y escolares que corresponderían a los hijos legítimos (art. 121). El artículo 22 de la ley marroquí: señala "la persona que asegura la kafala le corresponden las indemnizaciones y subsidios familiares concedidos a los padres por el Estado, las instituciones públicas o privadas o las colectividades locales y sus agrupamientos".

[326] La persona que asegura la kafala es responsable civil de los actos del menor que toma su cargo. Las reglas establecidas por el artículo 85 del Código de obligaciones y contratos se aplican a esta responsabilidad. Art. 22 de la ley marroquí".

[327] Artículo 23. "Si la persona encargada de la kafala decide beneficiar al menor a su cargo con una donación, legado, Tanzil o limosna, el juez tutelar de la circunscripción de la que depende el lugar de residencia del niño procura que se realice el contrato necesario para este fin para proteger los derechos del menor".

[328] Artículo 123 del Código de familia argelino.

[329] Journal Officiel de 22 de enero de 1992, pág. 94. Barraud, e. "Les multiples… op. cit., pág. 136 señala: "la kafala se présente comme un dispositif relativement efficace de protection de l'enfance abandonnée, notamment en Algérie où depuis 1992 elle connaît un fier succès ; le décret de concordance de nom a en effet conduit à un remarquable renversement de situation dans la mesure où le nombre de demandes dépasse aujourd'hui l'offre des institutions".

5. Establecimiento en el extranjero las kafalas "internacionales"[330]. Existen distintas posiciones de los países islámicos frente a la posibilidad de kafalas internacionales. Así, la constitución de la kafala puede limitar o negar la libertad del kafil para establecerse en el extranjero de manera permanente con el makfoul.

La posición más liberal, hasta ahora, la ha representado el Derecho marroquí, que aceptaba la kafala internacional exigiendo la autorización expresa del juez de tutelas y siempre en interés de las partes, tal y como establece el artículo 24 de la ley 15/2001 (artículo 24). Esta posición "liberal" es la que acaba de modificarse con la circular de julio de 2012.

Una posición intermedia es la representada por el Derecho argelino, que admite las kafalas internacionales sometiéndolas a autorización judicial previa pero con una importante limitación: solo si son entre connacionales. La kafala argelina exige, por tanto que el kafil sea argelino aunque resida en el extranjero.

Finalmente, un tercer grupo de países más restrictivos solo acepta la kafala entre connacionales y residentes en el país. Esta condición de nacionalidad es exigida en Siria, Jordania, Irán o Egipto respecto de sus nacionales, no aceptan la kafala de extranjeros e incluso llegan a impedir que el kafil, aun nacional, se instale en el extranjero con el niño.

En todo caso, si bien las kafalas pueden ser internacionales en algunos casos, no podrán ser nunca interreligiosas. Sólo podrán ser kafil los musulmanes, pues estos asumen el deber sagrado de educar al niño en la verdad del Corán. Otra cuestión es la de definir quiénes son musulmanes y cómo un no musulmán puede convertirse legalmente al Islam.

3. RECONOCIMIENTO DE LA KAFALA EN EL PAÍS DE DESTINO

3.1. El aumento de las kafalas transfronterizas

En la actualidad, muchos casos de kafalas constituidas en países islámicos, lo son por kafiles que residen en el extranjero. Como acabo de señalar, esta posibilidad es permitida, con diversos limites, según los países. Uno de los más abiertos, hasta ahora, ha sido Marruecos, cuya Ley contempla esta situación en su artículo 24 al posibilitar que la familia abandone el territorio marroquí tras haberse constituido la kafala "para establecerse de forma permanente en el extranjero" si bien se exige que en el momento de la kafala tengan domicilio

[330] Vid DIAGO DIAGO, M.P. op.cit. pp. 115. Y INTERNATIONAL SOCIAL SERVICE, CENTRO INTERNACIONAL DE REFERENCIA PARA LOS DERECHOS DEL NIÑO PRIVADO DE FAMILIA, *Ficha de formación* nº 51. http://www.iss-ssi.org.

en Marruecos, por lo que se les puede requerir un certificado de alojamiento que lo acredite (Circular de 1983 para ciudadanos extranjeros que quieran constituir una kafala).

Sociológicamente estas kafalas transfronterizas responden a dos fenómenos:

- Las kafalas como alternativa a la adopción internacional. Se trata en estos casos de kafalas "dativas" (=judiciales) de niños pequeños (muchas veces menores de un año) por padres europeos como vía alternativa a la adopción internacional.
- Las kafalas como fórmula de migración. Ya me he referido a los casos de kafalas "notariales" o "judiciales" de niños mayores (entre 10 y 17 años) por parientes o conocidos de su familia que residen en Europa. Se ha demostrado que esta figura se está utilizado en los últimos años como vía alternativa de migración. En este contexto, se han relatado casos en Francia de empleadas de hogar menores no registradas que trabajaban en condiciones de semiesclavitud[331]. En el caso de España, se refieren supuestos de constitución de kafalas intrafamiliares como vía para solicitar el visado de reagrupación familiar de un hijo con el progenitor que reside en España (residiendo el otro progenitor en el país de origen) para salvar la condición prevista en el artículo 17 de la Ley de extranjería que señala "Cuando se trate de hijos de uno solo de los cónyuges se requerirá, además, que éste ejerza en solitario la patria potestad o que se le haya otorgado la custodia y estén efectivamente a su cargo"[332].

3.2. Su reconocimiento transfronterizo como medida de protección

En cualquiera de ambos casos, las legislaciones de los países europeos impiden el reconocimiento o "traducción jurídica" de la kafala como una adopción[333].

De hecho, el Convenio de la Haya de 1993, que garantiza el reconocimiento internacional de las adopciones transfronterizas, excluyó de su ámbito de

---

[331] Il s'agit d'un fait qui s'expatrie en France où l'on retrouve des mineurs accompagnés d'un tuteur maltraitant. Le département de Gironde connaît ce phénomène, puisqu'on y a signalé en l'espace de deux années près de quarante cas. BARRAUD, E. "Les multiples usages..." op. cit.

[332] Es el caso relatado en la reciente sentencia del Tribunal Supremo (Sala de lo Contencioso-Administrativo, Sección 3ª). de 20 julio 2011 (RJ\2011\6661) en la cual la madre reside en Marruecos, el padre en España y respecto del mayor de sus 6 hijos la madre constituye en Marruecos una kafala notarial a favor del padre.

[333] "Là où les tribunaux internes ont reconnu les effets d'une kafala prononcée à l'étranger, ils l'ont toujours assimilée à une tutelle, une curatelle ou un placement en vue de l'adoption". (Harroudj c. Francia, Requête no 43631/09).

aplicación las kafalas. Así el art. 2 señala: "El Convenio sólo se refiere a las adopciones que establecen un vínculo de filiación". Esta exclusión fue objeto, a lo largo de la negociación del convenio, de algunas enmiendas, como la de Marruecos, que había solicitado un estatus especial para las mismas que, sin embargo, no prosperaron[334].

En este sentido, la legislación española exige como requisito de reconocimiento en España de una adopción constituida en el extranjero que exista equivalencia en el contenido de la "adopción extranjera" con la regulada en nuestro Derecho. La adopción realizada en el extranjero, con independencia de su denominación, debe ser equivalente, en lo esencial, a la adopción prevista en el Derecho español. La Ley 54/2007 de adopción internacional (LAI), recogiendo una doctrina consolidada de la Dirección General de los Registros y el Notariado[335], cifra en tres los requisitos de dicha equivalencia: que produzca la extinción de vínculos jurídicos sustanciales entre el adoptado y su familia anterior; que haga surgir los mismos vínculos de filiación que los de la filiación por naturaleza; y que sea irrevocable por los adoptantes (en caso de que sea revocable, el adoptante puede renunciar a la revocación antes del traslado del menor a España en documento público o mediante comparecencia ante el Encargado del Registro Civil). Ninguno de estos límites se da en la kafala y por tanto, ésta no puede ser reconocida como adopción[336].

Sin embargo, tanto la Convención de Naciones Unidas sobre Derechos del Niño (artículo 20.1), como el Convenio de La Haya (artículo 3), la califican como una medida de protección del menor y, por tanto, debe plantearse qué tipo de efectos puede desplegar en el extranjero.

---

334 REPORT OF THE SPECIAL COMMISSION ON THE IMPLEMENTATION OF THE HAGUE CONVENTION OF 29 MAY 1993 ON PROTECTION OF CHILDREN AND CO-OPERATION IN RESPECT OF INTERCOUNTRY ADOPTION drawn up by the Permanent Bureau on October 1994.

335 Resolución de 1 de abril de 1992 (Anuario Dirección General de los Registros y el Notariado 1992, pág. 1847); Resolución de 14 de mayo de 1992 (Anuario 1992, pág. 4417 y ss.) en las que se hace un análisis de la kafala y sus efectos jurídicos: "a la vista de las informaciones obtenidas sobre la legislación marroquí hay que concluir que la adopción constituida ante las autoridades marroquíes competentes no guarda ningún punto de contacto con la adopción reconocida en el ordenamiento español. No supone vínculo de filiación ni de parentesco entre los interesados; no implica alteración en el estado civil de éstos y sólo alcanza a establecer una obligación personal por la que el matrimonio que se hace cargo de un menor ha de atender a sus necesidades y manutención". Estas consideraciones son reproducidas en Resoluciones posteriores: 18 de octubre de 1993 (BIMJ nº 1691, pág. 104); 13 de octubre (2ª) de 1995 (BIMJ nº 1766, pág. 145); 1 de febrero de 1996 (BIMJ nº 1773, pág. 104)…

336 Así lo han recogido numerosos autores españoles: "Adopción y kafala: un análisis de su alcance respectivo en los ordenamientos islámicos y occidentales en *Derecho internacional y relaciones internacionales en el mundo mediterráneo (Actas de las XVII Jornadas de la Asociación española de profesores de Derecho internacional y Relaciones internacionales)*. Madrid 1999, pág. 201; ESTEBAN DE LA ROSA, G. *El acogimiento internacional de menores.* Régimen jurídico. Comares, Granada 2000, págs. 280-7; CALZADILLA MEDINA, M.. op. cit. pág. 242.

En este sentido la Ley de Adopción Internacional prevé la posibilidad de que tanto adopciones simples, kafalas, acogimientos, o cualquier otra medida de protección de menores adoptada en el extranjero, puedan desplegar efectos en España equiparándolos a los acogimientos familiares o a las tutelas, siempre que reúnan los requisitos previstos en ella (artículo 34)[337].

Esta previsión supone una indudable apertura al reconocimiento en España de diversas medidas de protección del menor existentes en países con distinta tradición cultural, lo cual es muy positivo.

3.3. Procedimiento de constitución y reconocimiento de la kafala transfronteriza en Derecho español

En los últimos años, ha habido un importante aumento de las kafalas transfronterizas por parte de familias residentes en España que se trasladan fundamentalmente a Marruecos, situación que ha cambiado radicalmente en los últimos meses, como señalaba al principio.

Voy a exponer a continuación los diversos pasos que deben dar los *kafiles* en este proceso.

3.3.1. Declaración de "idoneidad". Regulación autonómica

Las primeras kafalas que se constituyeron por adoptantes españoles en Marruecos eran "independientes" y, por tanto, la idoneidad de los mismos no se concedía en España, sino que se verificaba por las "autoridades de destino". Las administraciones públicas españolas de protección de menores no tenían conocimiento previo de que se iba a constituir una kafala por parte de kafiles residentes en España. Sin embargo, muy pronto, en 1996, los criterios de actuación consular incluyeron como requisito para la obtención del visado que el niño necesitaba para entrar en España el de la idoneidad concedida por autoridad española. De esta manera, indirectamente, a través de las normas de extranjería, la administración española comenzó a participar, al menos, en una parte del proceso: el de la "idoneidad" de los kafiles.

---

337 Sin embargo para Alegría Borrás "La entrada en vigor para España del Convenio de la Haya de 1996 en materia de protección de niños". Abogados.es 1 de enero de 2011, su inclusión no es adecuada por la confusión que puede crear entre la adopción y este otro tipo de medidas y además está ya próxima la ratificación de la Convención de la Haya de 1996 sobre protección de menores que junto a la "implementación" del Reglamento 2201/2003 del Consejo de la Unión Europea va a obligar a rediseñar nuestro sistema autónomo en protección internacional de menores.

Inicialmente, la idoneidad para *kafalar* no estaba contemplada ni normativamente ni administrativamente, y, por tanto, muchos adoptantes lo que solicitaban y obtenían era una idoneidad para adoptar en otro país (o para obtener una tutela)[338] siempre para un "menor abandonado". En el momento presente se ha acabado "regulando" *de facto* por algunas Comunidades autónomas. Es el caso de Castilla-León, que recoge en su web este primer paso en la constitución de la kafala, no denominándolo certificado de idoneidad sino de "adecuación"[339]. Las comunidades autónomas consultadas confirman también esta solución y nos informan de que, generalmente, aplican analógicamente la normativa sobre adopción con un mero cambio de terminología[340], salvo algún caso en que

---

338 Es ilustrativa la narración de una madre española que ha "kafalado" a dos menores en Marruecos y explica en su libro, además de su conversión al Islam, su llegada a Marruecos con un certificado de idoneidad para adoptar en India ya que la administración española no puede dar la idoneidad para adoptar en un país en que la adopción está prohibida. VILASECA, M. (2006), *Un mar d'amor. Diari d'una doble adopcio.* Barcelona: Ed. Mediterrania.

339 El impreso de "Consentimiento informado" que firman los padres es significativo:

Dn........ con DNI.......y Dª.....con DNI... Habiendo solicitado a la Gerencia de Servicios Sociales la valoración de la adecuación como familia para tramitar una "Tutela Dativa" o kafala, declaramos que hemos sido informados de los siguientes extremos:

1.- Que los países con derecho islámico no reconocen la figura de la adopción como una medida de protección dentro de su ordenamiento jurídico, sino la constitución de la kafala, equiparable al acogimiento familiar regulado en nuestro Código Civil, que no produce efectos jurídicos entre el menor y la familia acogedora, pues no confiere derecho a la filiación ni a la sucesión.

2.- Que la Gerencia de Servicios Sociales emitirá únicamente un certificado de Adecuación para el ejercicio de la kafala de menores en situación de abandono, dado que la kafala es reversible y puede ser anulada por el Juez correspondiente en cualquier momento hasta que el menor alcance la mayoría de edad, a los 18 años.

3.- Que según la legislación de estos países con derecho islámico, son los propios servicios consulares del país en el lugar de residencia de la persona encargada de la kafala, quien tienen que hacer directamente el seguimiento de la situación del/los niño/os con la familia acogedora, y deben dirigir al Juez de tutela informes sobre estos extremos y sugerirle todas las medidas que considere adecuadas, incluida la anulación de la kafala.

4.- Que en aplicación del artículo 93 del Real Decreto 2393/2004 de 30 de diciembre, por el que se aprueba el Reglamento de ejecución de la Ley Orgánica 4/2000, sobre los derechos y libertades de los extranjeros en España y su integración social, se exigirá la autorización de la Subdelegación de Gobierno correspondiente, para la expedición del visado de entrada del menor en España, debiendo expresar por escrito su conocimiento de que la acogida del menor no tiene por objeto su adopción, y su compromiso de favorecer el regreso a su país de origen o procedencia.

5.- Que desde la Gerencia de Servicios Sociales, teniendo en cuenta lo establecido en el art. 34 de la Ley 54/2007, de 28 de diciembre de Adopción Internacional, no llevará a cabo la propuesta de adopción al Juez español a favor de los acogedores, dado que la kafala se equipara a estos efectos al acogimiento familiar o, en su caso, a una tutela.

Los abajo firmantes, tras recibir la anterior información, manifestamos nuestra intención de continuar con el expediente para tramitar una tutela dativa o kafala, asumiendo los extremos manifestados en este escrito.

340 En Cataluña, Carles Benet me informa de que "el procedimiento que se sigue es el de idoneidad para adoptar, con la única diferencia de que en el informe psicosocial y en todos los documentos posteriores que se emitan, sólo pueden referirse a un proceso de kafala y no de adopción . Los solicitantes de una kafala deben realizar una solicitud formal de kafala no de adopción, pero pasan

califican la kafala como acogimiento, aplicando en consecuencia las normas sobre valoración de acogedores con algunas matizaciones[341] que deben aportar en su solicitud una determinada documentación[342].

Tras obtener la idoneidad, los futuros kafiles viajan a Marruecos y llevan a cabo allí todo el proceso. Si no son musulmanes, lo primero que deben hacer es convertirse al Islam[343]. La veracidad de estas "conversiones", está comenzando

---

por el mismo proceso de formación y valoración que los solicitantes de adopción internacional normal con la única diferencia del informe psicosocial resultante, que no habla de adopción sino de una kafala ("Informe psicosocial para la kafala"). El certificado que se les entrega se denomina "Resolución de idoneidad para la kafala". Todos los documentos que se emiten son específicos para la kafala. En el certificado de idoneidad los solicitantes son "considerados idoneos para una kafala de un/a niño/a huérfano/a o abandonado/a de Marruecos". En la página web de la Generalitat así se señala: "Finalment informem que l 'ICA només expedeix Certificats d'Idoneïtat per la Kafala de menors orfes o abandonats, havent -se d'ajustar l'assignació de l 'infant al perfil establert a l'informe psicosocial d'idoneïtat de la familia".

En Valencia, Isabel Artero me informa de que "la valoración la hacen los mismos equipos que valoran la idoneidad para la adopción, aunque siempre se hace referencia en los informes a kafala, menor kafalado, kafalantes, nunca a padres, hermanos, etc.. Se valoran los mismos extremos que en una idoneidad para adopción internacional y el documento que se entrega a las kafiles se denomina "Certificado de idoneidad para el ejercicio de la tutela dativa". En Navarra se denomina certificado de idoneidad para kafala y el procedimiento y condiciones a valorar son los mismos que en el caso de las adopciones.

En Madrid se denomina "Certificado de capacidad para el ejercicio de una kafalas/tutela dativa de un menor", se ha diseñado un proceso específico, adaptando el proceso de valoración de adopciones internacionales a las peculiaridades de la kafala. Al no existir visitas ni relación con la familia biológica, la experiencia familiar se parece más a una adopción que a un acogimiento en sus variables psicosociales (que no jurídicas), por lo que esta valoración se realiza desde similares parámetros. Se valora una dimensión referida como "¿Conoce, comprende y acepta las peculiaridades de la kafala como medida de protección infantil del derecho islámico?". En caso negativo, no se puede emitir la "declaración de capacidad para el ejercicio de la kafala o tutela dativa de un menor de origen…".

341 Es el caso de Andalucía en el que se valora la idoneidad para acogimiento permanente pero se tiene en cuenta la situación específica de los menores (etnia y cultura) y el procedimiento (kafala, similar a acogimiento permanente) y los requisitos (convertirse al islam, etc). El documento que se les entrega se denomina *Resolución de idoneidad para el acogimiento familiar permanente o Certificado de idoneidad para la kafala de menores abandonados.*

342 En Madrid se solicita la siguiente documentación: fotocopia del certificado literal original de la inscripción de nacimiento del/los solicitante; en caso de parejas, fotocopia del certificado original de matrimonio y/o de inscripción como pareja de hecho que acredite un mínimo de 3 años de convivencia; fotocopia del certificado de empadronamiento; fotocopia de del certificado médico de cada solicitante que acredite no padecer enfermedades infecto-contagiosas, enfermedades físicas o psíquicas que dificulten el cuidado, la atención o la comunicación con un menor, enfermedades degenerativas o potencialmente incapacitantes, enfermedades crónicas que requieran especiales condiciones de vida; copia de certificados vigentes de antecedentes penales y fotocopias de DNI o tarjeta de extranjero.

343 En el acta de conversión al Islam se "firma" lo siguiente: El interesado comparece para "atestar que abandona por propia voluntad su religión cristiana para abrazar la religión musulmana, conocedor que Alá solo acepta la religión musulmana. El interesado declara lo siguiente: La unicidad de Dios; que Mahoma es su profeta; que Jesús hijo de María es el adorador y enviado de Dios; que acepta el Islam por propia voluntad ante los cinco pilares: la unicidad de Dios y que Mahoma

a ser examinada por algunos jueces. Según un teletipo de la agencia EFE de 15 de enero de 2013, en Agadir un juez ha pedido que los padres con niño asignado pasen una especie de examen religioso para comprobar la veracidad de su conversión al Islam, y en Rabat, otro juez del Tribunal de Apelación, ha ido más lejos y ha anulado por vicios de forma "kafalas" concedidas años atrás a niños que ya viven en Francia y España, y cuyos padres se preguntan ahora qué les va a suceder y si tendrán que repetir todo el proceso en un contexto mucho más difícil.

No obstante, existen dos vías para "tramitar" el envío de la "idoneidad" para "kafalar". La primera es la denominada "vía pública", en virtud de la cual el certificado de idoneidad o de "capacidad" se envía por las Comunidades Autónomas, a través o con la intermediación de la Dirección General de Servicios para la Familia y la Infancia del Ministerio de Sanidad, Servicios Sociales e Igualdad, directamente al Consulado español en Marruecos para que este lo presente en el centro de menores elegido por los kafiles, que debe constar expresamente. La segunda es por "vía independiente", en cuyo caso son los adoptantes directamente los que llevan su certificado de idoneidad al centro cuando viajan.

Según los datos de la citada Dirección General, de las 234 kafalas constituidas entre 2002 y 2011, 112 correspondieron a Cataluña, que tramita directamente todos sus expedientes, sin remitir los certificados de idoneidad a través del Ministerio. El resto, es decir 122 kafalas correspondieron a las demás Comunidades Autónomas, pero de ellas sólo 42 se han tramitado por la vía pública; el resto fue por vía independiente:

Tabla 6: Kafalas constituidas por vía pública y vía independiente.

	2002	**2003**	**2004**	**2005**	**2006**	**2007**	**2008**	**2009**	**2010**	**2011**	**TOTAL**
Solicitudes Vía Pública	0	8	9	11	11	5	8	14	30	24	120
Constituidas Vía Pública	0	2	3	0	4	1	3	6	16	7	42
Constituídas Vía independiente											80

es su profeta, la oración, la limosna, el ayuno durante el mes de Ramadán, la peregrinación a los lugares santos del islam si pudiera".

El proceso es el que he explicado en el primer epígrafe, en síntesis, consiste en lo siguiente: los interesados, por su parte, deberán presentar ante el Juez de tutelas, debidamente legalizados y traducidos, una serie de documentos[344], y este emitirá una resolución confiando la kafala del niño abandonado, si se cumplen todas las condiciones establecidas en la ley, a la persona solicitante o solicitantes. La resolución de kafala es ejecutada por el Tribunal de Primera Instancia del cual dependa el juez que la ha dispuesto, en un plazo de quince días a contar a partir de la fecha de emisión. Se celebra un proceso verbal de entrega del niño objeto de la kafala a la persona designada. La ejecución tiene lugar en presencia del representante del ministerio público, de la autoridad local y, en su caso, de la asistente social del centro que hubiera intervenido.

En estos casos, no existen entidades colaboradoras de adopción internacional que actúen como intermediarias, y, hasta ahora, la asignación y constitución de la kafala se hacía al margen de las entidades públicas de protección de menores españolas.

No obstante, el nuevo Convenio de la Haya prevé en su artículo 30 la asignación conjunta en los siguientes términos *"1. Cuando la autoridad competente en virtud de los artículos 5 a 10 prevea la colocación del niño en una familia de acogida o en un establecimiento o su protección legal por kafala o por una institución análoga, y esta colocación o este acogimiento haya de tener lugar en otro Estado contratante, consultará previamente a la Autoridad Central o a otra autoridad competente de este último Estado. A este efecto le transmitirá un informe sobre el niño y los motivos de su proposición sobre la colocación o el acogimiento. 2. El Estado requirente sólo puede adoptar la decisión sobre la colocación o el acogimiento si la Autoridad Central u otra autoridad competente del Estado requerido ha aprobado esta colocación o este acogimiento, teniendo en cuenta el interés superior del niño".*

Como señala acertadamente Isabel Artero en su contestación al cuestionario enviado, "según este precepto, ningún juez marroquí podría constituir una kafala respecto de un menor cuya asignación no hubiera sido previamente aprobada por la Entidad pública española, pero me parece que esto no se está cumpliendo ni exigiendo. Como las entidades públicas no tenemos posibilidad de controlar o exigir esto, sería necesario que el control se hiciera, al menos, en los Consulados, de manera que no debería darse ningún visado de entrada en España de un menor kafalado cuya asignación no haya sido aprobada por

[344] El acta de conversión a la fe musulmana ante los adules; certificado de nacimiento; certificado de matrimonio, mínimo de dos años; certificado de solvencia económica; certificado de trabajo; certificado médico; informes psicológico y social; certificados de antecedentes penales; certificado de residencia; certificado de capacidad expedido por la Entidad pública competente en materia de protección de menores.

la entidad pública española antes de la constitución. Sólo cuando las familias pretenden entrar en España con el menor se puede controlar si se ha cumplido este convenio o no. El problema es que aun suponiendo que en el consulado se pidiera este documento, lo cierto es que en ese momento la kafala ya ha sido constituida por el juez y si no se ha hecho el trámite de la preasignación con la entidad española, tampoco se podría hacer a posteriori".

3.3.2. Cruce de fronteras: visados y permisos de residencia

Una vez constituída la kafala, debe organizarse la documentación para el viaje del niño. Dado que se trata de una institución que no puede equipararse a la adopción, aunque el reconocimiento de la misma se inste ante el Registro Civil consular (ver epígrafe siguiente), el niño no se convierte en hijo de los kafiles y, por tanto, no obtiene por el hecho de la kafala la nacionalidad española. Por ello, son las normas de extranjería las que dan respuesta en todo caso a la preparación de la documentación de viaje y posterior residencia en España.

La perspectiva que voy a adoptar es la del estudio de la normativa española de entrada, pero obvio es decir que, además, el menor debería haber sido autorizado a salir del territorio de su Estado de origen, existiendo al respecto diversas exigencias en dichos Estados para autorizar la salida[345]. En el caso de la legislación marroquí, ésta prevé expresamente la necesaria autorización para abandonar el territorio con el menor kafalado (artículo 24).

La adopción internacional, y otras medidas de protección de menores, no han sido adecuadamente reguladas en la normativa de extranjería y, por ello, han sido diversas Instrucciones del Ministerio de Asuntos Exteriores (en sus sucesivas denominaciones) las que han señalado el itinerario jurídico a seguir. La primera de ellas de 1996[346] y la más reciente, de once años después, 2007[347].

El tratamiento jurídico de la kafala en esta materia, distingue los casos de kafalas notariales o judiciales intrafamiliares de las kafalas con tutela dativa

[345] "De un estudio de la normativa de los países de origen puede llegarse a la conclusión de que para que el menor pueda salir de su territorio es necesaria una autorización (dictada por la autoridad judicial u organismo nacional competente en la materia) que le permita abandonar dicho Estado así como la necesaria documentación que acredite su identidad (pasaporte...). Esta exigencia es común tanto para las legislaciones que exigen que la adopción se realice en el Estado de origen como para aquellas que requieren que el menor sea adoptando en el país de recepción". RODRÍGUEZ Vázquez, M. A. (2001), "Algunos aspectos del Derecho de extranjería en la adopción internacional", En RODRIGUEZ BENOT, A. GONZÁLEZ MARTÍN, N., *Estudios sobre adopción internacional*. México: UNAM, p. 256.

[346] Instrucción- consulares nº 404 de 11 de noviembre de 1996 sobre criterios que rigen la actuación consular en materia de adopción internacional.

[347] Instrucción de la Dirección General de Inmigraciones de 27 de septiembre de 2007.

respecto de menores abandonados o declarados en desamparo. En ambos casos es evidente la inaplicación del régimen de comunitarios, dado que una kafala no se equipara a la filiación y, por tanto, no es aplicable el Real Decreto de comunitarios[348], ni siquiera cuando el kafil sea español, por no estar el menor incluido entre los beneficiarios de la reagrupación familiar[349]. Sin embargo, ambos casos van a tener un tratamiento distinto en relación al tipo de visado necesario de régimen general[350].

Visados

- Kafalas judiciales: tutela dativa

En este caso la kafala ha sido constituida por un juez, porque el menor es huérfano, de padres desconocidos o, también, en caso de padres conocidos si bien se ha declarado al menor en abandono[351]. En aplicación del régimen general de extranjería y con independencia de la nacionalidad del kafil, éste deberá solicitar para el makfoul un visado de reagrupación familiar regulado por Ley Orgánica 2/2009, de 11 de diciembre, de reforma de la Ley Orgánica 4/2000, de 11 de enero, sobre derechos y libertades de los extranjeros en España y su integración social. Su artículo 17 incluye entre los familiares reagrupables a "los menores de dieciocho años y los mayores de esa edad que no sean objetivamente capaces de proveer a sus propias necesidades, debido a su estado de salud, cuando el residente extranjero sea su representante legal y el acto jurídico del que surgen las facultades representativas no sea contrario a los principios del ordenamiento español". Por tanto, los que van a constituir una kafala deben

348 Real Decreto 240/2007, de 16 de febrero, sobre entrada, libre circulación y residencia en España de ciudadanos de los Estados miembros de la Unión Europea y de otros Estados parte en el Acuerdo sobre el Espacio Económico Europeo.

349 El artículo 2 hace extensivo dicho derecho "a sus descendientes directos, y a los de su cónyuge o pareja registrada siempre que no haya recaído el acuerdo o la declaración de nulidad del vínculo matrimonial, divorcio o separación legal, o se haya cancelado la inscripción registral de pareja, menores de veintiún años, mayores de dicha edad que vivan a su cargo, o incapaces". En este sentido sentencia del TSJ de Madrid, 12 septiembre de 2007 (JUR\2009\33365) y TSJ de Andalucía, de 19 junio 2007 (JUR\2008\52873).

350 Sentencia del Tribunal Superior de Justicia de Madrid, de 2 de octubre de 2008 (JUR\2008\27362); Sentencia del Tribunal Superior de Justicia Madrid, de 9 de julio de 2009 (LA LEY 189247/2009).

351 Naturalmente se excluyen los casos en los que estas circunstancias no se dan e incluso se sospecha de un posible fraude como es el supuesto de la Sentencia del Tribunal Superior de Justicia de Madrid, Sala de lo Contencioso-Administrativo, Secc. 1.a, de 11 de junio de 2008 (LA LEY 117151/2008), que confirmó la denegación de visado en favor de un menor de 17 años, cuya «kafala» se había encomendado judicialmente al padre, residente en España, quedando los otros 5 hermanos, de menor edad, en Marruecos al cuidado de la madre. Es también el caso de la sentencia de 11 de septiembre de 2008 (JUR\2009\42129) y de la del TSJ de Madrid núm. 164/2010 de 25 febrero (JUR\2010\166841).

solicitar este visado, para el cual debe aportar una determinada documentación[352] y unas determinadas condiciones, entre las que destacan los recursos económicos y la vivienda adecuada, condiciones que si no se cumplen, pueden suponer una denegación de entrada[353]. Destaca, de entre toda la documentación, la necesidad del certificado de idoneidad que se viene exigiendo desde 1996. La jurisprudencia ha ratificado este tratamiento legal reconociendo la expedición de un visado de este tipo en las kafalas judiciales[354].

---

[352] Según la Instrucción de servicio nº 37 de la Subdirección general de Asuntos de extranjería de 21 de abril de 2009 y la información, en los casos de tramitación de un procedimiento de adopción que no sea posible transformar en plena con carácter inmediato en España, el reagrupante deberá tramitar una solicitud de residencia por reagrupación familiar aportando la documentación siguiente:

1.- DNI o pasaporte del reagrupante.

2.- Pasaporte o título de viaje del menor con al menos 4 meses de vigencia.

3.- Copia del informe de idoneidad para la kafala, emitido por el órgano competente de la Comunidad Autónoma en la que tenga su residencia el reagrupante.

4.- Informe favorable del Subdelegado del Gobierno o Delegado del Gobierno en las Comunidades Autónomas Provinciales para reagrupación familiar de un menor confiado en kafala y copia de la solicitud de informe gubernativo.

5.- Resolución formal del Juez Encargado de Menores – Tribunal de 1ª Instancia– por la que se entrega el menor a un ciudadano español o extranjero residente, con domicilio en España, por medio de un documento "kafala" no constituido por los padres biológicos del niño (motivos: por no estar éstos determinados, ser huérfano el menor o haber sido confiado en guarda legal tras privación definitiva de patria potestad).

6.-Autorización expresa del Juez Encargado de Menores – Tribunal de 1ª Instancia– para la salida del menor de Marruecos a fin de convivir o residir en España habitualmente con la familia a quien se confía su guarda en España.

7.- Acta de manifestaciones del ciudadano español o extranjero residente en España ante la Oficina Consular de asumir respecto del menor la obligación de subvenir a su alojamiento, manutención, cobertura económica suficiente y adecuada, y a su asistencia sanitaria y compromiso de respetar los términos legales de la kafala en especial la obligación de mantener el estatuto personal del menor en lo referente a nombre, apellidos, religión o nacionalidad.

8.-Certificado literal de nacimiento del menor y de las personas a quienes se les confía la guarda.

9.-En su caso, certificado de matrimonio y libro de familia de las personas a quienes se les confía la guarda.

10.-Certificado médico oficial de menor.

[353] En Navarra nos informan de un caso en el que se se emitió una idoneidad positiva para kafala pero cuando quisieron traer al niño la policía les denegó la entrada por no cumplir los requisitos de la vivienda y la suficiencia económica.

[354] Incluso en casos en los que existe relación de parentesco entre el kafil y el makfoul pero formalmente ha habido una declaración de abandono y una kafala judicial como es el caso de la sentencia del TSJ de Madrid 16 marzo de 2006, (JUR\2006\14892) y dos supuestos resueltos por el TSJ de Madrid en 2008 (de 3 de abril -JUR\2008\189480- y 2 octubre -JUR\2009\27362-) o incluso en un supuesto anterior de kafala judicial sin declaración de desamparo en el cual al morir la madre del menor, el padre entrega a la hermana de la madre (residente en España) al menor en kafala (TSJ de Madrid, de 23 mayo de 2005 (JUR\2006\214863). Sin embargo, el caso más extravagante es el del padre marroquí juez en Taza cuyo juzgado ratifica la kafala notarial de dicho padre a favor de la madre de sus cuatro hijos residente legal en Melilla y que el TSJ de Madrid considera suficiente para reconocer el visado a favor de dichos hijos (14 marzo de 2008- JUR\2008\217100).

- Kafalas notariales

Según la Instrucción de la Dirección General de Migraciones de 27 de septiembre de 2007, si la kafala ha sido constituida por los padres del niño, se entiende que el kafil no puede ser considerado "representante legal" del menor extranjero, y proponía que el visado se tramitara por el artículo 93 del Reglamento de la Ley Orgánica 4/2000, aprobado por Real Decreto 2393/2004, en el que se regulaba el desplazamiento temporal de menores extranjeros. El actual Reglamento regula este procedimiento de desplazamiento temporal en los artículos 187 y 188[355]. La jurisprudencia ha confirmado este tratamiento en virtud del cual no procede en estos casos el visado por reagrupación familiar[356], ni la posterior

[355] Real Decreto 557/2011, de 20 de abril, por el que se aprueba el Reglamento de la Ley Orgánica 4/2000, sobre derechos y libertades de los extranjeros en España y su integración social, tras su reforma por Ley Orgánica 2/2009.

[356] Sentencia del TSJ de La Rioja de 21 febrero de 2005 (JUR\2006\291265); Sentencias del TSJ de Madrid de 20 septiembre de 2006 (JUR\2008\54022); de 11 octubre de 2007 (JUR\2008\47910); de 5 de junio de 2008 (LA LEY 117114/2008); de 10 julio de 2008 (JUR\2008\315217); de 16 de junio de 2009 (LA LEY 175679/2009); de 11 febrero de 2010 (JUR\2010\168494); de 25 junio de 2010 (RJCA\2010\690); de 20 mayo de 2011 (JUR\2011\280497). Sentencias del TSJ de Andalucía de 14 enero de 2005 (JUR\2007\51157), y de 30 noviembre de 2007 (LA LEY 341300/2007); Sentencia del TSJ País Vasco de 23 de septiembre de 2008 (LA LEY 193437/2008);); Sentencia del TSJ de Castilla-La Mancha 8 noviembre de 2010 (JUR\2011\42243); Sentencia del TSJ de Cataluña de 30 diciembre de 2009 (JUR\2010\159627).

Reproduzco, por todas, las consideraciones de una sentencia del Tribunal Supremo que ha tenido gran impacto mediático en la que se deniega en visado por reagrupación familiar en un caso de kafala notarial a favor de la tía carnal de la menor (Tribunal Supremo de 9 diciembre 2011. (JUR\2011\433222*)*: Abordándose la institución de la kafala desde la perspectiva del orden público español y en el marco de la petición de un visado para la entrada en España de un menor extranjero procedente de un país de tradición jurídica coránica a título de reagrupación familiar, puede concluirse que cuando se ha otorgado la kafala de un menor por una autoridad pública, administrativa o judicial, la misma es asimilable a la tutela dativa en el supuesto de que el menor careciera de padres, en cuyo caso se puede considerar al ciudadano español o al extranjero residente en España representante legal del menor extranjero, razón por la cual la acogida podría tener carácter permanente y sería válida la vía de la reagrupación familiar para que pudiera trasladar su residencia a España. Y si se tratara de un menor cuyos padres biológicos estuvieran vivos o si aquél estuviera sometido a tutela ordinaria, además de otorgarse la kafala por la autoridad pública a la persona que ésta determinara, sería preciso que, con carácter previo, se hubiera declarado, también por autoridad administrativa o judicial, el desamparo del menor, en cuyo caso la situación podría asimilarse al acogimiento familiar porque la declaración del desamparo comportaría la suspensión de la patria potestad o de la tutela ordinaria, y la persona a la que se le hubiera confiado la guarda del menor sería su representante legal mientras tal situación persistiese, por lo que, durante ese tiempo, el menor también podría residir en España a título de reagrupación familiar.

Sin embargo, cuando la kafala se otorga por los padres biológicos, sin intervención judicial ni administrativa, y sin previa declaración de desamparo, la persona a la que se le ha confiado la guarda no puede considerarse representante legal del menor en España, porque nuestro Ordenamiento Jurídico lo impide, ya que la patria potestad se ha de ejercer siempre en beneficio del menor y comprende los deberes y facultades de velar por él, tenerlo en su compañía, alimentarle, educarle, procurarle una formación integral, representarlo y administrar sus bienes; como dichos deberes y facultades trascienden del ámbito meramente privado, su ejercicio no es facultativo, sino obligatorio, por lo que tienen carácter indisponible e irrenunciable, lo que impide el abandono de

autorización de residencia[357], aunque se advierten algunas excepciones[358], si bien en algún caso en el que el menor había entrado ya en España se le concede la denominada "exención de visado" para la obtención del posterior permiso de residencia[359], aunque en otros casos se le deniega[360].

Obtención de la nacionalidad española

La kafala no puede atribuir *ex lege* la nacionalidad española al kafil si el makfoul es español, toda vez que, como ya hemos visto, no puede calificarse como adopción (artículo 19.1 del Código Civil). Tampoco es posible que el kafil ejerza el derecho de opción a favor del makfoul, como ha señalado la Dirección General de los Registros y el Notariado[361]. Sin embargo, podrá solicitarse la nacionalidad del makfoul tras un año de residencia legal en España, según lo previsto en el artículo 22 del Código Civil[362].

Esta cuestión ha sido objeto en otros países de resoluciones judiciales al más alto nivel, como la reciente sentencia de la Court de Cassation francesa de 14 de abril de 2010, en la cual el alto tribunal rechaza la solicitud de nacionalidad francesa para un menor argelino kafalado por su tía, nacional francesa, dejando entrever que se trata de una "kafala de conveniencia" dada la falta de integración efectiva del menor en Francia[363].

El cambio de nacionalidad puede ser relevante en casos de posterior solicitud de una adopción ante las autoridades del país de residencia de la familia,

la patria potestad y determina que sólo pueda extingue o suspenderse por causa legal. Y lo mismo cabe predicar, en su caso, de la tutela ordinaria.

357 Sentencia de la Audiencia Nacional de 2 febrero 2011 (JUR\2011\68466) que deniega la solicitud de la autorización individual de residencia temporal por circunstancias excepcionales de un menor kafalado notarialmente. Es también el caso de la Sentencia del TSJ de Castilla-La Mancha de 17 marzo de 2011 (JUR\2011\167479); Sentencia del TSJ de Cataluña de 21 octubre de 2010 (JUR\2011\151541); Sentencia del TSJ de Madrid de 18 marzo de 2009 (JUR\2010\270275).

358 Como es el caso de la Sentencia del TSJ de Cataluña de 15 julio de 2011 (JUR\2011\323594) en la que se resuelve la no expulsión de un kafalado a los 16 años por sus tíos residentes legales en España al que se le había caducado el permiso de residencia temporal.

359 Sentencia del TSJ de Andalucía de 14 de septiembre de 2004 (JUR\2006\94014) que ante una tutela dativa a favor de la tía del menor residente en España, y habiendo solicitado ésta la concesión de permiso de residencia temporal con exención de visado, resuelve finalmente concederlo. En el mismo sentido Sentencia del TSJ de Andalucía, de 21 octubre 2005 (JUR\2006\71643).

360 TSJ de Andalucía de 20 julio de 2009 (JUR\2010\6041); TSJ de Aragón de 21 junio de 2005(JUR\2006\137207).

361 Resoluciones de 1 de febrero de 1996 y de 21 de marzo de 2006 (JUR\2007\111879).

362 Bastará el tiempo de residencia de un año para el que haya estado sujeto legalmente a la tutela, guarda o acogimiento de un ciudadano o institución españoles durante dos años consecutivos, incluso si continuare en esta situación en el momento de la solicitud.

363 http://www.legifrance.gouv.fr/affichJuriJudi.do?oldAction=rechJuriJudi&idTexte=JURITEXT000022108663&fastReqId=857920958&fastPos=14.

en casos en los que la norma de conflicto señale que no podrá constituirse la adopción cuando la ley nacional del niño lo prohíba, pero no prevea una solución al conflicto móvil producido por un cambio de nacionalidad. Así lo ha señalado recientemente la Sentencia del tribunal de Estrasburgo de 4 de enero de 2013: "*D'autre part, cette règle de conflit est volontairement contournée par la possibilité ouverte à l'enfant d'obtenir, dans un délai réduit, la nationalité française, et ainsi la faculté d'être adopté, lorsqu'il a été recueilli en France par une personne de nationalité française. La Cour observe à ce titre que l'Etat défendeur soutient sans être démenti que la jeune Hind pourrait déjà bénéficier de cette possibilité*".

Como señalaba al comienzo, entre las nuevas condiciones impuestas a las familias españolas con kafalas "pendientes" en Marruecos, se encuentra precisamente que, para solicitar el cambio de nacionalidad, el kafil deberá recabar la autorización al juez marroquí.

3.3.3. Proceso de reconocimiento

El último, o penúltimo paso del proceso, consiste en propiciar el reconocimiento en España de la kafala constituída en el extranjero. Este reconocimiento, como veremos, puede solicitarse antes de salir del país en el que se ha constituído la kafala, o una vez ya en España. Lo trato, sin embargo, en último lugar porque muchos kafiles lo realizan en territorio español.

Como he adelantado en el epígrafe 3.2, la Ley de Adopción Internacional, por vez primera en el ordenamiento jurídico español, ha contemplado el reconocimiento de medidas de protección adoptadas en el extranjero estableciendo las condiciones que deben cumplir para que dicho reconocimiento sea posible, si bien no contempla el procedimiento a seguir.

Es decir, si un español constituye una kafala en Marruecos respecto de un menor marroquí y viene con él a España, la Ley de Adopción Internacional señala que la kafala surtirá en España los efectos que despliegue en Derecho marroquí. Pero ¿cómo? Si necesita ostentar su representación legal, por ejemplo, ¿cómo puede obtener un documento que en España sea válido a estos efectos? ¿y para la sanidad o la escolarización del niño? El legislador no había previsto un reconocimiento que surtiera efectos *erga omnes* que evidentemente no debe ni puede ser un exequatur[364]. Esta carencia ha sido regulada en el nuevo anteproyecto de ley de protección a la infancia aprobado por Consejo de ministros el 25 de abril de 2014[365], que ha modificado el artículo 34.5 de la

---

[364] Auto de la AP de Sevilla, Sección 2ª, de 16 enero 2007 (JUR\2007\178227).

[365] https://www.msssi.gob.es/normativa/proyectos/home.htm

LAI con la siguiente redacción: *"La autoridad publica española ante la que se suscrite la cuestión de la validez de una medida de protección constituída por autoridad extranjera, y en especial, el Encargado del Registro civil en el que se inste la anotación de la medida de protección constituída en el extranjero para su reconocimiento en España, controlará incidentalmente la validez de dicha medida en España con arreglo a este artículo".*

No obstante, la entrada en vigor del Convenio de la Haya[366] ha supuesto en este aspecto un avance significativo si, además, tenemos en cuenta que Marruecos lo ha ratificado y está en vigor en este país desde diciembre de 2002, siendo éste el único país islámico de entre los firmantes. Las disposiciones relevantes de este convenio en el tema que nos ocupa son las relativas al reconocimiento en un Estado parte (España) de las medidas de protección adoptadas en otro (Marruecos). Por tanto, si el niño proviene de Marruecos, el reconocimiento se regula por este Convenio. Si procede de otro Estado no firmante, por las disposiciones de la Ley de Adopción Internacional.

Señalaré a continuación el procedimiento que, a mi juicio, debe seguirse tanto en los casos de menor procedente de Marruecos, como de algún otro país islámico, ya que ni el Convenio de La Haya ni la Ley de Adopción Internacional regulan esta cuestión. Abordaré el tema desde la actualmente vigente normativa registral, si bien ha sido ya publicada en el BOE una nueva Ley de Registro Civil[367], que entrará en vigor el 22 de julio de 2014 a la que haré alguna alusión a lo largo de la exposición.

a) Autoridad reconocedora y procedimiento de reconocimiento

Considero que el procedimiento adecuado es que los kafiles promuevan una anotación registral en el Registro Civil español de la kafala calificándola, bien como acogimiento (artículo 154. 3 Reglamento del Registro Civil), o como tutela (art. 156 Reglamento del Registro Civil)[368], para lo cual debería previamente inscribirse el certificado de nacimiento del menor en el Registro Civil español[369]. Este reconocimiento "registral" está expresamente previsto en

[366] BOE núm. 291 de 2 de diciembre de 2010.

[367] Ley 20/2011 de 21 de julio de Registro Civil (BOE núm. 175 de 22 de julio). En adelante Ley 20/2011.

[368] La Ley 20/2011 las recoge también como anotaciones en su artículo 40.

[369] En este sentido, la Resolución de la Dirección General de los Registros y el Notariado de 14 de mayo de 1992 afirma que: "No hay inconveniente (...) para que si así lo solicita el Ministerio Fiscal o cualquier interesado, el acta (de constitución de la "kafala") marroquí, por afectar a ciudadanos españoles, sea susceptible de anotación en el Registro español, pues la figura envuelve una situación personal de prohijamiento o acogimiento"; y añade: "La anotación, con su limitación de efectos (cfr. artículo 38 Ley del Registro Civil y 145 Reglamento del Registro Civil), se extenderá al margen de la inscripción de nacimiento o, en su caso, de la anotación soporte prevista en el art. 154.1.o del propio Reglamento" del Registro Civil. La Resolución de la Dirección General de los Registros y el Notariado de 18 de octubre de 1993, no obstante, además de denegar la inscripción

el Convenio de la Haya (artículo 26.1) y parece el más adecuado[370], no siendo oportuno un procedimiento de exequátur, que expresamente se ha descartado como sistema de reconocimiento en el caso de las adopciones[371]. Sin embargo, este procedimiento solo es accesible a los kafiles españoles, que son quienes pueden, según las normas de competencia registral, inscribir en el Registro Civil una kafala. ¿Qué sucede entonces con las kafalas de kafiles marroquíes residentes en España? ¿Cuál sería el sistema de su reconocimiento en España? La cuestión no está resuelta en la Ley y se ha planteado ya en alguna ocasión en relación a las adopciones internacionales[372].

En el caso de kafiles españoles, será entonces el Juez encargado del Registro Civil, el que verifique si la medida de protección se ajusta a lo previsto en el Convenio de la Haya o en la Ley de Adopción Internacional antes de dar entrada en el Registro Civil a dicha medida a través de un "reconocimiento incidental" de la resolución extranjera de kafala, que comportaría un control de regularidad de tal resolución.

Esta calificación "funcional" de la kafala se ha propuesto por la Dirección General de los Registros y el Notariado en una Resolución circular de 2006 en los siguientes términos: "...nunca podrá la «kafala» ser reconocida en España "como adopción" sino que a través de la técnica jurídica propia del Derecho Internacional Privado, de la "calificación por la función" puede entenderse que tal institución desconocida para el Ordenamiento jurídico español, desarrolla en el derecho extranjero una función similar a la que despliega en el Derecho Español, el «acogimiento familiar» que produce la plena participación del menor en la vida familiar e impone a quién lo recibe las obligaciones de velar por él, tenerlo en su compañía, alimentarlo, educarlo y procurarle una formación integral. Por tanto, dada su similitud funcional, la "kafala" puede considerarse en España como un "acogimiento familiar"[373]".

---

como adopción, precisa que la anotación exige que el "makfoul" hubiera sido menor de edad al tiempo de constituirse la "kafala".

370 Así lo señala también MOYA ESCUDERO, M. ("Atribución de la nacionalidad española y declaración de nacionalidad con valor de simple presunción". BIB 2007\719) en los siguientes términos: "en los supuestos en que no se cumplen los requisitos exigidos, cuando se trate de adopción simple, de kafala marroquí, o de cualquier otra institución que pueda calificarse como acogimiento familiar, se podrá proceder a su anotación en el Reg. Civ. con valor meramente informativo a tenor del artículo 154 del Reglamento del Registro Civil".

371 ADROHER BIOSCA, S. (2009), "La nueva regulación de la adopción internacional en España. Comentarios generales a la Ley 54/2007 de 28 de diciembre de los "Santos Inocentes", *Revista crítica de Derecho inmobiliario,* nº 711, enero/febrero 2009.

372 Es crítica también con esta evidente laguna legal CALVO BABÍO, F. (2008), "Revisión crítica de la nueva Ley de adopción internacional" *IURIS*, nº 25, marzo 2008, p. 61, y pone como ejemplo la adopción de dos alemanes residentes en España hace 20 años de un menor en Colombia.

373 Resolución- Circular de 15 de julio de 2006, dictada por la Dirección General de Registros y del Notariado publicada en BOE de 30 de agosto de 2006.

b) Registro Civil competente

El Artículo 16 de la Ley del Registro Civil señala que "los nacimientos, matrimonios y defunciones se inscribirán en el Registro Municipal o Consular del lugar en que acaecen (...) En los casos de adopción internacional, el adoptante o adoptantes, podrán de común acuerdo solicitar directamente en el Registro Civil de su domicilio que se extienda la inscripción principal de nacimiento y la marginal de adopción..."[374]. Por otra parte, el artículo 68 del Reglamento del Registro Civil señala que "cuando sea competente un Registro Consular, si el promotor estuviere domiciliado en España, deberá practicar antes la inscripción en el Registro central y después, por traslado, en el consular correspondiente".

El juego de estos dos preceptos, en el caso de reconocimiento de adopciones, ha llevado a considerar la competencia registral alternativa entre el Registro Civil central, el consular o el del domicilio de los adoptantes. Parece que respecto de kafalas, al no tratarse de adopciones, podrá considerarse que la competencia es alternativa entre el Registro Civil consular y el central, siendo más aconsejable, siempre que sea posible, la inscripción en el consular para que el niño entre en España con su situación familiar ya reconocida.

c) Requisitos de reconocimiento

El juez encargado del Registro Civil deberá verificar diversos extremos en función de que el niño provenga de un Estado "Haya" (Marruecos) o de otro.

c.1. Convenio de La Haya

El Convenio de la Haya prevé un reconocimiento "de pleno derecho" en su artículo 23, pero también unas causas de denegación del mismo:

a) si la medida se ha adoptado por una autoridad cuya competencia no estuviera fundada en uno de los criterios previstos en el Capítulo II[375];

b) si, excepto en caso de urgencia, la medida se ha adoptado en el marco de un procedimiento judicial o administrativo, en el que el niño no ha tenido

[374] Estas reglas cambiarán sustancialmente cuando entre en vigor la nueva ley de Registro Civil cuyo artículo 10 señala: "1. La solicitud de inscripción y la práctica de la misma se podrán efectuar en cualquiera de las Oficinas Generales del Registro Civil con independencia del lugar en el que se produzcan los hechos o actos inscribibles. Si se producen en el extranjero, la inscripción se solicitará y, en su caso, se practicará en la Oficina Consular de la circunscripción correspondiente. En este último caso, la inscripción también se podrá solicitar y practicar en cualquiera de las Oficinas Generales. 2. Los ciudadanos podrán solicitar en cualquiera de las Oficinas Generales o Consulares del Registro Civil o por medios electrónicos el acceso a la información contenida en el mismo a través de los medios de publicidad previstos en esta Ley".

[375] Fundamentalmente se trata del Estado de la residencia habitual del menor.

la posibilidad de ser oído, en violación de principios fundamentales de procedimiento del Estado requerido[376];

c) a petición de toda persona que sostenga que la medida atenta contra su responsabilidad parental, si, excepto en caso de urgencia, la medida se ha adoptado sin que dicha persona haya tenido la posibilidad de ser oída;

d) si el reconocimiento es manifiestamente contrario al orden público del Estado requerido, teniendo en cuenta el interés superior del niño;

e) si la medida es incompatible con una medida adoptada posteriormente en el Estado no contratante de la residencia habitual del niño, cuando esta última medida reúna las condiciones necesarias para su reconocimiento en el Estado requerido;

f) si no se ha respetado el procedimiento previsto en el artículo 33[377].

c.2. Ley de Adopción Internacional

Estos requisitos o controles se aplicarán en los casos de reconocimiento de kafalas de menores procedentes de Estados que no son miembros del Convenio de la Haya.

A) Equivalencia de efectos con el acogimiento familiar o tutela. La Ley de Adopción Internacional exige "que los efectos sustanciales de la institución extranjera sean equivalentes a los del acogimiento familiar o, en su caso, a los de una tutela, previstos por la ley española". Tanto la Dirección General de los Registros y el Notariado en numerosas Resoluciones[378], como algunos de los técnicos de Comunidades consultados[379], consideran que la kafala supera el test de equivalencia respecto de los efectos que en Derecho español despliega el acogimiento familiar o la tutela. Pilar Diago Diago realiza en este punto un exhaustivo análisis de dichas instituciones en el Derecho Civil español y concluye con la imposibilidad de la "tarea de lograr un reconocimiento directo de esta figura como adopción, como acogimiento o como tutela" negando la equivalencia necesaria para lograr la sustitución. No obstante, concluye afirmando que la Ley de Adopción Internacional "permite la equiparación al acogimiento

[376] Es por tanto dudoso el reconocimiento de las kafalas notariales.

[377] Es decir, que la asignación haya sido realizada conjuntamente por las autoridades del Estado de origen y del de destino.

[378] Ver por todas la Resolución-Circular de 15 de julio de 2006, de la Dirección General de los Registros y del Notariado, sobre reconocimiento e inscripción en el Registro Civil español de las adopciones internacionales.

[379] En Navarra, una de las kafalas constituídas por mujer española no se ha transformado en adopción y está reconocida como acogimiento permanente.

o tutela, y lo hace a los efectos exclusivos de la materia que regula y atendiendo a la equiparación de funciones de la kafala en el supuesto concreto[380].

B) Autoridad pública. La Ley de Adopción Internacional exige que la medida de protección haya sido adoptada por autoridad judicial o administrativa. Es decir, se exige, como ha sucedido con el reconocimiento en España de divorcios obtenidos en el extranjero, que la intervención de la autoridad "pública" en la constitución de la kafala sea con funciones "constitutivas" y no meramente fedatarias. Por ello, es muy posible que las kafalas notariales no tengan reconocimiento en España.

C) Control conflictual. La Ley de Adopción Internacional exige en tercer lugar que el funcionario que reconoce lleve a cabo un complejo control "conflictual". En concreto se exige que compruebe que la autoridad pública que ha constituido la medida tenga competencia judicial o administrativa internacional según sus propias normas (con precauciones añadidas en el caso de foros exorbitantes) y que haya aplicado el Derecho designado por sus normas de Derecho Internacional Privado[381]. Se trata de un doble control conflictual que la Ley de Adopción Internacional ha introducido tanto para el reconocimiento de adopciones como de otras medidas de protección.

Como ya señalé en mi valoración de la Ley de Adopción Internacional[382], este control no me parece adecuado por dos razones: por su falta de correspondencia con nuestro marco jurídico general de reconocimiento, y por la complicación añadida de la prueba de Derecho extranjero en estos casos. Se trata de requisitos ajenos al sistema español de reconocimiento de decisiones extranjeras. Así, en nuestro régimen de exequatur o de reconocimiento de sentencias extranjeras, el control de la competencia de la autoridad extranjera se traduce en la comprobación de la no "invasión e competencias exclusivas españolas" por el juez extranjero, y en la no existencia de competencias exorbitantes de éste. En ningún caso, el juez español investiga si el juez extranjero era competente según "sus" normas, sino según las nuestras. Sucede igual con la prueba de las normas de Derecho aplicable extranjeras, con el agravante, en

[380] op. cit. págs. 148-9.

[381] Competencia judicial/administrativa internacional. Se considerará que la autoridad extranjera que constituyó la medida de protección era internacionalmente competente si se respetaron los foros de competencia recogidos en su propio Derecho. No obstante lo establecido en la regla anterior, en el caso de que la institución de protección no presentare conexiones razonables de origen, de antecedentes familiares o de otros órdenes similares, con el país cuya autoridad ha constituido esa institución se estimará que la autoridad extranjera carecía de competencia internacional.

Derecho aplicable. Que la institución de protección extranjera debe haberse constituido con arreglo a la ley o leyes estatales designadas por las normas de conflicto del país de la autoridad extranjera que acordó la institución.

[382] ADROHER BIOSCA, S. "La nueva regulación … ", op. cit. págs.13-55.

este caso, de que el control del Derecho aplicable es completamente contrario a la tradición jurídica de nuestro sistema de reconocimiento.

Pero además, estas dos exigencias complican innecesariamente el procedimiento de reconocimiento, ya que para que el encargado del Registro Civil pueda dar su visto bueno, los kafiles deben probar las normas de Derecho Internacional Privado extranjeras, y si la prueba del Derecho extranjero en España es compleja la de "Derecho Internacional Privado extranjero" puede ser en ocasiones imposible. Se trata de un nuevo requisito que aumenta el "papeleo" y además de forma innecesaria, ya que se trata de una exigencia que no redunda en una mayor control de la "limpieza" del proceso y, por tanto, que no beneficia el interés superior del niño, en cuyo solo nombre tiene sentido endurecer las normas sobre reconocimiento[383]. Por todo ello, el nuevo anteproyecto de Ley de protección a la infancia informado favorablemente por el Consejo de Ministros el 25 de abril de 2014 suprime esta exigencia.

D) Exigencias formales: autenticidad y traducción del documento. La Ley de Adopción Internacional exige "que el documento en el que consta la institución constituida ante autoridad extranjera reúna los requisitos formales de autenticidad consistentes en la legalización o apostilla y en la traducción al idioma español oficial. Se exceptúan los documentos eximidos de legalización o traducción en virtud de otras normas vigentes". Esta exigencia supone la necesaria legalización[384] y traducción[385].

E) No contrariedad con el orden público. La exigencia de la no contrariedad con el orden público, en este caso, se circunscribe a los efectos que estas instituciones de protección tienen en el Derecho extranjero: "En ningún caso procederá el reconocimiento de una decisión extranjera relativa a estas instituciones si produce efectos manifiestamente contrarios al orden público internacional español". El anteproyecto de ley informado favorablemente por el consejo de ministros el 25 de abril de 2014, modifica esta exigencia en los siguientes términos: *"que los efectos de la institución de protección extranjera no vulneren el orden público español atendiendo al interés superior del menor"*.

F) ¿Fraude de ley? Si los anteriores son los requisitos o presupuestos requeridos por nuestra Ley de Adopción Internacional para reconocer en España una

[383] Críticas también con este sistema de control y por las mismas razones son CALVO BABÍO, F. "Revisión crítica de la nueva Ley de adopción internacional". IURIS nº 25, marzo 2008, pág. 62 y DURÁN AYAGO, A. (2008), "La incidencia de la Ley 54/2007, de 28 de diciembre, sobre Adopción internacional en la normativa extremeña", *Revista de Derecho de Extremadura,* nº 2, , p. 467.

[384] La legalización está regulada en el artículo 323.2 de la Ley de Enjuiciamiento Civil y puede sustituirse por la apostilla.

[385] Los requisitos de la traducción se recogen en el artículo 144 de la Ley de Enjuiciamiento Civil que básicamente admiten la traducción privada exigiéndose la oficial en caso de discrepancia.

kafala, cabe preguntarse si no debería haberse incluido también en estos casos una previsión que impidiera el reconocimiento cuando la medida de protección se hubiera adoptado en fraude de ley. Planteo esta cuestión, porque, como ya señalé en el epígrafe anterior, en la legislación de todos los países islámicos se exige como requisito de capacidad, que los kafiles sean musulmanes. Sin embargo, es sabido que muchos de los españoles que kafalan en Marruecos no lo son, y para poder constituir la kafala se "convierten" a la religión islámica de manera puramente formal. Es una situación conocida y consentida por las autoridades marroquíes, que permiten kafalas en "fraude" a su propia ley, probablemente urgidas por dar una respuesta familiar a la ingente cantidad de niños que pueblan sus orfanatos. ¿Tiene sentido que, si las autoridades locales "hacen la vista gorda", las españolas nieguen el reconocimiento por esta razón? Si la falta de sinceridad de esta conversión está probada (y en todo caso se trataría de una prueba compleja), ¿podría declararse nula la kafala?

3.4. Efectos jurídicos de la kafala: la pensión de orfandad

La jurisprudencia española es escasa todavía en el tratamiento de los efectos jurídicos de esta singular institución, salvo en lo relativo al derecho a la pensión de orfandad de los makfoules[386].

En principio, cabría considerar que los makfoules no tienen derecho a percibir una pensión de orfandad de los kafiles, ya que el art. 175.1 Ley General de Seguridad Social reconoce dicho derecho a "cada uno de los hijos del causante, cualquiera que sea la naturaleza de su filiación", y, como la "kafala" no produce un vínculo de filiación, el "makfoul" no puede ser considerado "uno de los hijos del causante"[387].

Sin embargo, jurisprudencia más reciente ha comenzado a reconocer este derecho basándose en el principio de igualdad[388] y equiparando la kafala a la

386 Hay alguna sentencia relativa a la determinación de si se consideran hijos a cargo los makfoules en relación a la cuantificación de la prestación de desempleo (Auto del TSJ del País Vasco de 22 febrero de 2011(JUR\2011\304279).

387 Así lo señala, por ejemplo, la Sentencia del Tribunal Supremo, Sala de lo Social, de 3 de noviembre de 2004 (AS\2008\959) a propósito de esta norma, precisando que la filiación "sólo tiene lugar por naturaleza o por adopción y, consecuentemente, el acogimiento familiar permanente no es en el momento presente una situación protegida por la prestación de orfandad"; y, más adelante que "La Sala no estima que se haya violado el principio de igualdad por el hecho de que el fallecimiento de la causante origine prestación de orfandad a favor de su hijo por naturaleza y no a favor de la acogida familiarmente y ello, porque la naturaleza, constitución y efectos de ambas situaciones son distintas y su régimen regulador en el Código Civil también es diferente".

388 Sentencia del Tribunal Superior de Justicia de Madrid, Sala de lo Social, Secc. 3.a, de 31 de enero de 2008 (*La Ley* 20735/2008), confirmando la sentencia recurrida, concedió la pensión de orfandad a dos menores marroquíes, por muerte de uno de los "kafil", aludiendo al principio de

adopción, siempre en casos de menores que se encontraban en desamparo y de kafalas judiciales[389], aunque fueran intrafamiliares[390].

No obstante, como nos comunica Antonio Ferrandis, de Madrid, gracias al certificado "CONVIVE", que declara que la kafala es una figura legal de protección infantil similar al acogimiento permanente, y al igual que en los adoptados a la espera de que se inscriba la adopción, este certificado permite la inclusión en la seguridad social, la plaza escolar, atención médica, etc. El "CONVIVE" equivale a un reconocimiento oficioso de la situación de kafala por parte de la entidad pública y, por tanto, despliega efectos en estos ámbitos tan importantes a la llegada del niño a España.

4. CONSTITUCIÓN DE UNA NUEVA ADOPCIÓN EN DESTINO

En los casos en los que la kafala es una vía alternativa a la adopción internacional, normalmente, los adoptantes al llegar al país en el que residen con el niño, aspiran a constituir allí *ex novo* una adopción para que los vínculos jurídicos que les ligan al niño sean los de una relación paternofilial. ¿Debe permitirse esto?, ¿tiene sentido constituir en destino una adopción que jamás será reconocida como tal en origen por estar prohibida?, ¿no encierra esta operación un segundo "fraude" a la cultura jurídica del país del niño? La inicial redacción

igualdad: "necesidad de procurar una equiparación de derechos que satisfaga las necesidades de los hijos a los que su ley personal impide acceder a la institución de la adopción en idéntica medida que los que pueden ser adoptados, pues aquéllos no deben sufrir una peor situación económica familiar por el hecho de que sus padres no puedan adoptarles". Pueden verse comentarios a la misma de ALONSO GARCIA, R. M. (2009), "Dos ejemplos de la difícil identidad de supuestos en unificación de doctrina: Transexualidad y kafala", *Revista del Ministerio de Trabajo e Inmigración*, nº 79, pp. 59 y ss.; y de GIMENO RUIZ, A. (2010), "Kafala, adopción internacional y orden público internacional", *Noticias jurídicas*.

389 Llega a la misma consecuencia otro Auto del Tribunal Supremo (Sala de lo Social, Sección 1ª, Auto de 10 febrero 2009, JUR\2009\154016), en el cual el alto tribunal, citando la sentencia recurrida considera que la kafala debe compararse con el conjunto "adopción-acogimiento" para efectuar una asimilación funcional "menos drástica por depender del efecto jurídico buscado". A este respecto la sentencia tiene en cuenta que tanto la kafala como la adopción arrancan de un acogimiento público o administrativo; la kafala establece una obligación de vigilancia y tutela idéntica a la adopción; en caso de concurrir hijos naturales con el sometido a kafala, éste debe beneficiarse de forma igualitaria de los medios disponibles por la familia; y la persona que asegura la kafala tiene derecho a los subsidios e indemnizaciones concedidos a los padres por el Estado o instituciones públicas. ... En definitiva, lo que viene a decir la sentencia es que la kafala, no constando la filiación natural ni la pervivencia de ese vínculo, cumple la función con la misma extensión asistencial que la adopción.

390 Como es el caso de la sentencia del TSJ de Madrid de 25 marzo de 2011 (JUR\2011\189157). La kafil era tía de la niña, pero se constituyó judicialmente "por abandono debido a la imposibilidad física de la madre y haberse obligado doña Consuelo, mediante acta judicial de 24 de marzo de 2008, a cumplir los deberes resultantes de kafala de la niña".

del anteproyecto de Ley de Adopción Internacional (que fue modificado en sede parlamentaria) tiene su mejor explicación en el tratamiento que esta situación ha tenido en Francia.

4.1. Precedentes: el sistema francés y otros sistemas de Derecho comparado

Como se ha señalado en la reciente sentencia del tribunal de Estrasburgo (caso Harroudj c. Francia), la mayoría de los países son reticentes a permitir una constitución de una adopción en destino tras una kafala en origen[391].

4.1.1. Derecho Francés

Para el Derecho francés, la lucha contra la inseguridad jurídica internacional es una prioridad absoluta en esta materia y, por ello, permitir en Francia la constitución de una adopción que no será válida nunca en el país de origen del niño, es impensable. Por esta razón, las normas de Derecho Internacional Privado impiden el reconocimiento en Francia de kafalas constituidas en Marruecos. Pero, además, para evitar en lo posible que las autoridades francesas se encuentren ante "hechos consumados" de niños que han entrado ya con familias residentes en suelo francés, desde 1998 se niega la posibilidad de obtener idoneidades en Francia para kafalas magrebíes y, complementariamente, no se conceden visados a los menores en estos casos[392]. Estas normas disuasorias en el origen evitan muchos casos de kafalas transfronterizas que, sin embargo, se siguen

[391] Dans certains de ces Etats (Finlande, Suisse, Danemark, Suède, Belgique), la législation ou la pratique internes expriment une certaine réticence face à l'adoption d'enfants en provenance de pays interdisant l'adoption – par exemple, en imposant des conditions supplémentaires dans une telle hypothèse. Ainsi, en Belgique, une disposition spécifique a été introduite dans le code de droit international privé en décembre 2005, qui vise les cas où le droit applicable dans l'Etat d'origine de l'enfant ne connaît ni l'adoption, ni le placement en vue d'adoption. Le déplacement de l'enfant vers la Belgique en vue d'adoption et l'adoption elle-même ne sont pas interdits, mais sont soumis à une procédure stricte, comprenant notamment un rapport adressé par l'Etat d'origine de l'enfant à l'Etat belge, la preuve du consentement de l'enfant s'il a atteint l'âge de douze ans ainsi que l'accord des autorités d'origine et des autorités belges pour confier l'enfant aux adoptants.

[392] "Le 8 décembre 1998, le ministère des affaires étrangères envoie une note à l'intention des conseils généraux. Cette note incite à prendre en compte pour la délivrance de l'agrément, qu'aucun visa ne peut être remis lorsque l'enfant vient d'un pays qui prohibe l'adoption. Ainsi, si le couple en demande d'agrément avoue son projet de kafala au Maroc ou en Algérie, on le lui refusera. Ces adoptants se trouvent dès lors à la croisée de logiques contradictoires. Leur pays refuse de délivrer l'agrément en vue d'une kafala sous prétexte qu'aucun visa ne sera accordé, et non pas parce qu'ils ont été jugés inaptes à élever un enfant. En outre la France, par l'intermédiaire de ses représentants consulaires, décline toute demande de visa pour l'enfant pris en charge lorsque ses adoptants n'ont pas fourni d'agrément dans leur dossier. Cette contradiction assumée est destinée à prévenir une migration de la kafala et à dissuader toute initiative allant dans ce sens". BARRAUD, E. «La *kafala*

produciendo, ya que los padres buscan otras formas de entrar en Francia (como por ejemplo a través de España y por carretera posteriormente a Francia[393]) o de "disfrazar" la kafala a través de otra figura en claro fraude a la ley[394].

En todo caso, estas normas francesas disuasorias con las kafalas, tanto referidas a la idoneidad como a los visados, se complementan con la norma de Derecho Internacional Privado que impide, en último término, el reconocimiento. En efecto, en Derecho Francés ha existido una norma de origen jurisprudencial según la cual la ley nacional del adoptante debe regir las condiciones y los efectos de la adopción, mientras que la ley nacional del adoptado será de aplicación en lo referido a su consentimiento o al de sus representantes[395]. Esta segunda remisión ha dado lugar a un cierto número de decisiones judiciales referidas a menores de origen magrebí cuya adopción se solicitaba ante juez francés, el cual, en aplicación estricta de la citada norma, podía negar la adopción, dado que dicha institución está prohibida en el país de origen del niño[396]. El Tribunal de casación francés matizaba en una sentencia de 1995 que podría, sin embargo, reconocerse en los casos de menores declarados en desamparo en Francia[397]. Si la razón de ser de otorgar competencia a la ley del niño para regir

---

en migration» en CEDRIC AUDEBERT, C, MA MUNG, E. (2007), *Les migrations internationales. Enjeux contemporains et questions nouvelles.* Bilbao: Universidad de Deusto.

393 "Nadia, une femme célibataire enseignant-chercheur à Marseille, a adopté une petite fille en Algérie. Après avoir fait la concordance de nom et l'avoir mise sur son passeport, sans même demander de visa parce qu'elle savait qu'elle ne l'obtiendrait pas, elle a pris un vol Alger-Barcelone. Au passage devant la police, le bébé a tant pleuré qu'elle fut sommée de passer au plus vite. Un ami est venu la chercher en voiture à Barcelone pour rejoindre Marseille." Barraud, e. La kafala en migration» id.

394 En el caso resuelto por el Tribunal de Casación francés recientemente (Arrêt n° 1017 du 17 novembre 2010-09-68.399- - Cour de cassation - Première chambre civile) se niega el reconocimiento de una kafala realizada 8 años antes (con el coste para la seguridad jurídica del niño) al descubrirse que se había cometido una falsedad documental al presentar al niño como hijo biológico de la esposa del "kafil" a través de una suposición de parto.

395 ADROHER BIOSCA, S. (1999), "Adopción de menores africanos en Europa", *Derecho internacional y relaciones internacionales en el mundo mediterráneo.* BOE, Universitat Illes balears; Asociación española de profesores de Derecho internacional y relaciones internacionales; Fundación la Caixa. Madrid, pp.143-154.

396 El 11 de junio de 1992 la Cour d'Appel de Limoges no admitía el consentimiento que la madre biológica de Youssef, menor marroquí, había dado en Marruecos como suficiente para constituir una adopción plena en Francia en favor de dos súbditos franceses que se habían dirigido a dicho país y tras constituir una kafala se habían instalado con el niño en Francia. *Revue critique de Droit international privé* (RCDIPr 1993 p. 438 y ss. con comentario de POISSON-DOCROUT, E.) En este mismo sentido, sentencia de la Cour d'Appel de Dijon de 12 marzo de 1993- *Revue critique de Droit international privé* (RCDIPr) 1994 pág. 82, en la que un matrimonio marroquí residente en Francia que ha constituido en Marruecos una *kafala* respecto de una menor marroquí, pretenden adoptarla en Francia. El tribunal niega la posibilidad debido a que los adoptantes son marroquíes y este Derecho prohíbe la adopción, y dicha prohibición no es contraria al orden público francés.

397 Cour de Cassation 10 mai 1995. Reccueil Dalloz Sirey 1996 nº 27 p. 240, con el comentario de BOTTIAU, A. También en MUIR-VAT, H.T., *Revue critique de Droit international privé (RCDIPr)*, p. 547.

el consentimiento para la adopción es evitar que se cree en Francia un vínculo que puede ser negado en el país de origen, es decir, una adopción claudicante, este interés pierde fuerza en los casos en que la familia biológica no existe, el niño ha nacido en Francia y los vínculos con el país de origen sean escasos o inexistentes[398].

El debate jurisprudencial se trasladó a principios del siglo XXI a la arena política y legislativa. El 16 de febrero de 1999 el Ministro de Justicia francés publicaba una Circular que volvía a la ortodoxia manciniana apostando de manera ciega por una armonía de soluciones, o en caso contrario, por la inadoptabilidad del menor: "l'adoption n'est pas possible lorsque la loi personnelle de l'enfant l'interdit"[399]. La Circular, fuertemente contestada, fue corregida por la Ley de 6 de febrero de 2001 relativa a la adopción internacional, que modificó el artículo 370-3 del Código Civil. Recogiendo la jurisprudencia citada del Tribunal de Casación, excluye la posibilidad de adoptar menores cuya ley nacional prohíba la adopción (normalmente marroquíes o argelinos) salvo que, nacidos y residentes habitualmente en Francia, puedan adquirir la nacionalidad francesa por filiación[400]. Por otra parte, somete los efectos de la adopción constituida en Francia a la ley francesa para evitar la inseguridad jurídica y desigualdad en los diversos estatutos jurídicos de los menores adoptados en territorio francés[401].

---

398 MUIR WATT, H. (1993), "L'adoption d'enfants étrangers", *Le droit de la famille à l'épreuve des migrations transnationales.* Colloque du laboratoire d'études et de recherches appliqués au droit privé. Université de Lille II. LGDJ, p. 156.

399 Ver el texto en RCDIPr 88 (3) 1999, págs. 586 y ss y una crítica a la misma de MUIR WATT, H. "Vers l'inadoptabilité de l'enfant étranger de statut personnel prohibitif? A propos de la circulaire du 16 février 1999 relative à l'adoption internationale ». *Revue critique de Droit international privé (RCDIPr)* 88 (3) 1999, págs. 469 y ss.

400 Y, por tanto, no procede esta norma en casos de menores declarados en desamparo en el país de origen, kafalados allí y respecto de los que pretende constituirse una adopción en Francia. El Tribunal de Casación el 9 de julio de 2008 (núm. 08-20279) revocó la sentencia recurrida, que había acordado la adopción plena en Francia de un niño nacido en Argelia, solicitada un año después de la constitución de la «kafala», la cual había tenido lugar, cuando el niño contaba con 4 meses de edad. El Tribunal de Apelación había justificado su decisión con los argumentos de que, a pesar de la prohibición de la adopción en Argelia, las autoridades de este país confían niños a extranjeros, sabiendo que están destinados a ser adoptados, y que, en el concreto caso enjuiciado, el menor había sido abandonado de manera definitiva e irrevocable, que no tenía una filiación conocida y que, dado que estaba previsto que se quedara en Francia, tenía interés en tener una filiación y en ser adoptado. Sin embargo, el Tribunal de Casación, consideró que dicha argumentación era contraria al art. 370.3 Código Civil, dado que el Derecho argelino prohíbe la adopción y el niño no había nacido en Francia.

Realiza un comentario de apoyo a esta jurisprudencia BOICHE, A. (2007), "Decisiones del Tribunal Supremo francés relativas a la kafala en casos recientes de adopción internacional", *Boletín de los Jueces* Tomo XIII / Invierno 2007-08, pp. 13 y ss.

401 El texto de esta ley se publicó en la *Revue critique de Droit international privé (RCDIPr)* 90 (2) de 2001 págs. 377 y ss., y un comentario a la misma es el de LAGARDE, P. (2001), "La loi du 6 fevrier 2001 relative à l'adoption internationale: une opportune clarification" en el mismo número de la revista en las pp. 275 y ss.

No obstante, la cuestión está abierta al debate jurídico, y existen dos recientes proposiciones de ley instando al Gobierno a cambiar su legislación al respecto[402]

4.1.2. Otros sistemas de Derecho comparado

La profesora Aña Quiñones Escámez nos ofrece un completo recorrido por las normas de Derecho Internacional Privado de diversos sistemas, que gloso a continuación[403].

En el Reino Unido el juez aplica su propia ley para constituir una adopción internacional, si bien tiene cierto poder de modulación para tomar en consideración la prohibición extranjera basada en motivos religiosos como una "ley de policía extranjera". En el asunto Re J., conocido por la High Court el 24 de abril de 2000, y en relación con la adopción en Reino Unido de un menor jordano que, declarado en abandono en su país, había sido kafalado allí por un matrimonio inglés, el tribunal inglés señaló que los solicitantes eran los tutores del menor y que, por consiguiente, el consentimiento de las autoridades jordanas no era requerido.

La norma de conflicto luxemburguesa establece que "las condiciones requeridas para ser adoptado se regulan por la ley nacional del adoptado, salvo si por la adopción el adoptado adquiere la nacionalidad del adoptante, caso en el que se regirían por la ley nacional del adoptante" (artículo 370 del Código Civil).

El artículo 22 de la Ley de Introducción al Código Civil alemán (EGBGB) establece que: "La adopción se rige por el derecho del Estado de la nacionalidad del adoptante en el momento de la adopción. La adopción por uno o ambos cónyuges se rige por el derecho aplicable a los efectos generales del matrimonio". Si bien el artículo 23 establece que: "La necesidad y la prestación del consentimiento del menor y de una persona con la cual el menor mantiene una relación de derecho de familia [...] se rigen, asimismo, por el derecho del Estado de la nacionalidad del menor. Si es necesario se aplica en sustitución de aquél el derecho alemán en interés del menor".

---

[402] Des propositions de loi, l'une relative à l'adoption des enfants régulièrement recueillis en kafala, présentée par le sénateur A. Milon, le 10 mars 2011, l'autre sur l'enfance délaissée et l'adoption présentée par la députée M. Tabarot le 8 février 2012, ont été enregistrées, à la présidence de l'Assemblée nationale et à celle du Sénat. Elles tendent à l'assimilation des enfants recueillis dans le cadre d'une kafala judiciaire ou non judiciaire (proposition de loi Milon) à des enfants ayant fait l'objet d'une adoption simple. (caso Harroudj c. Francia)

[403] "Protección del menor venido a España en Kafala: acogimiento con tutela dativa y, en su caso, adopción" en QUIÑONES ESCAMEZ, A; RODRIGUEZ BENOT, A. ZEKRI, H. OUHIDA, J. (2009), *Kafala y adopción en las relaciones hispano-marroquíes,* Madrid : FIIAPP, pp.157-193.

En Derecho Suizo, no se atiende a la nacionalidad del menor cuando un adoptante suizo, domiciliado en Suiza, adopta un menor extranjero. Sólo el Derecho Suizo (incluyendo sus normas de conflicto) regula la adopción. Sin embargo, si los adoptantes son extranjeros domiciliados en Suiza (artículo 75 LFDIP) o suizos domiciliados en el extranjero (artículo 76 LFDIP) y quieren adoptar a un menor en Suiza, se tiene en cuenta lo dispuesto por sus leyes personales. Pero para que sea así, el artículo 77 impone dos condiciones cumulativas: que la adopción no vaya a ser reconocida en el Estado del domicilio o en el Estado de la nacionalidad del adoptante o de los esposos adoptantes, y que resulte de ello un grave perjuicio para el menor. Si la eficacia de la adopción no parece asegurada (carácter claudicante) y ello causa un grave perjuicio al menor, la adopción no ha de ser pronunciada en tal hipótesis.

4.2. La regulación española

4.2.1. Precedentes: el artículo 9.5. del Código Civil y su "lectura" jurisprudencial

Según el antiguo artículo 9.5 del Código Civil, la adopción autorizada por juez español se rige cumulativamente por dos leyes.

Ley española aplicable a los requisitos

Se aplicará la ley española a los requisitos de la adopción. En nuestro Derecho sustantivo se establecen dos vías de iniciar el expediente adoptivo: una general, en la que es preciso una propuesta previa de la entidad pública, y unas excepciones respecto de las que dicha propuesta no es precisa[404]; en los casos de menores que han sido traídos a España con una kafala, ¿cabe calificar su situación como tutela o acogimiento y, consecuentemente, prescindir en estos casos de la propuesta previa? La cuestión es relevante toda vez que dicha propuesta previa es la asignación que hace la Administración competente, y dicha Administración, podría, en su caso, asignar al menor a otra familia.

Parece claro que sí debe calificarse así, ya que la kafala con tutela dativa otorga a quien la ostenta la tutela legal del menor y la administración de sus bienes. Así lo señaló la sentencia de la Audiencia Provincial de Granada de 25 de abril de 1995[405], en la que, al equiparar la kafala al acogimiento preadoptivo

[404] Una de estas excepciones reza "llevar más de un año acogido legalmente por el adoptado o haber estado bajo su tutela por el mismo tiempo" (artículo 176 Código Civil)

[405] Revista Española de Derecho Internacional (*REDI)* (1995) 2, pág. 415 y ss., con comentario de MOYA ESCUDERO, M.

de nuestro Derecho, permitió que la adopción, en este caso, se llevara a cabo por la vía del artículo 176.2.3 del Código Civil y, por tanto, no fuera necesaria propuesta previa de la entidad pública.

Ley del niño aplicable a los consentimientos

Sin embargo, la ley española era aplicable cumulativamente con otras leyes en dos supuestos, uno que operaba con carácter imperativo y el otro facultativo. En relación al segundo supuesto, el artículo 9.5 del Código Civil establecía: "A petición del adoptante o del Ministerio Fiscal, el Juez en interés del adoptado, podrá exigir además los consentimientos, audiencias o autorizaciones requeridas por la Ley nacional o por la Ley de la residencia habitual del adoptante o del adoptando".

A tenor de lo dispuesto en el artículo 177 del Código Civil "deberán asentir a la adopción en la forma establecida en la Ley de Enjuiciamiento Civil (…) los padres del adoptando que no se hallare emancipado a menos que estuvieran privados de la patria potestad por sentencia firme o incursos en causa legal para tal privación. (…). No será necesario el asentimiento cuando los que deban prestarlo se encuentren imposibilitados para ello, imposibilidad que se apreciará motivadamente en la resolución judicial que constituya la adopción. El asentimiento de la madre no podrá prestarse hasta que hayan transcurrido treinta días desde el parto".

Esta disposición ha dado lugar, en algunos casos de adopciones que pretendían constituirse en España tras una kafala en origen, a que el Ministerio Fiscal solicitara a los representantes legales del menor en Marruecos su asentimiento para la adopción, el cual era imposible por estar prohibida la adopción allí. Los menores, entonces, devenían en inadoptables, como sucede en Francia tal y como ya he explicado.

4.2.2. Proceso de elaboración de la Ley de Adopción Internacional

El Proyecto pretendía impedir la adopción en España de niños previamente kafalados en países islámicos[406], pero esta prohibición desapareció debido a las enmiendas presentadas en el Congreso de los Diputados[407].

---

406 Artículo 19.4 del *Proyecto de ley* "En el caso de menores cuya ley nacional prohíba o desconozca la adopción se denegará la constitución de la adopción, excepto cuando el menor se encuentre en desamparo y tutelado por la Entidad pública española de protección de menores y no sea posible su repatriación…".

407 La nº 62 de Izquierda Unida-ICV, la nº 84 de CIU y la nº 129 del P. Popular (*Enmiendas Congreso de los Diputados*). Llama poderosamente la atención la justificación de IU: "se intenta

La razón fundamental de esta limitación era la de impedir que se utilicen "cauces alternativos" al establecido con carácter general, para traer niños a España sin suficientes garantías en el procedimiento.

El tratamiento que el proyecto de Ley daba a la kafala era el de reconocer en España los efectos que produce en el país de origen, como ya se ha explicado, y sin embargo, prohibía su conversión posterior en adopción ante juez español.

Son tres razones las que justificaban tal posición: en primer lugar dicha adopción es "claudicante", toda vez que no es válida en el país de origen del niño, por tanto, puede comprometer su seguridad jurídica. En segundo lugar, las kafalas no se llevan a cabo con los "estándares Haya": la determinación de idoneidad de los adoptantes, la adoptabilidad del niño y sobre todo la asignación, siguen cauces alternativos a los del procedimiento administrativo general de la adopción internacional, y no siempre garantizan el interés superior del niño[408]. Finalmente, la utilización de la kafala para proceder posteriormente a una adopción puede suponer un fraude a las normas del país de origen, que exigen para dar a un menor en *kafala* la profesión de fe islámica de quienes le acogen, dándose casos de españoles que se convierten "temporalmente" al Islam.

Pues bien, la norma propuesta pretendía terminar con esa práctica, haciéndose eco de reciente jurisprudencia del Tribunal de Casación francés refrendada por la Ley de 6 de febrero de 2001, ya vista.

Las enmiendas presentadas al art. 19.4 del Proyecto hicieron desaparecer esta prohibición[409], si bien se permite al juez español (a petición de los adoptantes o del Ministerio Fiscal) ante el que se pretende constituir la adopción *ex novo* (tras una kafala en origen) que tome en consideración la ley del niño a efectos de que dicha adopción sea válida en "otros países conectados con el supuesto", lo cual podría, en algunos de estos casos, llevarle a negar la constitución de una adopción que jamás será reconocida en el país de origen del niño[410]. Expondremos en el siguiente epígrafe los casos que se han producido

dar respuesta a una realidad sociológica relativamente frecuente no solo en Cataluña, sino en Andalucía y en otras comunidades, de familias que marchan a Marruecos a buscar un hijo y al que acogen en kafala tras declarar formalmente su conversión al Islam".

408 Esta razón debe ser matizada a partir de la entrada en vigor del nuevo Convenio de la Haya del que es parte Marruecos.

409 La razón se pone claramente de manifiesto en el debate (la cursiva es mía): "se soluciona un problema especialmente relevante, como es el de la kafala o adopción en Marruecos que hasta ahora había quedado fuera de este texto legislativo con los consiguientes perjuicios que suponía *a los padres* que adoptaran niños de esta procedencia" (Intervención de la Sra. Navarro Casillas. *Comisión de Justicia).*

410 Artículo 20 "la autoridad española competente para la constitución de la adopción podrá exigir además los consentimientos audiencias o autorizaciones requeridas por la ley nacional o por la ley de la residencia habitual del adoptante o del adoptando siempre que concurran estas circunstancias: a) que la exigencia de tales con consentimientos audiencias o autorizaciones repercuta en

y la reciente Circular del Fiscal General del Estado que resuelve el tema de forma definitiva.

Lamentablemente, la doctrina española ha criticado/defendido el precepto más desde posiciones de escuela que desde el análisis sereno del proceso parlamentario. Los que han querido criticar a los "autores intelectuales" de la Ley de Adopción Internacional no han advertido que estos propusieron una redacción del precepto claramente restrictiva con la utilización de la kafala como un "atajo" para la adopción internacional con menos controles[411]; éstos se han defendido justificando un proyecto que en su resultado final realidad no coindice con el suyo[412], si bien finalmente lo asumen como propio: "una vez reconocida la kafala en España y equiparada funcionalmente la misma a un acogimiento familiar español o a una tutela española, queda facilitada de modo muy notable la constitución posterior, *ex novo*, de una adopción plena en España"[413].

El nuevo anteproyecto de ley de 25 de abril de 2014 reintroduce la previsión de la Ley de Adopción Internacional suprimida durante su tramitación. Confiemos que, durante la tramitación de la misma, no vuelva a producirse esta supresión injustificada.

4.2.3. Regulación vigente

Tras esta exposición, que explica el espíritu y sentido de nuestra regulación actual, y dado que, en principio, es posible constituir en España una adop-

---

interés del adoptando. Se entenderá que concurre interés del adoptando particularmente si la toma en consideración de las leyes extranjeras facilita, según criterio judicial, la validez de la adopción en otros países conectados con el supuesto y solo en la medida en que ello sea así. b) que la exigencia de tales consentimientos audiencias o autorizaciones sea solicitada por el adoptante o por el Ministerio Fiscal".

Este precepto es muy similar a uno de los párrafos del artículo 9.5 del Código Civil derogado, en virtud del cual, y como he señalado en el epígrafe anterior, se produjeron casos en que el Fiscal "activaba" la ley nacional del menor impidiendo la adopción posterior y así un Juzgado denegó en dos ocasiones la transformación de una Kafala en adopción. En una de ellas el motivo fue, que la kafala no era equiparable a la adopción sino a una tutela. En otra porque no era posible la adopción en España posterior a una kafala en Marruecos dado que dichos consentimientos según su ley no podrían prestarse por estar prohibida la adopción. Ver ADROHER BIOSCA, S. "Algunas cuestiones…" ibid.

411 ARENAS GARCÍA, R. / GONZÁLEZ BEILFUSS, C. (2009), *La ley 54/2007, de 28 de diciembre de adopción internacional: entre la realidad y el deseo*, www.reei.org, 2009 (versión *on line*). p. 6.

412 CALVO CARAVACA, A. CARRASCOSA GONZALEZ, J. (2010), "Criticas y contracríticas en torno a la Ley 54/2007 de 28 de diciembre de adopción internacional: el ataque de los clones", *Cuadernos de Derecho Transnacional* (Marzo 2010), Vol. 2, No 1, pp. 132-3.

413 Id. pág. 132.

ción tras una kafala en origen, voy a exponer brevemente los pasos de dicha constitución.

Debo reseñar, que tal y como me han confirmado los técnicos consultados, la mayoría de las kafalas terminan en adopción, al ser kafalas constituidas como alternativa a la adopción internacional[414]. Sin embargo, en algún caso de kafala notarial migratoria entre marroquíes, lo que se ha pretendido es constituir posteriormente en España una tutela, pero sin éxito[415].

Competencia Judicial Internacional de los tribunales españoles

En estos casos, es evidente la competencia de los tribunales españoles en la constitución de la adopción (artículo 14 de la Ley de Adopción Internacional) y no será problemático en ningún caso la determinación del tribunal territorialmente competente (artículo 16 de la Ley de Adopción Internacional.

[414] Carles Benet informa, respecto de Cataluña, que la gran mayoría de kafalas de niño huérfano o abandonado de Marruecos que tramitan un procedimiento judicial de reconversión de una Kafala en adopción, son tramitadas y finalizan con una adopción plena. En cualquier caso, el Instituto Catalán de Adopción no es parte en los procesos de adopción que inician las familias que han tramitado una kafala y, por este motivo, no podemos saber con certeza si ha habido denegaciones y cuantas han sido. En Navarra, sin embargo, de las tres kafalas conocidas por la administración, solo en un caso se ha promovido posteriormente la adopción y se ha comunicado verbalmente a la entidad pública.

[415] Auto de la Audiencia Provincial de Barcelona de 12 abril de 2011 (JUR\2011\321814). En el que se afirma que "recurre Doña. Felicísima la resolución de primera instancia que ha desestimado su petición de reconocimiento de la naturaleza de tutela la kafala sobre su hermana menor Inmaculada, que los padres de ambas autorizaron, a fin de poder conseguir la legalización de ésta mediante la reagrupación familiar". Auto de la Audiencia Provincial de Barcelona (Sección 18ª), núm. 116/2011 de 17 mayo (JUR\2011\293829) en la que se afirma: "La menor se encuentra bajo el cuidado de su hermana en virtud de la Kafala constituida ante notario por los padres de la misma a favor de su hermana… La ley aplicable al caso de autos para determinar si puede o no constituirse la tutela es la ley española en virtud de lo dispuesto en el Convenio de la Haya de 1961, en sus artículos 1 y 2. La Kafala otorgada ante notario de una menor por parte de sus padres no atribuye a la persona a favor de quien se otorga, el Kafil, la representación legal que se mantiene por el padre quien delega la autoridad parental en los términos que se establezcan en el acta notarial, pero mantienen la tutela parental y en consecuencia la representación legal de la menor. En el caso de autos las funciones que se delegan según se deriva del acta notarial son las de manutención, educación, y todo lo necesario para la vida cotidiana, asimismo para viajar con ella dentro y fuera del territorio marroquí y para residir con ella en España". Auto de la Audiencia Provincial de Barcelona de 26 julio de 2011 (JUR\2011\405248) en el cual se señala: "sólo podrá constituirse la tutela sobre los menores no emancipados en el caso de que no se encuentren bajo la potestad del padre y de la madre o de uno de ellos, , situación que en este caso no concurre pues no consta la privación de la potestad de la madre respecto de su hija menor de edad, sin que la delegación que se efectúa a favor de la hermana mayor pueda considerarse privación o perdida de la potestad , sino únicamente una situación de guarda de hecho".

Ley aplicable

En todo caso, el juez aplicará la ley española (artículo 18), y el Derecho español exige la propuesta de la Entidad Pública de protección de menores como requisito previo a la constitución judicial, salvo que el menor "lleve más de un año acogido legalmente por el adoptado o haber estado bajo su tutela por el mismo tiempo" (artículo 176 del Código Civil). Este plazo de un año es considerado innecesario en algunas sentencias que autorizan la constitución de la adopción sin propuesta previa de la Entidad Pública antes del año de llegar a España, dado que para la constitución de la kafala (y la posterior obtención del correspondiente visado) los makfoules han debido solicitar y obtener, con carácter previo, un certificado de idoneidad y, por tanto, ha habido ya una intervención de la Entidad Pública valorando la idoneidad de los adoptantes[416]. Así, se considera por alguna reciente sentencia, que la necesidad propuesta previa se limita a los casos en que el acogimiento o tutela se ha constituido en España[417]. Sin embargo,

---

[416] Algunas de estas sentencias son citadas y comentadas por DE VERDA Y BEAMONTE, J. R. op. cit. La Audiencia Provincial de Barcelona en dos Autos de 8 de julio de 2008 (*La Ley* 135812/2008) y de 30 de octubre de 2008 (*La Ley* 246856/2008), entendió que, en el caso de constitución de una adopción de un menor extranjero que se encuentra en régimen de acogimiento familiar, no se requiere la propuesta previa de la entidad pública, aunque no haya transcurrido un año desde el inicio del acogimiento, debiéndose limitar, en este supuesto, su actuación, simplemente, "a garantizar la concurrencia de las condiciones de idoneidad del adoptante o adoptantes y el positivo seguimiento del acogimiento una vez el menor se traslada a España".

El Auto de la Audiencia Provincial de Guipúzcoa de 4 de junio de 2008 (*La Ley* 288729/2008) en un caso en que la kafala se había solicitado y obtenido por una mujer y posteriormente se promueve la adopción por ésta y un varón al que está unida de hecho, se considera que debería haber sido obtenida la propuesta de la entidad pública con la declaración de idoneidad, o al menos haber sido oída aquélla "en relación al varón" y sin embargo, obiter dicta. no era necesaria «la propuesta de la entidad pública con la declaración de idoneidad" respecto de la "kafil". Un caso semejante es el resuelto por el Auto de la Audiencia Provincial de Cádiz de 11 de diciembre de 2008 (*La Ley* 238024/2008): un niño, nacido en Tetuán y abandonado en un hospital de dicha ciudad, había sido confiado a un matrimonio (marido marroquí y mujer española), mediante "kafala" judicialmente constituida; posteriormente en Ceuta un juzgado había atribuido la tutela del mismo al marido. Cuando se promueve la adopción, la Audiencia advierte que no se ha valorado en ningún momento la idoneidad de ninguno de los adoptantes: "conforme al art. 176 del Código Civil, la adopción se constituye por resolución judicial, que tendrá en cuenta siempre el interés del adoptando e idoneidad del adoptante o adoptantes para el ejercicio de la patria potestad, y en el supuesto de autos no se ofrecen méritos para considerar preservado el beneficio e interés prioritario del menor, principio de rango constitucional, ni, desde luego, encuentra soporte alguno el juicio de idoneidad indispensable para la legitimación del aspirante promotor del expediente".

[417] El Auto de la Audiencia Provincial de Barcelona de 27 junio de 2011 (JUR\2011\320499) estima, que en el caso de constitución "ex novo" de una adopción de un menor extranjero que se encuentra en régimen de acogimiento familiar, no se requiere la propuesta previa de la entidad pública ya " la ley exige una propuesta previa de adopción, cuando el menor se encuentra en acogimiento preadoptivo constituido por la autoridad judicial a petición de la entidad pública o por la propia entidad pública o cuando el menor se encuentra en situación de acogimiento simple en determinadas circunstancias, en tanto la entidad pública actúa como tutora del menor".

en otras sentencias, esta propuesta previa se exige en todo caso, incluso cuando ya ha transcurrido un año[418].

Por otra parte, como ya se ha explicado al hacer el recorrido de la elaboración de la Ley de Adopción Internacional, se permite al juez español (a petición de los adoptantes o del Ministerio Fiscal) ante el que se pretende constituir la adopción *ex novo* que tome en consideración la ley del niño a efectos de que dicha adopción sea válida en "otros países conectados con el supuesto", lo cual podría, en algunos de estos casos, llevarle a negar la constitución de una adopción que jamás será reconocida en el país de origen del niño[419]. Existen casos en que así ha sucedido[420]. Es llamativa una sentencia en la que se deniega

---

418 El Auto de la Audiencia Provincial de Valladolid 11 de diciembre de 2008 (*La Ley* 321533/2008) consideró que "aunque pudiese salvarse el requisito temporal" del art. 176.2.3.o, en ningún caso, podía entender cumplido lo previsto en el art. 177.3.4.o, resultando claramente de los términos en que aparece redactado el precepto que "esa audiencia de la entidad pública para la apreciación de la idoneidad ha de ser posterior al tiempo (más de un año) en que el adoptando haya sido acogido por las personas que pretendan la adopción".

El Auto de la Audiencia Provincial de Tarragona de 23 de junio de 2008 (AC\2008\171) en un supuesto en que había transcurrido ya un año consideró que a pesar de admitir la equiparación entre "kafala" y acogimiento familiar, "esta equiparación no permite prescindir de la intervención y control de las autoridades estatales y, por tanto, no cabe atribuir la iniciativa para la adopción al adoptante".

419 Artículo 20. Ver ADROHER BIOSCA, S. "Algunas cuestiones…" ibid.

420 Es por ejemplo el caso del Auto de la Audiencia Provincial de Barcelona de 28 marzo de 2006 (JUR\2008\149354), en el cual se recurre una sentencia de primera instancia que negó la constitución de la adopción en base al informe del Ministerio fiscal que se opuso a la adopción exponiendo que según el artículo 124 del Código de Familia los menores extranjeros solo pueden ser adoptados si las autoridades del estado de origen confirman que ello es posible, siendo que los países árabes no conocen la adopción dentro de su norma legal tal y como se concibe en España, de manera que el sistema de protección más actual es la institución de la Kafala (tutela de niños abandonados) que se diferencia esencialmente de la adopción en que no rompe el vínculo de filiación. Sin embargo, en este caso la Audiencia Provincial revoca finalmente la sentencia de instancia.

En este mismo sentido, el Auto de la Audiencia Provincial de Cádiz 11 diciembre de 2008 (JUR\2009\59788), niega la posibilidad de constituir ex novo una adopción tras una kafala de matrimonio marroquí español con varios argumentos: el carácter de medida estable y "extranjera de la kafala (nos hallamos en definitiva ante una situación inicialmente solventada en el país de origen del pupilo, conforme a su ley nacional (artículo 9 del Código Civil) y mediante la aplicación de una medida estable y de carácter definitivo, de características y efectos netamente distintos y mucho más limitados que los de la adopción regulada en los artículos 175 y siguientes del Código Civil , cuyo seguimiento y control corresponde, por lo demás, a la propia autoridad judicial marroquí); la falta de intervención de la Entidad pública de protección sin siquiera haber declarado la idoneidad (en el supuesto de autos no se ofrecen méritos para considerar preservado el beneficio e interés prioritario del menor, principio de rango constitucional, ni, desde luego, encuentra soporte alguno el juicio de idoneidad indispensable para la legitimación del aspirante promotor del expediente).

En Valencia, según informa Isabel Artero quienes pretenden que se les tramite una kafala han de firmar un documento en el que les advierte de que la comunidad autónoma no va a promover la adopción y de que si lo hacen ellos y el juez pregunta al servicio de protección, éste informará en contra. "De todas maneras, tengo la impresión de que los jueces están constituyendo la adopción sin problemas" afirma Artero.

la constitución de una adopción en España tras una kafala en Marruecos en un supuesto de "kafala intrafamiliar" (el hijo de la mujer con la que se ha casado el kafil) y de un mayor de edad (ya que lo es en el momento de iniciar el expediente de adopción). El argumento es precisamente el no reconocimiento de la adopción en Marruecos: "por el conocimiento propio de este Tribunal, recogido, por otra parte, en multitud de tratados de derecho internacional privado, en el Reino de Marruecos no existe la adopción, aunque sí instituciones tutelares, como la "kafala", lo que impide que se constituya por los órganos judiciales españoles"[421].

Sin embargo, dado que los adoptantes no van a solicitar esta aplicación cumulativa del Derecho del país del niño y solo lo haría en la práctica el Ministerio Fiscal, la Circular del Fiscal General del Estado núm. 8/2011 de 16 noviembre recoge, al efecto, las siguientes directrices[422]:

1. La cuestión tratada es "si puede la kafala ser base para la constitución de una adopción por los Tribunales españoles, si resulta de aplicación la Ley española, si el hecho de que el Derecho islámico prohíba la adopción se torna en un obstáculo insalvable y si los acogedores en virtud de la kafala pueden por sí mismos promover la adopción".

2. Los kafiles tienen legitimación activa para iniciar el expediente de adopción. "Si se parte de que el adulto respecto del que se ha constituido la kafala es el representante legal –tutor– del menor, será aplicable la excepción que el art. 176 del Código Civil establece a la necesidad de propuesta previa de la entidad pública para iniciar el expediente de adopción: no se requiere tal propuesta cuando en el adoptando concurra la circunstancia de llevar más de un año acogido legalmente bajo la medida de un acogimiento preadoptivo o haber estado bajo su tutela por el mismo tiempo. Así, cuando la kafala ha sido constituida por la autoridad pública competente del país de origen con fundamento en una previa situación de abandono debe partirse de la atribución de la representación legal del menor a su acogedor"[423].

3. "Si el régimen de kafala constituido por autoridad judicial o administrativa competente se ha prolongado por más de un año, no es necesaria propuesta previa de la Entidad Pública, bastando la solicitud de los acogedores para iniciar el expediente judicial de adopción".

[421] Auto de la Audiencia Provincial de Cádiz, 3 marzo 2006 (JUR\2006\241802).

[422] JUR\2011\395482.

[423] En contra del Auto de la Audiencia Provincial de Tarragona, de 23 de junio de 2008 (AC\2008\171), ya citado, que cuestiona la legitimación activa de la kafil para promover el expediente de adopción que considera solo puede ser la Entidad Pública a través de la propuesta previa.

4. Sin embargo, para la constitución de la adopción de acuerdo al Derecho español es necesario el asentimiento de los padres biológicos. "Lógicamente, la aplicación de la Ley española llevará a la necesidad, según los casos, de obtener el asentimiento o simplemente de oír a los padres biológicos. Será, pues, necesario solicitar el asentimiento o audiencia a través de comisión rogatoria. La falta de contestación a la comisión rogatoria no puede equipararse en principio a la imposibilidad de dar cumplimiento a la audiencia, sin perjuicio de que en determinados supuestos en los que, pese a los esfuerzos desplegados se constante un obstáculo insalvable, pueda prescindirse del trámite atendiendo a las concretas circunstancias concurrentes (especialmente, cuando la documentación de origen refleje con claridad que la constitución de la kafala se fundamentó en el desamparo del menor). Podrá, por tanto, aplicarse, *mutatis mutandis* el régimen contenido en el párrafo tercero del art. 1.831 de la Ley de Enjuiciamiento Civil de 1881 conforme al cual, cuando no hayan podido conocerse el domicilio o paradero de alguno que deba ser citado, o si citado no compareciere, se prescindirá del trámite y la adopción acordada será válida, a salvo, en su caso, el derecho que a los padres concede el art. 180 del Código Civil".

Debe advertirse, finalmente, que a pesar de esta "doctrina" del Fiscal General del Estado, la institución de la kafala es revocable o anulable, según lo dispuesto en el artículo 19 de la Ley marroquí, a instancia del juez[424] que en el caso de kafalas en el extranjero lo podrá decidir previo informe del cónsul (artículo 24), y si se diera este caso, cuando se produce la anulación y el menor ya ha sido adoptado en España, se genera una situación "claudicante" de consecuencias imprevisibles.

---

[424] Artículo 19. El juez tutelar de la circunscripción en la que está situado el lugar de residencia de la persona a la que se confiere el kafala está encargado de seguir y controlar la situación del menor y de asegurar que esta persona cumple con las obligaciones que le competen. A este fin puede ordenar realizar las investigaciones que considere adecuadas a:

a) el ministerio público, la autoridad local o la asistente social cualificada legalmente para esta misión o bien las otras partes competentes.b) o la comisión prevista en el artículo 16.

Las partes precipitadas o la comisión remiten al juez tutelar informes sobre la investigación que se ha realizado.

El juez tutelar puede, en razón de los informes que se le han remitido, ordenar la anulación de la kafala y adoptar las medidas convenientes en pro del interés superior del menor.

Las partes o la comisión que establecen los informes citados pueden proponer al juez las medidas que consideren adecuadas, especialmente la de ordenar la anulación de la kafala.

La orden del juez puede ir acompañada de la ejecución provisoria ante cualquier recurso.

Dicha orden es susceptible de apelación y es el tribunal quien falla sobre la apelación en la cámara del consejo.

Al tribunal de Primera Instancia de la circunscripción de la que depende el sitio de residencia de la persona que va a hacerse cargo de la kafala compete ejecutar la orden.

Actualmente los Ministerios de Sanidad, Servicios Sociales e Igualdad y de Justicia están trabajando en una reforma de la legislación de protección de menores. Una de las propuestas que se han consensuado es la de reintroducir la norma que aparecía en el anteproyecto de la Ley de Adopción Internacional y que impedía constituir en España una adopción prohibida por la ley nacional del niño, con algunas excepciones. La futura tramitación parlamentaria de esta propuesta confirmará, o no, la reintroducción de una norma que, previsiblemente, sea bien acogida por las autoridades de países como Marruecos, toda vez que respeta la previsión de sus sistemas jurídicos de prohibición de la adopción.

Precisamente entre las condiciones que han puesto recientemente estas autoridades para facilitar, en su caso, el desbloqueo de las kafalas pendientes de familias españolas, está que la kafala no se transforme en adopción.

5. LA POST-KAFALA

Al igual que en los casos de adopción, la constitución de una kafala transfronteriza y su eventual transformación posterior en adopción, plantea cuestiones relativas al seguimiento y efectos posteriores.

5.1. Informes de seguimiento

Una de las grandes diferencias entre los supuestos de adopción internacional y los de kafala transfronteriza, es que si en los primeros, la administración autonómica de protección de menores tiene la obligación de realizar informes de seguimiento para remitir al país de origen del niño, en estos casos dicha obligación no existe.

Bien es verdad que la Ley marroquí 15/2001 señala que el juez de menores que ha autorizado la constitución de una kafala, deberá realizar un seguimiento de la medida de protección y de que el kafil cumple con sus obligaciones (artículo 19). Este seguimiento podrá llevarse a cabo ordenando investigaciones al Ministerio público o a la autoridad local y, a la vista de los informes recabados, podría ordenar incluso la revocación de la kafala. En el caso de que los kafiles residan en el extranjero y trasladen allí a los menores, el artículo 24 de la Ley 15/2001 establece que el control y seguimiento del ejercicio de la kafala por parte de los jueces, se hará a través de los cónsules marroquíes en el extranjero, que remitirán a la autoridad judicial informes sobre la situación del menor (artículo 24). Este control parece que no se está haciendo en la práctica[425].

---

[425] "En la práctica, se confirma que resulta imposible hacer el seguimiento del menor acogido en kafala, así como el control del cumplimiento de las obligaciones de la persona que acoge al menor

Las administraciones autonómicas únicamente informan a los jueces españoles en aquellos casos en que se pretende constituir una adopción posterior en menos de un año, y como he señalado, el artículo 176 del Código civil exige la propuesta previa de la Entidad Pública de protección[426].

Por otra parte, según algunos estudios, en caso de kafalas "nacionales", tampoco se realizan seguimientos posteriores de las familias[427], aunque en algún caso éstas los facilitan previa petición[428].

No obstante, y en relación a la situación recientemente generada a consecuencia de la nueva política de Marruecos en la materia, las gestiones realizadas desde la Embajada de España en Rabat para que se busque, en interés de los menores, una solución a los casos que han quedado pendientes, y la preocupación e interés de las autoridades marroquíes por el seguimiento postadoptivo de los menores (tarea ésta que, según el artículo 24 de su Ley Nº 15.01, corresponde a los servicios consulares marroquíes del lugar de residencia de los menores en el extranjero valiéndose de los medios que estos servicios crean convenientes), la Comisión Delegada de Directores Generales de Infancia de las Comunidades Autónomas reunida el día 16 de abril de 2013 ha acordado:

1. Ofrecer, desde las entidades públicas españolas, a demanda de los Consulados de Marruecos en España, y sólo para los casos pendientes, la colaboración para llevar a cabo el seguimiento sobre la integración psicosocial de los menores en España. La periodicidad y duración corresponderá fijarla con las autoridades de Marruecos.

en Marruecos y, con más razón, en el caso del menor acogido con residencia fuera de Marruecos. Si bien el legislador encomienda a los servicios consulares sitos en el lugar de residencia de la persona que asume la kafala la labor del seguimiento del menor acogido en régimen de kafala, se observa que dichos servicios no llevan a cabo dicha labor, lo que se debe a diversas causas, entre ellas el cambio de residencia de la persona que asume la kafala de un lugar a otro, la distancia que media entre la sede del consulado y el lugar de residencia del menor con la persona que lo acoge en kafala, además de los múltiples problemas a los que se enfrentan diariamente esos servicios con la colonia marroquí residente en el extranjero. Además, con bastante frecuencia, la persona extranjera que asume la kafala, ante la ausencia de control, procede a transformar la kafala en adopción plena o simple, con lo cual el menor marroquí pasa a estar sujeto a la ley del país de la persona que asume la kafala". Zekri, h. Ouhida, j. "La kafala en el Derecho marroquí"...op. cit. pág. 83.

[426] Como señala Carles Benet "Sólo se tiene conocimiento de la existencia de una Kafala cuando la família o el juzgado nos pide un informe de seguimiento (único informe de seguiento), que sirve de informe técnico preceptivo de la entidad pública competente de adopciones para posteriormente promover judicialmente la adopción".

[427] Bargach, a. (2007). *A study on abandonement and the practice of kafala in Morocco for Amici dei Banbini,* www.aibi.it.

[428] En Navarra nos informan de que acuerdan con las familias que deben traer la documentación cuando el niño llegue y en los tres casos habidos lo han hecho, si bien es evidente que esta información queda sujeta a la buena voluntad de las familias.

2. Las gestiones con las autoridades marroquíes se realizarán a través del Embajador de España en Rabat.

3. En caso de acuerdo por parte de las autoridades marroquíes, las Entidades Públicas informarán a las familias afectadas sobre el compromiso que deben asumir para que se puedan llevar a cabo estos seguimientos.

4. El coste de los mismos, en el supuesto de que los informes de seguimiento no se hagan directamente por la entidad pública, correrá a cargo de las familias.

5.2. Kafalas trucandas

Existe muy poca información sobre qué pasa en los casos en que una kafala se ha truncado. En el supuesto de que dicha kafala se hubiera transformado ya en adopción, el tratamiento es el mismo que en las adopciones internacionales[429], pero en caso contrario puede "devolverse" físicamente al niño a Marruecos[430].

6. CONSIDERACIONES FINALES

La decisión de "adoptar" en un país islámico puede responder al deseo de acoger en una familia a un niño desamparado que no la tiene y que vive en un centro de protección, de los muchos que hay, en estos países. Sin embargo, a juicio de algunos autores, los padres que han constituído kafalas en Marruecos durante estos años han buscado, además, una "adopción" rápida, barata y de niños pequeños, aunque el procedimiento no sea el más adecuado[431].

Por otra parte, debe plantearse si la prohibición de la adopción en los países islámicos debería suponer una inadoptabilidad legal y total de los niños procedentes de esos países incluso en el extranjero. ¿Es justo y compatible con el interés superior del menor que por motivos religiosos estos niños que carecen de familia no puedan integrarse en una de forma definitiva a través de la adop-

---

[429] Carles Benet nos informa de que "existe alguna adopción que proviene de una Kafala que ha sido "truncada", es decir, en la cual se ha tomada una nueva medida de proteción. Al ser una adopción plena se sigue el procedimento habitual de protección de menores establecido de nuestra comunidad autónoma: resolución de desamparo y asunción de la tutela del menor por parte de la entidad pública competente y propuesta de nueva medida de protección".

[430] Se refiere Isabel Machado al único caso de kafala truncada del que se tiene conocimiento en Andalucía el cual se resolvió con una decisión del juez de Marruecos entregando el niño a un centro de allí. La madre acogedora es marroquí y viajaron alli para "devolver" al niño de seis años.

[431] "Es probable que la facilidad en la constitución de las kafalas, el menor tiempo de espera para tener al niño, el menor coste de la tramitación y los controles menos exhaustivos (ya se ha señalado las dificultades al respecto) no sean cuestiones ajenas a la decisión de algunos padres de *kafalar* en lugar de adoptar" (DIAGO DIAGO, M.P. op. cit. pág. 132).

ción? La realidad es contundente: hay muchos niños en situación de abandono en estos países, y la adopción es una medida a través de la que se puede dar una familia a un niño que carece de ella.

En 2008, una conocida profesora de Harvard propuso para la firma y adhesión un documento en el que apuesta por promover la adopción internacional como la mejor forma de dar una familia a niños que carecen de ella y viven en instituciones durante largos años[432]. En este documento, el derecho a tener una familia se presenta como absoluto, y basado en los indudables daños psicológicos, físicos y emocionales que provoca la institucionalización en los niños. Se señala que la existencia de tráfico de niños en algunos países no debería suponer en ningún caso el "cierre" de agencias privadas intermediarias ni de la adopción en estos lugares[433]. El derecho del niño a una familia está por encima de que algunos niños sean víctimas de compraventa o sean arrancados de sus familias biológicas. Diversas instituciones académicas (Universidades de San Diego, San Francisco y Harvard) y políticas (American Academy of Adoption Attorneys) se han sumado a la campaña.

La cuestión que planteo como conclusión es si el derecho vivir en una familia de los niños abandonados en países como Marruecos es absoluto o si debe modularse para proteger precisamente su interés superior. A pocos kilómetros de las costas españolas hay orfanatos donde viven muchos niños huérfanos y abandonados esperando una familia. Por el contrario, se pueden estar dando casos de adopciones en otros países en los cuales existen sospechas de que el consentimiento que han dado los padres biológicos no ha sido libre, informado y sin contraprestación económica, y por eso las administraciones publicas, cuando detectan este tipo de situaciones, adoptan medidas que limitan las adopciones en países poco seguros. No es este, hasta el momento, el caso de Marruecos. Aquí, el problema de "adoptabilidad" no proviene de la inexistencia de consentimiento de los padres biológicos, sino de las condiciones previstas en la legislación marroquí, que prohíbe la adopción y condiciona la kafala a que los kafiles sean musulmanes y con domicilio en Marruecos.

En esta línea propongo tres cuestiones finales para la reflexión:

- ✓ <u>Adopciones claudicantes vs. derecho del niño a una familia</u> ¿Debe constituirse una adopción en España que no es reconocida en el país

---

432 INTERNATIONAL ADOPTION POLICY STATEMENT & SUPPORTING REPORT http://www.law.harvard.edu/faculty/bartholet/resources.php

433 Address adoption abuses by enforcing existing laws and policies prohibiting such abuses as baby selling and kidnapping and penalizing those committing abuses, rather than by restricting legitimate international adoption and penalizing unparented children by denying them adoptive homes.

del niño? ¿Qué es más importante para el niño?, ¿su seguridad jurídica transfronteriza o su derecho a una familia?

Las kafalas, como hemos visto, son revocables por las autoridades del país de origen del niño y, por otra parte, las adopciones de estos niños en Europa, tras una kafala en origen, son nulas en sus países. ¿Debe primar en estos casos la armonía de soluciones entre países o la búsqueda de una familia para un niño que no la tiene? La reintroducción en la Ley de Adopción Internacional española, por el Anteproyecto de ley de protección a la infancia de abril de 2014, de la norma que prohíbe la adopción posterior por estar prohibida por la ley nacional del niño va precisamente en esta línea.

✓ Respeto a la cultura de origen del niño vs. el derecho del niño a una familia. El hecho de que la cultura islámica prohíba la adopción, ¿debe respetarse de forma absoluta declarando inadoptables de por vida a todos los menores procedentes de países islámicos? El hecho de que jurídicamente no sean adoptables y, por tanto, no se consideren técnicamente hijos, ¿significa que vitalmente no puedan sentirse parte de una familia a través de otra figura de protección?, ¿cuál es la comprensión cabal de la interculturalidad en este ámbito?, ¿es legítimo "colonizar" o *ningunear* la cultura del país del niño que prohíbe la adopción por las razones histórico-jurídicas apuntadas, o la cultura es un valor relativo si se compara con la necesidad de crecer en un entorno familiar?

Y en la misma dirección, ¿tiene sentido que no pueda entregarse en kafala a familias extranjeras solo por el hecho de que no garanticen la educación del niño en la religión islámica?

✓ Inexistencia de "fraudes" vs. el derecho del niño a una familia

En estrecha relación con lo anterior, ¿es legítimo y jurídicamente admisible que la constitución de la kafala comience con una conversión al Islam de los "adoptantes" y una obtención de un certificado de "domicilio" en Marruecos por una familia residente en España?; ¿han tolerado, hasta ahora, esta situación las autoridades marroquíes entregando a sus niños a extranjeros formalmente islámicos pero con sospechas de se trataba de una conversión "simulada? Quizá la reciente Circular del Ministerio de Justicia marroquí prohibiendo la kafala para kafiles residentes en el extranjero denote la toma de conciencia de esta complicidad con la que han actuado. Pero el problema de fondo va a persistir, ¿qué solución familiar va a darse a tantos menores abandonados como hay en Marruecos?, ¿es capaz la sociedad civil marroquí de integrarlos en familias residentes en este país?; ¿y qué sucede con los casi 2000 menores marroquíes no acompañados que viven en España tutelados por las administraciones públicas españolas?, ¿ha existido preocupación, hasta ahora, por su educación en la religión y cultura islámica?, ¿sólo preocupa este extremo si los menores se entregan a familias españolas, y no en los casos en que viven en acogimiento residencial en España?, ¿dónde queda el interés superior del niño?

La propuesta de reforma de la Ley de Adopción Internacional española en la que está trabajando el Gobierno, en línea con lo establecido en la legislación de los países de nuestro entorno, está en plena consonancia con los principios de respeto a la vida familiar y a la igualdad del Convenio Europeo de Derechos Humanos, tal y como acaba de señalar la reciente sentencia del Tribunal de Estrasburgo, y aúna el respeto al origen del niño, cultural y religioso, y su derecho a vivir en familia. Así lo expresa el mencionado tribunal:

> *"L'ensemble des éléments examinés ci-dessus fait apparaître que l'Etat défendeur, appliquant les conventions internationales régissant la matière, a institué une articulation flexible entre le droit de l'Etat d'origine de l'enfant et le droit national. La Cour relève à ce titre que le statut prohibitif de l'adoption résulte de la règle de conflit de lois de l'article 370-3 du code civil mais que le droit français ouvre des voies d'assouplissement de cette interdiction à la mesure des signes objectifs d'intégration de l'enfant dans la société française. C'est ainsi, d'une part, que la règle de conflit est écartée explicitement par ce même article 370-3 lorsque "le mineur est né et* réside habituellement en France". *D'autre part, cette règle de conflit est volontairement contournée par la possibilité ouverte à l'enfant d'obtenir, dans un délai réduit, la nationalité française, et ainsi la faculté d'être adopté, lorsqu'il a été recueilli en France par une personne de nationalité française. La Cour observe à ce titre que l'Etat défendeur soutient sans être démenti que la jeune Hind pourrait déjà bénéficier de cette possibilité.*
>
> *La Cour estime qu'en effaçant ainsi progressivement la prohibition de l'adoption, l'Etat défendeur, qui entend favoriser l'intégration d'enfants d'origine étrangère sans les couper immédiatement des règles de leur pays d'origine, respecte le pluralisme culturel et ménage un juste équilibre entre l'intérêt public et celui de la requérante".*

ANEXOS.
MODELO RECOMENDADO PARA RECABAR EL CONSENTIMIENTO PARA LA ADOPCIÓN[434]

I. DECLARACIÓN DEL CONSENTIMIENTO

Lea atentamente el documento siguiente antes de rellenarlo. No lo firme más que en el caso de comprender completamente cada frase. Tiene usted derecho a recibir todo el asesoramiento y la información que desee sobre las consecuencias de su consentimiento. Tiene usted el derecho a recibir, si lo desea, una copia del presente documento.

Usted no debe haber recibido pago alguno ni contrapartida de cualquier tipo para obtener su consentimiento para la adopción del niño(a).

Yo, el/la abajo firmante:

Apellido(s):

Nombre:

Fecha de nacimiento: día...... mes.......... año.......

Residencia habitual: ....

Madre [ ] padre [ ] representante legal [ ] del niño(a):

Apellido(s):

Nombre(s):

Sexo: hombre [ ] mujer [ ]

Fecha de nacimiento: día... mes............... año ....

Lugar de nacimiento: ....

[434] La puesta en práctica y el funcionamiento del Convenio de La Haya de 1993 sobre Adopción Internacional. Guía de buenas prácticas. Guía nº 1, 2008, Anexos 7-2 a 7-3.

Residencia habitual: ………………………………………….

Declaro lo que sigue:

1 – Presto libremente, sin presión ni coacción, mi consentimiento para la adopción de dicho niño.

2 – Soy consciente de que el niño podrá ser adoptado por un matrimonio o una persona que resida en el extranjero.

3 – Soy consciente de que la adopción de dicho niño tendrá como efecto una relación de filiación con los padres / con el padre / con la madre adoptivos.

4 – Presto mi consentimiento a una adopción que tendrá como efecto romper el vínculo de filiación entre dicho niño y su madre y su padre.

5 – He sido informado/a de que puedo retirar mi consentimiento hasta y que, después de esa fecha, mi consentimiento será irrevocable.

Declaro haber comprendido el sentido y el alcance de lo que precede.

Lugar ………………………, Fecha: …………………………………

Firma o, en su lugar, otra marca:

II DECLARACIÓN DE LOS TESTIGOS (si lo requieren la ley o las circunstancias, por ejemplo en el caso de personas analfabetas o discapacitadas)

………………………………………………………………………………………………………
………………………………………………………………………………………………………
………………………………………………………………………………………………………

III CERTIFICACIÓN DE LA AUTORIDAD HABILITADA PARA RECIBIR EL CONSENTIMIENTO

Nombre de la autoridad: ………………………………………………………………….

Título o calidad en que actúa:……………………………………………………………….

Certifico que el declarante (y los testigos) del apartado(s) I y II ha(n) comparecido ante mí y firmado el presente documento en mi presencia.

Lugar: ………………………, fecha:……………………….

Firma y sello:

FORMULARIO MODELO

INFORME MÉDICO DEL NIÑO

Para los Estados contratantes en el ámbito del Convenio de La Haya sobre Adopción Internacional

Este informe deberá ser completado por un médico debidamente autorizado.

Por favor responda a todas las preguntas.

Si la información en cuestión no se encuentra disponible, por favor escriba "desconocido".

Nombre del niño:

Fecha y año de nacimiento:

Sexo:

Lugar de nacimiento:

Nacionalidad:

Nombre de la madre:

Fecha y año de nacimiento de la madre:

Nombre del padre:

Fecha y año de nacimiento del padre:

Nombre de la institución actual: ……………………………. alojado desde:

Peso al nacimiento: ….kg. A la admisión: ….kg.

Altura al nacimiento: ….cm. A la admisión: ….cm.

¿El embarazo y el nacimiento fueron normales?

□ *Sí* □ *No* □ *No se sabe*

¿Dónde ha permanecido el niño?

□ *Con su madre del …….. al…….*

□ *Con parientes del ……. al…….*

□ *Bajo cuidado privado del …….. al……..*

□ *En una institución u hospital del …… al ……*

(por favor mencione aquí el nombre de la institución o instituciones interesadas)

¿El niño ha tenido enfermedades en el pasado?

(De ser así, por favor indique la edad del niño en el momento de cada enfermedad, así como eventuales complicaciones)

□ *Sí* □ *No* □ *No se sabe*

En caso de respuesta afirmativa:

¿Enfermedades infantiles comunes (tos ferina, sarampión, varicela, rubéola, paperas)?

¿Tuberculosis?

¿Convulsiones (incluidas convulsiones febriles)?

¿Alguna otra enfermedad?

¿Exposición a enfermedades contagiosas?

¿El niño ha sido vacunado contra alguna de las siguientes enfermedades?:

□ *Sí* □ *No* □ *No se sabe*

En caso de respuesta afirmativa:

¿Tuberculosis (B.C.G.)? Fecha de la inyección:

¿Difteria? Fecha de la inyección:

¿Tétanos? Fecha de la inyección:

¿Tos ferina? Fecha de la inyección:

¿Poliomielitis? Fecha de la inyección: Fecha de las vacunas orales:

¿Hepatitis A? Fecha de la inyección:

¿Hepatitis B? Fecha de la inyección:

¿Otras inmunizaciones? Fecha de la inyección:

¿El niño ha sido hospitalizado?:

□ *Sí* □ *No* □ *No se sabe*

En caso de que haya estado hospitalizado, señale la edad del niño, el diagnóstico y tratamiento:

Si es posible proporcione una descripción del desarrollo mental, comportamiento y habilidades del niño.

Visual

□*desconocido*

¿Cuándo fue capaz el niño de mantener la vista fija (en un objeto por ejemplo)?

Auditiva

□*desconocido*

¿Cuándo fue capaz el niño de girar la cabeza al escuchar un sonido?

Motriz

□*desconocido*

¿Cuándo fue capaz el niño de sentarse solo?

¿Estar de pie con ayuda?

¿Caminar sin ayuda?

Lenguaje

□*desconocido*

¿Cuándo empezó el niño a balbucear?

¿Decir palabras solas?

¿Decir frases?

Contacto

□*desconocido*

¿Cuándo empezó el niño a sonreír?

¿Cómo reacciona ante los extraños?

¿Cómo se comunica con los adultos y demás niños?

Emotivo

□*desconocido*

¿Cómo muestra sus emociones (ira, intranquilidad, decepción, alegría)?

Examen médico del niño

Fecha del examen médico:

1. El niño Peso: kg fecha:

Altura: ......cm fecha:

Circunferencia de la cabeza: ..... cm fecha:

Color del cabello: ... ... Color de los ojos: ... ... Color de la piel: ... ...

A través de mi examen médico completo del niño he observado las siguientes muestras de síntomas, deficiencias o anomalías:

Fecha del examen:

Cabeza (forma del cráneo, hidrocefalia, craniotabes)

Boca y faringe (labio leporino o paladar hendido, dientes)

Ojos (vista, estrabismo, infecciones)

Oídos (infecciones, secreciones, audición reducida, deformidad)

Órganos del pecho (corazón, pulmones)

Glándulas linfáticas (adenitis)

Abdomen (hernia, hígado, bazo)

Genitales (hypospadia, testículos, retención)

Columna vertebral (cifosis, escoliosis)

Extremidades (pes equinus, piernas torcidas hacia adentro (valgus), piernas torcidas hacia fuera (varus), pes calcaneovarus, inflexión de la cadera, espasticidad, parálisis)

Piel (eczema, infecciones, parásitos)

¿Otras enfermedades?

¿Existe en el niño algún síntoma de sífilis?

Resultado de la prueba de reacción de sífilis realizada (fecha y año):

□ *Positivo* □ *Negativo* □ *No realizado*

¿Algún síntoma de tuberculosis?

Resultado del examen de tuberculina realizado (fecha y año):

□ *Positivo* □ *Negativo* □ *No realizado*

¿Algún síntoma de Hepatitis A?

Resultado del examen de hepatitis A realizado (fecha y año):

□ *Positivo* □ *Negativo* □ *No realizado*

¿Algún síntoma de Hepatitis B?

Resultado del examen de HBsAg (fecha y año):

☐ *Positivo* ☐ *Negativo* ☐ *No realizado*

Resultado del examen anti-HBs (fecha y año):

☐ *Positivo* ☐ *Negativo* ☐ *No realizado*

Resultado del examen de HBeAg (fecha y año):

☐ *Positivo* ☐ *Negativo* ☐ *No realizado*

Resultado del examen anti-HBe (fecha y año):

☐ *Positivo* ☐ *Negativo* ☐ *No realizado*

¿Algún síntoma de SIDA?

Resultado del examen VIH realizado (fecha y año):

☐ *Positivo* ☐ *Negativo* ☐ *No realizado*

¿Síntomas de otra enfermedad contagiosa?

La orina contiene:

¿Azúcar?

¿Albúmina?

¿Acetona?

Deposiciones (diarrea, estreñimiento):

Análisis de parásitos:

☐ *Positivo* ☐ *Negativo* ☐ *No realizado*

¿Existe alguna enfermedad mental o retraso del niño? Proporcione una descripción del desarrollo mental, comportamiento y cualidades del niño. La misma será de gran importancia para el asesoramiento de los futuros padres adoptivos.

¿Algún comentario adicional?

Firma y sello del médico examinador Fecha

FORMULARIO MODELO INFORME MÉDICO COMPLEMENTARIO SOBRE EL NIÑO

INFORME SOBRE LAS CIRCUNSTANCIAS PSICOLÓGICAS Y SOCIALES DEL NIÑO

Para Estados contratantes en el ámbito de aplicación del Convenio de La Haya sobre Adopción Internacional.

Por favor responda a todas las preguntas.

Actividad con juguetes:

☐ *Los ojos del niño siguen los objetos (juguetes, sonajeros...) que se mueven delante de él*

☐ *El niño es capaz de sujetar el sonajero*

☐ *El niño juega con el sonajero: se lo lleva a la boca, lo sacude, lo cambia de mano, etc.*

☐ *El niño es capaz de apilar cubos*

☐ *El niño utiliza los juguetes de forma lógica: empuja los cochecitos, acuesta a las muñecas, les da de comer, etc.*

☐ *El niño juega de forma simbólica con juguetes o con otros niños*

☐ *El niño dibuja caras, seres humanos o animales con características distintivas*

☐ *El niño toma parte en juegos estructurados con otros niños (jugar a la pelota, a las cartas, etc.)*

☐ *Sin posibilidad de observación*

Vocalización/desarrollo del lenguaje:

☐ *El niño vocaliza en contacto con su cuidador/a*

☐ *El niño repite diferentes combinaciones vocálico-consonánticas (ba-ba, da-da, mama, etc)*

☐ *El niño utiliza palabras simples para comunicar sus necesidades*

☐ *El niño es capaz de formar frases*

☐ *El niño comprende preposiciones tales como: encima, debajo, detrás, etc.*

☐ *El niño usa preposiciones tales como: encima, debajo, detrás, etc.*

☐ *El niño es capaz de hablar en pasado*

☐ *El niño es capaz de escribir su propio nombre*

☐ *El niño es capaz de leer palabras sencillas*

☐ *Sin posibilidad de observación*

Desarrollo motor:

El niño es capaz de voltearse bocabajo estando bocarriba desde la edad de: _____

El niño se sienta sin apoyo desde la edad de: _____

El niño gatea o se desplaza desde la edad de: _____

El niño camina apoyándose en los muebles desde la edad de: _____

El niño camina solo desde la edad de: _____

El niño sube y baja escaleras con ayuda desde la edad de: _____

El niño sube y baja escaleras sin ayuda desde la edad de: _____

El niño sabe andar en bicicleta desde la edad de: _____

Contacto con adultos:

☐ *El niño sonríe al estar en contacto con un cuidador conocido*

☐ *El niño se tranquiliza antes en brazos de un cuidador conocido*

☐ *El niño llora/sigue al cuidador/conocido cuando éste abandona la habitación*

☐ *El niño busca activamente al cuidador/conocido cuando está disgustado o se ha hecho daño*

☐ *El niño busca contacto físico con todos los adultos que entran en la sala*

☐ *El niño comunica con palabras sus sentimientos a sus cuidadores*

Contacto con otros niños:

☐ *El niño muestra su interés por otros niños mirando o sonriendo ante sus actividades*

☐ *Al niño le gusta jugar al lado de otros niños*

☐ *El niño participa activamente en actividades con otros niños*

Nivel general de actividad:

☐ *Pasivo*

☐ *Activo*

☐ *Hiperactivo*

Humor general:

☐ *Tranquilo, serio*

☐ *Emocionalmente indiferente*

☐ *Exigente, difícil de consolar*

☐ *Feliz, contento*

Comentarios adicionales:

Nombre, ocupación, firma y sello del examinador

Fecha

BIBLIOGRAFÍA

ABBDOUD, M. (1968), *La condition juridique du* mineur *au Maroc*. Rabat, p. 76.

ADROHER BIOSCA, S. (1999), "Adopción de menores africanos en Europa", *Derecho internacional y relaciones internacionales en el mundo mediterráneo.* BOE, Universitat Illes balears; Asociación española de profesores de Derecho internacional y relaciones internacionales; Fundación la Caixa. Madrid, pp.143-154.

ADROHER BIOSCA, S. (2009), "La nueva regulación de la adopción internacional en España. Comentarios generales a la Ley 54/2007 de 28 de diciembre de los "Santos Inocentes", *Revista crítica de Derecho inmobiliario,* nº 711, enero/febrero 2009.

ADROHER, S. y ASSIEGO, V. (2001), "La adopción internacional", en LÁZARO I. (Coord.), *Los Menores en el Derecho Español*. Madrid: Tecnos, pp.407-455.

AINSWORTH, M.D. (1963), "Efectos de la privación materna: estudio de los hallazgos y controversia sobre los métodos de investigación", en O.M.S., *Privación de los cuidados maternos. Revisión de sus consecuencias*. Ginebra: O.M.S.

ALONSO GARCIA, R. M. (2009), "Dos ejemplos de la difícil identidad de supuestos en unificación de doctrina: Transexualidad y kafala", *Revista del Ministerio de Trabajo e Inmigración*, nº 79, pp. 59 y ss.

ANCEL, M. (1958), *L'adoption dans les principales legislations modernes.* París.

ANDRESEN, I.L.K. (1992), "Behavioural and school adjustment of 12-13 year old internationally adopted children in Norway: a research note", *Journal of Child Psychology and Psychiatry,* 33, pp. 427-439.

ANZIL, F.V. (2011), *Si yo cerrara los ojos y la tuviera delante, o sea, sin mirarla... sería una niña totalmente española, catalana, de aquí. Representaciones, identidades y filiaciones en la adopción internacional en Cataluña.* Tesis doctoral. Tarragona, Universidad Rovira y Virgili.

ARENAS GARCÍA, R. / GONZÁLEZ BEILFUSS, C. (2009), *La ley 54/2007, de 28 de diciembre de adopción internacional: entre la realidad y el deseo*, www.reei.org, 2009 (versión *on line*). p. 6.

ASSBURY, E.T., CROSS, D. Y WAGGENSPACK, B. (2003), "Biological, adoptive and mixed families: special needs and the impact of international adoption", *Adoption Quarterly*, 7 (1), pp. 53-57.

ASSOCIATION DES CENTRES JEUNESSE DU QUÉBEC, *Cadre de reference. Un projet de vie, des racines pour la vie.*

ASSOCIATION DES CENTRES JEUNESSE DU QUÉBEC, *Looking after children. A life goal for every child*, http://www.acjq.qc.ca/public/a14178bc-45b5-4a12-b27e-38017be-2da39/mes_documents/publications/2010_socen-a.pdf;

BAGLEY, C. (1993), "Transracial adoption in Britain: a follow-up study, with policy considerations", *Child Welfare*, 72, pp. 285-299.

BARGACH, A. (2007). *A study on abandonement and the practice of kafala in Morocco for Amici dei Banbini*, www.aibi.it.

BARGACH, J. (2002), *Orphans of Islam: family, abandonment, and secret adoption in Morocco* .Rowman & Littlefield Publishers.

BARRAUD, E. (2007), "La *kafala* en migration", en CEDRIC AUDEBERT, C, MA MUNG, E., *Les migrations internationales. Enjeux contemporains et questions nouvelles*. Bilbao Universidad de Deusto.

BARRAUD, E. (2008), "Les multiples usages sociaux de la Kafala en situation de migration: protection et non protection des mineurs recueillis", *E.migrinter*, n° 2, pp. 133 y ss.

BECKETT, C., CASTLE, J., GROOTHUES, C., O-CONNOR, T.G., RUTER, M. Y ERA STUDY TEAM (2003), "Health problems in children adopted from Romania: Association with Duration of deprivation and behavioural problems", *Adoption and fostering*, 27 (4), pp. 19-29.

BENAVENTE MOREDA, P. (enero-diciembre 2009), "Desamparo, acogimiento y retorno a la propia familia", *Derecho Privado y Constitución*, Núm. 23, p. 14.

BENET, C. (2012), *Las Adopciones Truncadas . Recursos de apoyo a los adoptados y sus familias adoptivas. Medidas de protección en supuestos de ruptura*. Ponencia presentada en las XIII jornadas de adopción internacional con comunidades autónoma, entidades colaboradoras de adopción internacional y asociaciones de familias adoptivas. Logroño, 14 de diciembre de 2012. Documento sin publicar.

BERÁSTEGUI PEDRO-VIEJO, A. (2010), "Adopción internacional: ¿solidaridad con la infancia o reproducción asistida?", *Revista Alhoma*, 27, pp. 15-37.

BERÁSTEGUI PEDRO-VIEJO, A. (2010), "Relaciones afectivas familiares: apego y adopción", en. LOIZAGA LATORRE, F., *Adopción Hoy: Avanzando Hacia Nuevas Estrategias*. Bilbao: Mensajero, pp.109-138.

BERÁSTEGUI PEDRO-VIEJO, A. (2012), "Adopciones especiales ¿niños especiales para familias especiales?", *Papeles del Psicólogo*, 3 (33): 211-220.

BERÁSTEGUI PEDRO-VIEJO, A. (2013), "La postadopción en España: entre el riesgo, la recuperación y la resilencia", en. CHARRO, B. Y CARRASCO, M.J. (COORD.), *Crisis, vulnerabilidad y superación*. Madrid: Universidad Pontificia Comillas, pp.167-180.

BERÁSTEGUI, A. (2003), *Adopciones Truncadas y en Riesgo en la Comunidad de Madrid*. Madrid: Consejo Económico y Social.

BERÁSTEGUI, A. (2005), *La adaptación familiar en adopción internacional: una muestra de adoptados mayores de tres años en la Comunidad de Madrid*. Madrid: Consejo Económico y Social de la Comunidad de Madrid.

BERÁSTEGUI, A. (2005), *La adaptación familiar en adopción internacional: una muestra de adoptados mayores de tres años en la Comunidad de Madrid*. Madrid: Consejo Económico y Social de la Comunidad de Madrid.

BERÁSTEGUI, A. (2008), "La postadopción más allá de la familia y del niño: reflexiones y propuestas", en BERÁSTEGUI A. Y GÓMEZ-BENGOECHEA, B. (COORD.), *Los retos de la postadopción: balance y perspectivas*. Madrid. Ministerio de Trabajo y Asuntos Sociales, pp. 191-203.

BERÁSTEGUI, A. (2008), La ruptura de la adopción y las pseudorupturas, en BERÁSTEGUI A. Y GÓMEZ-BENGOECHEA, B. (COORD.), *Los retos de la postadopción: balance y perspectivas*. Madrid. Ministerio de Trabajo y Asuntos Sociales, pp. 59-69.

BERÁSTEGUI, A. (2010), "Relaciones afectivas familiares: apego y adopción", en. LOIZAGA LATORRE., F., *Adopción Hoy: Avanzando Hacia Nuevas Estrategias*. Bilbao: Mensajero.

BERÁSTEGUI, A. (2012), *Las Adopciones Truncadas: Resultados de la Investigación*. Ponencia presentada en las XIII jornadas de adopción internacional con comunidades autónoma, entidades colaboradoras de adopción internacional y asociaciones de familias adoptivas. Logroño, 14 de diciembre de 2012. Documento sin publicar.

BERÁSTEGUI, A. Y GÓMEZ BENGOECHEA, B. (2007), *Esta es tu historia: comunicación y búsqueda de los orígenes en adopción*. Madrid: Universidad Pontificia Comillas.

BERÁSTEGUI, A. Y GOMEZ-BENGOECHEA, B. (2006), "Los menores con discapacidad como víctimas de maltrato infantil: una revisión", *Intervención Psicosocial*, 15 (3), pp. 1-14.

BERÁSTEGUI, A., GÓMEZ, B. Y ADROHER, S. (2007), *Adopción internacional en la Comunidad de Madrid: una guía para orientar y ayudar a las personas que estén pensando adoptar un niño en el extranjero*. Madrid: Consejería de Familia y Asuntos Sociales.

BERÁSTEGUI, A., JÓDAR, R. Y GÓMEZ-BENGOECHEA, B. (2011), *Competencias educativas básicas en menores residentes del sistema de protección en la Comunidad de Madrid*. Madrid: Instituto Madrileño del Menor y la Familia. Informe sin publicar.

BERRY, M. (1990), Preparing and supporting special needs adoptive families: a review of the Literature, *Child and Adolescent Social Work*, 7 (5), pp. 403-418.

BERRY, M. Y BARTH, R. (1989), "Behavioral problems of children adopted when older", *Children and Youth Services Review*,11 (3), pp. 221-238.

BOHMAN, M. Y SIGVARDSSON, S. (1990), "Outcome in adoption: lessons from longitudinal studies", en BRODZINSKY D. M. Y SCHECHTER M.D. (Eds.), *The psychology of adoption* (93-106). N.Y.: Oxford University Press.

BOICHE, A. (2007), "Decisiones del Tribunal Supremo francés relativas a la kafala en casos recientes de adopción internacional", *Boletín de los Jueces* Tomo XIII / Invierno 2007-08, pp. 13 y ss.

BORRÁS, A (2011). "Europa: entre la integración y la multiculturalidad" en COMBALIA Z. DIAGO DIAGO, M.P. GONZÁLEZ VARAS, A., *Derecho islámico e interculturalidad.* Madrid: Iustel, pp. 29-31.

BOWLBY, J. (1951), *Maternal Care and Mental Health*. New York: Organización Mundial de la Salud.

BOYNE, J., DENBY, L., KETTERING, W. Y WHEELER, W. (1984), *The shadow of succes: a statistical analysis of autcomes of adoptions of hard-to-place children*, Westfield, NJ: Spaulding for Children.

BRODZINSKY, D.M. Y PINDERHUGES, E.E. (2002), "Parenting and child development in adoptive families", en BORNSTEIN M.H (Ed.) *Handbook of parenting: children and parenting*. Mahwah, NJ: Lawrence Erlbaum Associates, pp. 279-311.

CALVO BABÍO, F. (2008), "Revisión crítica de la nueva Ley de adopción internacional" *IURIS*, nº 25, marzo 2008, p. 61.

Calvo Caravaca, A. Carrascosa Gonzalez, J. (2010), "Criticas y contracríticas en torno a la Ley 54/2007 de 28 de diciembre de adopción internacional: el ataque de los clones", *Cuadernos de Derecho Transnacional* (Marzo 2010), Vol. 2, No 1, pp. 132-3.

Calzadilla Medina, M.A. (2004), *La adopción internacional en el Derecho español.* Dykinson, Madrid, p. 241.

Cantwell, N. (2012), *Intercountry adoption. An African perspective.* Addis Ababa: The African Child Policy Forum (ACPF), p. 12.

Cederblad, M.; Hook, B., Irhamar, M. y Mercke, A.M. (1999), "Mental health in international adoptees as teenagers and young adults: an epidemiological study", *Journal of Child Psychology and Psychiatry*, 40: 1239-1248.

Cederblad, M.; Irhamer, M.; Mercke, A.M. y Norlander, S. (1994), "Identity and adaptation on the paret of foreing adoptes", *Research on children and the familiy* 4. Sweden: Department of child and adolescent psychiatry. University of Lund.

Centro de Investigaciones Innocenti (marzo de 2002), "El registro de nacimiento. El derecho a tener derechos", *Innocenti Digest*, 9, www.unicef-icdc.org, p. 12.

Cerezo, M.a.; Dolz, L.; Pons-Salvador, G. y Cantero, M.J. (1999), "Prevención del maltrato a infantes: evaluación del impacto de un programa en el desarrollo de los niños", *Anales de Psicología* 15,2, pp. 239-250.

Chisholm, K., Carter, M.C., Ames, E.W. y Morison, S.J. (1995), "Attachment security and indiscriminately friendly behavior in children adopted from Romanian orphanages", *Development and Psychopatology*, 7, pp. 283-294.

Combalía.z. Diago Diago, M.P., González Varas, M. (2011), *Derecho islámico e interculturalidad,* Madrid: Iustel, pp. 11-159.

Conferencia de La Haya de Derecho Internacional Privado (2008), *La puesta en práctica y el funcionamiento del Convenio de La Haya de 1993 sobre Adopción Internacional. Guía de buenas prácticas*. Guía nº1, nº 85-86.

Coyne, A. y Brown, M.E. (1985), "Developmentally disabled children can be adopted", *Child Welfare*, 64, pp. 607-615.

Cyrulnik, B. (2007), *De cuerpo y de alma.* Barcelona: Gedisa.

D. M. (1990), "A stress and coping model of adoption adjustment", en. Brodzinsky, D. y Schechter, D. (Eds.), *The Psychology of Adoption* (pp. 42-61). Nueva York: Oxford University Press.

Dalen, M. (2003), *The state of Knowledge of foreing adoptions: a summary of the results of key international adoption research projets based in Scandinavia.* Disponible en: http://www.comeunity.com/adoption/adopt/research3.html,

De Verda y Beamonte, J.R. (2010), "Efectos jurídicos en España del acogimiento de derecho islámico ("kafala")", *Diario La Ley*, No 7393, Sección Doctrina, 3 Mayo 2010, Año XXXI.

Demarais, S. et. al., *The Quebec model of concurrent planning: similar or different from other models?*, sin publicar.

Diago Diago, M.P (2010), "La kafala islámica en España", *Cuadernos de Derecho transnacional.* (Marzo 2010), Vol. 2, No 1, pp. 140-164.

Durán Ayago, A. (2008), "La incidencia de la Ley 54/2007, de 28 de diciembre, sobre Adopción internacional en la normativa extremeña", *Revista de Derecho de Extremadura,* nº 2, p. 467.

EGBERT, S.C. Y LAMONT, E.C. (2004), "Factors contributing to parents´ preparation for special-needs adoption", *Child and Adolescent Social Work Journal*, 21 (6), pp. 593-609.

EGGERSTON, L., *Looking after children. The Canadian Way*, http://www.research.uottawa.ca/perspectives/10041

ERICH, S. Y LEUNG, P. (2002), The impact of previous type of abuse and sibling adoption upon adoptive families, *Child Abuse and Neglect*, 26, pp. 1045-1058.

ESPINA PÉREZ, P. (2007), *Historia de la inclusa de Madrid*. Madrid: Defensor del Menor de la Comunidad de Madrid.

ESTEBAN DE LA ROSA, G. *El acogimiento internacional de menores.* Régimen jurídico. Comares, Granada 2000, págs. 280-7.

FERNÁNDEZ, M. (2002), "Descripción del proceso de adaptación infantil en adopciones especiales. Dificultades y cambios observados por los padres adoptivos", *Anales de Psicología*, 18, pp. 151-168.

FERNÁNDEZ, M. (2008), "Las adopciones especiales: aportaciones para el seguimiento de la investigación", en BERÁSTEGUI, A. Y GOMEZ BENGOECHEA, B. (Coords.), *Los retos de la postadopción: balance y perspectivas*. Madrid, Ministerio de Trabajo y Asuntos Sociales, pp. 45-58.

FERRÁNDIS, A. (2003), "La adopción internacional", en LÁZARO I. Y MAYORAL I. (Coords.), *Jornadas sobre derecho de los menores*. Madrid: Universidad Pontificia Comillas, pp. 203-212.

FESTINGER, T. (2002), "After adoption: dissolution or permanence?", *Child Welfare* 81 (3), pp. 515-533.

FISHER, L., AMES, E.W., CHISHOLM, K. Y SAVOIE, L. (1997), Problems reported by parents of Romanian orphans adopted to British Columbia, *International Journal of Behavioral Development*, 20, pp. 67-82.

FUENTES, C. (1996), "Del acogimiento preadoptivo a la adopción", en BUENO A. (COORD.), *Intervención Social con Menores*. Alicante: Fundación Cultural CAM.

GARRIGA GORINA, M. (2000), *La adopción y el derecho a conocer la filiación de origen: un estudio legislativo y jurisprudencia*l. Madrid: Aranzadi, pp. 131-132.

GATH, A. (1983), "Mentally retarded children in substitute and natural families", *Adoption and Fostering*, 7, pp. 35-40.

GIMENO RUIZ, A. (2010), "Kafala, adopción internacional y orden público internacional", *Noticias jurídicas*.

GLIDDEN, L.M. (1991), "Adopted Children with Developmental disabilities: post-placement functioning", *Children and Youth Services Review*, 13 (5-6), pp. 363-377.

GÓMEZ BENGOECHEA, B. (2007), *Derecho a la identidad y filiación. Búsqueda de los orígenes en adopción internacional y otros supuestos de filiación transfronteriza*, Madrid: Dykinson, pp. 108 y ss.

GÓMEZ BENGOECHEA, B., BERÁSTEGUI PEDRO-VIEJO, A. (2009), "El derecho del niño a vivir en familia", *Miscelánea Comillas*, Vol. 67, núm. 130, pp. 175-198.

GREENE, S.; KELLY, R., NIXON, E.; KELLY, G., BORSKA, Z., MURPHY, S. Y DAY, A. (2008), "Children´s recovery after early adversity: lessons from intercountry adoption", *Child Care in Practice* 14 (1), pp. 75-81.

GROTEVANT, H. Y MCROY, R. (1988). « Emotionally disturbed adolescents: Early patterns of family adaptation. I", *Family Process*, 27, pp. 439-457.

Groza, V. y Ryan, S. (2002), "Preadoption stress and its association with child behavior in domestic special needs and international adoptions", *Psychoneuroendocrinology* 27: pp. 181-197.

Groze, V. e Ileana, D. (1996), "A follow-up study of adopted children from Romania", *Child and Adolescent Social Work Journal*, 13 (6), pp. 541-565.

Guzmán Zapater, M. (1996), *El derecho a la investigación de la paternidad (En el proceso con elemento extranjero)*, Madrid: Civitas, pp. 37-38.

Haugaard y Cols. (2000). Op Cit.; Reilly, T. y Platz, L. (2004), "Post-Adoption service needs of families with special needs children: use, helpfulness and unmet needs", *Journal of Social Service Research*, 30 (4), pp. 51-67.

Haugaard, J. (1998), "Is adoption a risk factor for the development of adjustment problems? ", *Clinical Psychology Review*, 18 (1), pp. 47-69.

Haugaard, J., Moed, A.M. y West, N.M. (2000), "Adoption of children with developmental disabilities", *Adoption Quarterly*, 3 (4), pp. 81-92.

Hill, M. (2002). "El acogimiento familiar de niños con necesidades especiales". *Jornadas de acogimiento familiar de menores: "Un niño, dos familias"*. Ministerio de Trabajo y Asuntos Sociales. Madrid, 24 y 25 de junio de 2002.

Hjern, A., Lindblad, F. Y Vinnerljung, B. (2002), "Suicide, psychiatric illness and social maladjustment in intercountry adoptees in Sweden: a cohort study", *The Lancet*, 360, pp. 443-448.

Hoksbergen R. y Laak, J. (2005), "Changing attitudes of adoptive parents in northern european countries", en Palacios, J. y Brodzinsky, D., *Psychological issues in adoption: research and practice*. Westport: Praeger, pp. 27-46.

Hoksbergen, R.A.C., Spaan, J.J.T.M. y Waardenburg, B.C. (1988), *Bittere ervaringen: uithuisplaatsingen var buiten landse adoptiekinderen*. Lisse: Swets and Zeitlinger.

Howe, JD., Shemmings, D. y Feast, J. (2001), "Age at placement and adult adopted experience of being adopted", *Child and Family Social Work*, 6, pp.337-349.

Humans Right Watch (2005), *Morocco. Inside the home, outside the law. Abuse of child domestic workers in Morocco.*

International Adoption Policy Statement & Supporting Report http://www.law.harvard.edu/faculty/bartholet/resources.php

International Social Service, Dambach, M. Y Bagglietto, C. (2010), *Haití. "Expediting" intercountry adoptions in the aftermath of a natural disaster, preventing future harm.* http://www.iss-ssi.org/2009/assets/files/Haiti ISS final- foreword.pdf.

ISS, Centro Internacional de Referencia para los Derechos del Niño Privado de Familia, África y la adopción internacional desde un punto de vista africano, Ficha de formación nº 20.

ISS, Centro Internacional de Referencia para los Derechos del Niño Privado de Familia (Marzo-Abril 2011), *Boletín Mensual nº3-4/2011.*

ISS, Centro Internacional de Referencia para los Derechos del Niño Privado de Familia (Junio 2010), *The grey zones of intercountry adoption,* Information document 6, p. 8.

ISS, Centro Internacional de Referencia para los Derechos del Niño Privado de Familia, Ficha de formación nº 21.

ISS, Centro Internacional de Referencia para los Derechos del Niño Privado de Familia, Ficha de formación nº 41.

ISS, Centro Internacional de Referencia para los Derechos del Niño Privado de Familia, Ficha de formación nº 48, 51.

ISS, Centro Internacional de Referencia para los Derechos del Niño Privado de Familia, Boletín Mensual nº 3-4/2009, Marzo-Abril 2009.

ISS, Centro Internacional de Referencia para los Derechos del Niño Privado de Familia (Marzo-Abril 2009), *"Edición especial sobre el principio de subsidiariedad"*, Boletín Mensual n.º3-4/2009.

ISS, Centro Internacional de Referencia para los Derechos del Niño Privado de Familia (2013), Boletín Mensual nº 02, p. 2.

ISS, centro internacional de referencia para los derechos del niño privado de familia (Marzo-Abril 2011), *La adopción interfamiliar en el contexto africano en general, y burkinés en particular*, Boletín Mensual nº3-4/2011.

ISS, Centro Internacional de Referencia para los Derechos del Niño Privado de Familia (2011), "Adopción y discriminación: ¿pueden expresarse todos los deseos de los candidatos a la adopción?", *Boletín Mensual 2007* (2), pp. 1-2.

ISS, Centro Internacional de Referencia para los Derechos del Niño Privado de Familia, *Ficha de formación* ,nº 51. http://www.iss-ssi.org.

ISS/CIR (2010), *Aplicación del derecho del niño a ser consultado (3ª parte): consideración de la opinión del niño*, Boletín Mensual nº 6-7, Junio-Julio 2010, p. 5.

ISS/cir (2010), *El marco legal para la consulta y el consentimiento del niño en adopción*, Boletín Mensual, nº 4, abril 2010.

ISS/CIR. *Adopción: La preparación del niño a la adopción*, Ficha de formación Nº 27.

J. H. van Loon, h. (1990) *Report on intercountry adoption*. Conference de la Haye de DIPr Doc. prel. núm. 1 avril 1990 p. 26.

Juffer, F. y Van Ijzendoorn, M. (2009), "International adoption comes of age: Development of international adoptees from a longitudinal and meta-analytical perspective", en Wrobel G. y Neil, E. (Eds.), *International advances in adoption research for practice,* Londres: Willey-Blackwell, pp. 169-216.

Juffer, F. y Van IJzendoorn, M. H. (2007), "Adoptees do not lack self-esteem: A meta-analysis of studies on self-esteem of transracial, international, and domestic adoptees", *Psychological Bulletin, 133*(6), pp. 1067-1083.

Juffer, F., Van Ijzerndoorn, M. y Palacios, J. (2011), "Recuperación de niños y niñas tras su adopción", *Infancia y Aprendizaje*, 34 (1), pp. 3-18.

Kim, W.J. (1995), "International adoption: a case review of Korean children", *Child Psychiatry and Human Development,* 25, pp. 141-154.

Kim, W.J., Shin, Y.J. y Carey, M. (1999). "Comparision fo Korean-American adoptees and biological children of their adoptive parents: a pilot study", *Child Psychiatry and Human Development*, 29 (3), pp. 221-228

Kirk, D. (1964), *Shared fate*. New York: Free Press.

Lagarde, P. (2001), "La loi du 6 fevrier 2001 relative à l'adoption internationale: une opportune clarification", *RCDIPr* 90 (2) de 2001, pp. 275 y ss.

Lasarte Álvarez, C., *Principios de Derecho Civil. Derecho de Familia*, Madrid: Marcial Pons, pp. 332-333.

Leung, P. y Erich, S. (2002), "Family functioning of adoptive children with special needs: implications of familial supports and child characteristics", *Children and Youth Services Review*, 24, pp. 799-816.

LIGTHBURN, A. Y SMITH, C. (1996), Supporting and enhancing the adoption of children with developmental disabilities, *Children and Youth Services Review* 18 (1-2): 139-162.

LINDBLAD, F., VINNERLJUNG, B.; VON BORCZYSKOWSKI, A.; HJERN, A. (2008), "Adopción internacional en Suecia: salud mental y adaptación social en adolescentes y jóvenes", *Infancia y Aprendizaje*, 31 (2), pp. 211-231.

LOGAN, F.A., MORRALL, P.M.E. Y CHAMBERS, H. (1998), "Identification of Risk Factors for Psychological Disturbance in Adopted Children", *Child Abuse Review,* 7, pp. 154-164.

MAIN, M., KAPLAN, N., y CASSIDY, J. (1985). "Security in infancy, childhood and adulthood: a move to the level of representation", en BRETHERTON T. Y WATERS E. (Eds.), *Growing points in attachment theory and research.* Monographs of the Society for Research on Child Development.

MARCENKO, M.O. Y SMITH, L.K. (1991), "Postadoption needs of families adopting children with developmental disabilities", *Children and Youth Services Review*, 13, pp. 413-424.

MARCOVITCH, S., CESARONI, L., ROBERTS, W. Y SWANSON, C. (1995), "Romanian adoption: Parents´ dreams, nightmares and realities", *Child Welfare*, 74 (5), pp. 993-1017.

MARCOVITCH, S., GOLDBERG, S., GOLD, A., WASHINGTON, J., WASSON, C., KREKEWICH, K. Y HANDLEY-DERRY, M. (1997), "Determinants of Behavioural problems in Romanian Children adopted in Ontario", *International Journal of behavioural development*, 20 (1), pp. 17-31.

MCDONALD, T.P., PROPP, J.R. Y MURPHY, K.C. (2001), "The postadoption experience: child, parent ad family predictors of family adjustmen to adoption", *Child Welfare,* 80 (1), pp. 71-94.

MCGLONE, K, SANTOS, L., KAZAMA, L., FONG, R. Y MUELLER, C. (2002), "Psychological stress in adoptive parents of special needs children", *Child Welfare*, 81 (2), pp. 151-171.

MCKAY, K., ROSS, L. Y GOLDBERG, A.E. (2010), "Adaptation to parenthood during the postadoption period: a review of the literature", *Adoption Quarterly*, 13, pp.125-144.

MCROY, R.G.; ZURCHER, L.A., LAUDERDALE, M.L., Y ANDERSON, R.E. (1984), "The Identity of Transracial adoptees", *Social Casework*, January, pp. 34-39.

MERCER, J. (2006), "The Many Stages of Attachment", *Scholastic Parent & Child*, 13: 50-51.

MILLER, B.C., FAN, X., CHRISTENSEN, M., GROTEVANT, M.D. Y VAN DULMEN, M. (2000), "Comparisions of adopted and nonadopted adolescents in a large, nationally representative sample", *Child Development,* 71 (5), pp. 1458-1473.

MINISTÉRE DE LA SANTÉ ET DES SERVICES SOCIAUX, *Un Project de vie, des racines pour la vie,* http://publications.msss.gouv.qc.ca/acrobat/f/documentation/2010/10-838-03F.pdf;

MOHANTY, J., KEOSKE, G. Y SALES, E. (2006), "Family Cultural socialization, ethnic identity and self-esteem: web-based survey of international adult adoptees", *Journal of Ethnic and Cultural Diversity in Social Work*, 15 (3/4), pp. 153-172.

MORISON, S.J.; AMES, E.W. Y CHISHOLM, K. (1995), "The development of children adopted from Romanian orphanages", *Merrill-Palmer Quarterly,* 41, pp. 411-430.

MOYA ESCUDERO, M. ("Atribución de la nacionalidad española y declaración de nacionalidad con valor de simple presunción". BIB 2007\719

MOYA ESCUDERO, M. (1995), Sentencia de la Audiencia Provincial de Granada (Sección 4ª) de 25 de abril de 1995 (Nota de M. Moya Escudero), *REDI* 2, pág. 415 y ss.

MOYA ESCUDERO, M. (2001), "El derecho del extranjero a conocer su origen biológico", *Revista de la Facultad de Derecho de la Universidad de Granada*, 4, p. 448-450.

MUIR WATT, H. (1993), "L'adoption d'enfants étrangers", *Le droit de la famille à l'épreuve des migrations transnationales.* Colloque du laboratoire d'études et de recherches appliqués au droit privé. Université de Lille II. LGDJ, p. 156.

MUIR WATT, H. "Vers l'inadoptabilité de l'enfant étranger de statut personnel prohibitif? A propos de la circulaire du 16 février 1999 relative à l'adoption internationale ". *RCDIPr* 88 (3) 1999, págs. 469 y ss.

MULLIN, E., Y JOHNSON, L. (1999), "The Role of Birth/Previously Adopted Children in Families Choosing to Adopt Children with Special Needs", *Child Welfare*, 78(5), pp.579-591.

NACIONES UNIDAS, *Convención sobre los Derechos del Niño.*

NICOLE V. en LLEDÓ LLAGÜE, F. (1994), "La filiación: su régimen jurídico e incidencia de la genética en la determinación de la filiación", *Cuadernos de Derecho Judicial.* Madrid: CGPJ, p. 29.

OBSERVATORIO DE LA INFANCIA EN ANDALUCÍA, *Toma de decisiones en el sistema de protección a la infancia*, pp. 31-32.

OCÓN, J. (2003), Evolución y situación actual de los recursos de protección de menores en España. Revista del Ministerio de Trabajo y Asuntos Sociales, 45, pp. 13-30.

OUAD ALI K. SAGUIR, T. "Acercamiento a la adopción en los países del Magreb", en ESTEBAN DE LA ROSA, G. (2007), *Regulación de la adopción internacional. Nuevos problemas, nuevas soluciones*, Navarra: Thomson Aranzadi, p. 87.

PALACIOS, J. (1998), "Familias adoptivas", en Rodrigo M.J. y Palacios J. (Eds.) *Familia y desarrollo humano.* Madrid: Alianza Editorial, pp. 353-372.

PALACIOS, J. (2009), "Family context for emotional recovery in internationally adopted children", *International Social Work*, 52(5), pp. 609-620.

PALACIOS, J. (2009), "The ecology of adoption", in (WROBEL Y E. NEIL ED.), *International advances in adoption research for practice*, pp. 71-94.

PALACIOS, J. Y BRODZINSKY, D. (2010) "Adoption research: Trends, topics, outcomes", *International Journal of Behavioural Development*, 34 (3), pp. 270-284.

PALACIOS, J., SÁNCHEZ SANDOVAL, Y., LEÓN, E. Y ROMÁN, M. (2008), "Adopción: evolución tras la adversidad inicial en adopción internacional", en BERÁSTEGUI, A. Y GÓMEZ BENGOECHEA, B. (COORDS.), *Los retos de la postadopción: balance y perspectivas.* Madrid: Ministerio de Trabajo y Asuntos Sociales, pp. 35-44.

PALACIOS, J.; SÁNCHEZ-SANDOVAL, Y. Y LEÓN, E. (2005), "Intercountry adoption disruptions in Spain", *Adoption Quarterly*, 9, pp. 35-55.

PARTRIDGE, S., HORNBY, H. Y MCDONALD, T. (1986), *Legacies of Loss, Visions of Gain: an inside look at adoption disruption.* Portland, ME: University of Southern Maine.

PAULSEN,C., Y MERIGHI, J.R. (2009), "Adoption preparedness, cultural engagement and parental satisfaction in intercountry adoption", *Adoption Quarterly*, 12, pp. 1-18.

PRIEL, B.; MELAMED-HASS, S.; BESSER, A. Y KANTOR, B. (2000), "Adjustment among adopted children: the role of maternal self-reflectiveness", *Family Relations* 49 (4), pp. 389-396.

QUIÑONES ESCAMEZ, A; RODRIGUEZ BENOT, A. ZEKRI, H. OUHIDA, J. (2009), *Kafala y adopción en las relaciones hispano-marroquíes,* Madrid : FIIAPP, pp.157-193.

REPORT OF THE SPECIAL COMMISSION ON THE IMPLEMENTATION OF THE HAGUE CONVENTION OF 29 MAY 1993 ON PROTECTION OF CHILDREN AND CO-OPERATION IN RESPECT OF INTERCOUNTRY ADOPTION drawn up by the Permanent Bureau on October 1994.

RIVERO HERNÁNDEZ en LACRUZ BERDEJO, J.L.; SANCHO REBULLIDA, F. y otros (2002), *Elementos de Derecho Civil IV. Derecho de Familia*, Barcelona: Bosch, pp. 439-440.

RIVERO HERNÁNDEZ, F. (9 al 15 de junio de 2003), "De nuevo sobre el derecho a conocer el propio origen. El asunto Odièvre (STEDH de 13 de febrero de 2003)", *Actualidad Civil*, 24, p. 629.

RIVERO HERNANDEZ, F., "Mater semper certa est?. Problemas de determinación de la maternidad en el ordenamiento español", *Anuario de Derecho Civil*, 1997-I, pp. 34-35.

ROBINSON, G. (1998), *Older child adoption*, Colorado: Crossroad Publishing Company.

RODRÍGUEZ VÁZQUEZ, M. A. (2001), "Algunos aspectos del Derecho de extranjería en la adopción internacional", en RODRIGUEZ BENOT, A. GONZÁLEZ MARTÍN, N., *Estudios sobre adopción internacional*. México: UNAM, p. 256.

ROMÁN, M. Y PALACIOS, J. (2011), "Separación, perdida y nuevas vinculaciones: el apego en la adopción", *Acción Psicológica*, 8(2), pp. 99-111.

ROSENTHAL, J.A. Y GROZE, V. (1991), "Adoption outcomes for children with hándicaps". *Child Welfare,* 70 (6), pp. 623-637.

RUSHTON, A. Y MINNIS, H. (1997), "Transracially family placements", *Journal of Child Psychology and Psychiatry*, 38, pp. 147-159.

RUSHTON, A., DANCE, C. Y QUINTON, D. (2000), F"indings from a UK based study of late permanent placements", *Adoption Quarterly*, 3, pp. 51-71.

RUSHTON, A., DANCE, C. Y QUINTON, D. (2000). "Findings from a UK based study of late permanent placements", *Adoption Quarterly*, 3, pp. 51-71.

RUTTER, M. (1998). "Developmental catch-up, and deficit, following adoption after severe global early privation", *Journal of Child Psychology and Psychiatry and Allied Disciplines*, 39, pp. 465-476.

RUTTER, M., BECKETT, C., CASTLE, J., COLVERT, E., KREPPNER, J., MEHTA, M., STEVENS, S. Y SONUGA-BARKE, E. (2009), "Effects of profound early institutional deprivation. An overview of findings from a UK longitudinal study of Romanian adoptees", in WROBEL, G.M. Y NEIL, E. (EDS.), *International advances in adoption research for practice*. New York: Wiley, pp.147-167.

RYGAARD, N.P. (2009), *El niño abandonado: guía para el tratamiento de los trastornos del apego*. Barcelona: Gedisa.

SACLIER, CH. (1990), *Principios para una adopción responsable*. Ginebra: Servicio Social Internacional.

SALVADOR GUTIERREZ, S. (1998), "Derechos registrales del menor", en RODRÍGUEZ TORRENTE J. (Ed.), *El menor y la familia, conflictos e implicaciones,* Madrid: Universidad Pontificia Comillas, pp. 132 y ss.

SALVADOR GUTIERREZ, S. (1999), "Derecho a la identidad", *Actualidad Civil*, 4.

SAR, B. K. (2000), "Preparation for adoptive parenthood with a special needs child. Role of agency preparation tasks", *Adoption Quarterly*, 3, pp. 63-80.

SAVE THE CHILDREN (2008), *Esclavos puertas adentro: Las peores formas de trabajo infantil doméstico.*

SELMAN, P. (2010), "Intercountry adoption in Europe 1998-2008: patterns, trends and issues", *Adoption & Fostering*, 34 (1), 4-19.

SELMAN, P., *The quiet migration in the new millennium: trends in intercountry adoption 1998-2003*, sin publicar.

SHARMA, A.R., MCGUE, M. Y BENSON, P. (1996), "The emotional and behavioral adjustment of United States Adopted Adolescents: Part II. Age at adoption", *Children and Youth Services Review* 18 (1-2), pp. 101-114.

SHAVER, P.R. y CASSIDY, J. (eds.) (1999), *Handbook of attachment – theory, research and clinical applications*. Nueva York: Guilford press.

SIMMEL, C., BROOKS, D., BARTH, R.P. Y HINSHAW, S.P. (2001), "Externalizing Symptomatology Among Adoptive Youth: prevalence and preadoption risk factors", *Journal of Abnormal Child Psychology,* 29 (1), pp. 57-69.

SIMON, R. Y ALSTEIN, H. (1996). "The case for transracial adoption", *Children and Youth Services Review* 18 (1-2), 5-22.

SMITH K (2010), *From Guatemala to Ethiopia: Shifts in Intercountry Adoption Leaves Ethiopia Vulnerable for Child Sales and Other Unethical Practices*, www.socmag.net.

SMOLIN, D.M. (2006), "Child laundering: how the intercountry adoption system legitimizes and incentivizes the practices of buying, trafficking, kidnapping, and stealing children", *The Wayne Law Review*, Vol. 52: 113, p. 167.

SMOLIN, D.M. (2007)," Intercountry adoption and poverty: a Human's Rights Analysis", *Capital University Law Review,* 2007, vol. 36, pp. 439.

SPITZ, R.A. (1987), *El primer año de vida del niño: génesis de las primeras relaciones objetales. Madrid: Aguilar*, (Orig., 1956), p. 110.

SZASKY, E. (1964), *Droit international privé comparé. Traité de législation comparée avec reference spéciale au DIPr egyptien et musulman.* París.

TIZARD, B. (1991), "Intercountry adoption: a review of the evidence", *Journal of Child Psychology and Psychiary,* 32 (5), pp. 743-756.

TRISELIOTIS, J. (1991), *El trabajo de grupo en la adopción y el acogimiento familiar*. Madrid: Ministerio de Trabajo y Asuntos Sociales (Orig. 1988).

TRISELIOTIS, J. (1994), *El trabajo de grupo en adopción y acogimiento familiar*. Madrid. Ministerio de Trabajo y Asuntos Sociales.

UNICEF (2005), *The "rights" start life. A statistical analysis of birth registration*, p. 3.

VAN IJZENDOORN, M. H. & JUFFER, F. (2006), "Adoption as intervention: Meta-analytic evidence for massive catch-up and plasticity in physical, socio-emotional and cognitive development. The Emanuel Miller Memorial Lecture 2006", *Journal of Child Psychology and Psychiatry, 47*, pp. 1128-1245.

VAN IJZENDOORN, M. H. & JUFFER, F. (2006), "Adoption as intervention: Meta-analytic evidence for massive catch-up and plasticity in physical, socio-emotional and cognitive development. The Emanuel Miller Memorial Lecture 2006", *Journal of Child Psychology and Psychiatry, 47*, pp. 1128-1245.

VERHULST, F. (2000), "Internationally Adopted Children: The Dutch Longitudinal Adoption Study", *Adoption Quarterly*, 4 (1), pp. 27-44.

VILASECA, M. (2006), *Un mar d'amor. Diari d'una doble adopcio.* Barcelona: Ed. Mediterrania.

VONK, M.E., LEE, J. Y CROLLEY-SIMIC, J. (2010), Cultural socialization practices in domestic and international transracial adoption, *Adoption Quarterly*, 13, pp. 227-247.

VV.AA. (2009), *Diccionario jurídico El Derecho*. Madrid: Ed. El Derecho, pp. 436-437.

WARNOCK, M. (2004), *Fabricando bebés. ¿Existe un derecho a tener hijos?* Barcelona: Gedisa.

WELSH, J.A., VIANA, A.G., PETRILL, S.A., MATHIAS, M.D. (2008), "Ready to adopt: characteristics and expectations of preadoptive families pursuing international adoptions", *Adoption Quarterly*, 11 (3), pp. 176-203.

WERELDKINDEREN, AGAINST CHILD TRAFFICKING (2009), "Fruits of Ethiopia. Intercountry adoption: the rights of the child, or the "harvesting" of children?", http://poundpuplegacy.org/files/Second-Interim-Report-FINAL-redacted-for-distribution+annexures.pdf.

WILEY-BLACKWELL. SCHWEIGER, W.K. Y O´BRIEN, M. (2005), "Special Needs Adoption: An Ecological Systems Approach", *Family Relations* 54, pp. 512-522.

WIND, L.H., BROOKS, D. Y BARTH, R.P. (2007), "Influences of Risk Historiy and Adoption Preparation on Post-Adoption Services Use in U.S. Adoptions", *Family Relations*, 56: 378-389.

YOON, D.P. (2001), "Causal modeling predicting psychological adjustment of Korean-born adolescent adoptees", *Journal of Human Behavior in the Social Environment*, 3 (3/4), pp. 65-82.

ZEKRI, H. OUHIDA, J. (2009), "La kafala en el Derecho marroquí", en QUIÑONES ESCAMEZ, A; RODRIGUEZ BENOT, A. ZEKRI, H. OUHIDA, J., *Kafala y adopción en las relaciones hispanomarroquíes*. Madrid: FIIAPP, pp. 15-130.

JURISPRUDENCIA

Auto de 10 febrero 2009. (JUR\2009\154016)
Auto de la Audiencia Provincial de Barcelona de 27 junio de 2011. (JUR\2011\320499)
Auto de la Audiencia Provincial de Guipúzcoa, de 4 de junio de 2008 (JUR\2009\136091)
Auto de la Audiencia Provincial de Barcelona de 12 abril 2011(JUR\2011\321814)
Auto de la Audiencia Provincial de Barcelona de 17 mayo de 2011 (JUR\2011\293829)
Auto de la Audiencia Provincial de Barcelona de 26 julio de 2011 (JUR\2011\405248).
Auto de la Audiencia Provincial de Barcelona de 28 marzo de 2006 (JUR\2008\149354)
Auto de la Audiencia Provincial de Barcelona de 30 de octubre de 2008 (JUR\2009\77866)
Auto de la Audiencia Provincial de Barcelona de 8 de julio de 2008 (JUR\2008\315373)
Auto de la Audiencia Provincial de Cádiz de 27 enero de 2006 (JUR\2006\203663).
Auto de la Audiencia Provincial de Cádiz de 11 diciembre de 2008 (JUR\2009\59788)
Auto de la Audiencia Provincial de Cádiz de 3 de marzo de 2006 ((JUR\2006\241802)
Auto de la Audiencia Provincial de Sevilla de 16 enero 2007 (JUR\2007\178227)
Auto de la Audiencia Provincial de Valladolid de 11 de diciembre de 2008 (JUR\2009\264035)
Auto de la Audiencia Provincial Tarragona, de 23 de junio de 2008 (AC\2008\171)
Auto del Tribunal Superior de Justicia del País Vasco de 22 febrero de 2011 (JUR\2011\304279)
Resolución 1 de febrero de 1996 (BIMJ nº 1773, pág. 104)
Resolución Circular de 15 de julio de 2006 (BOE 30 agosto 2006)
Resolución de 1 de abril de 1992 (Anuario DGRN 1992, pág. 1847)
Resolución de 14 de mayo de 1992 (Anuario 1992, pág. 4417 y ss.)
Resolución de 21 de marzo de 2006 (JUR\2007\111879)
Resolución núm. 5/2006 de 27 febrero (JUR\2007\108921)
Resolución. 13 de octubre (2ª) de 1995 (BIMJ nº 1766, pág. 145)
Resolución. 18 de octubre de 1993 (BIMJ nº 1691, pág. 104)
Sentencia de 20 julio 2011 (RJ\2011\6661)
Sentencia de 3 de noviembre de 2004 (AS\2008\959)
Sentencia de 9 diciembre 2011. (JUR\2011\433222)
Sentencia de la Audiencia Nacional de 2 febrero 2011 (JUR\2011\68466)
Sentencia del Tribunal Superior de Justicia de Madrid de 25 febrero de 2010 (JUR\2010\166841)

Sentencia del Tribunal de Derechos Humanos de Estrasburgo (Sección 5°), de 26 de octubre de 2006 (JUR 2007\252587)

Sentencia del Tribunal de Derechos Humanos de Estrasburgo (Sección 1°), de 21 de septiembre de 2006 (TEDH 2006\50)

Sentencia del Tribunal Europeo de Derechos Humanos de Estrasburgo (Sección 2°), de 16 de julio de 2002 (JUR 2002\181257)

Sentencia del Tribunal Europeo de Derechos Humanos de Estrasburgo (Sección 1ª), de 9 de mayo de 2003 (TEDH 2003\24)

Sentencia del TSJ de Andalucía de 21 octubre 2005 (JUR\2006\71643)

Sentencia del Tribunal Superior de Justicia de Andalucía de 14 de septiembre de 2004 (JUR\2006\94014)

Sentencia del Tribunal Superior de Justicia de Andalucía de 14 enero de 2005 (JUR\2007\51157)

Sentencia del Tribunal Superior de Justicia de Andalucía de 19 junio 2007 (JUR\2008\52873)

Sentencia del Tribunal Superior de Justicia de Andalucía de 20 julio de 2009 (JUR\2010\6041)

Sentencia del Tribunal Superior de Justicia de Andalucía de 30 noviembre de 2007 (La Ley 341300/2007)

Sentencia del Tribunal Superior de Justicia de Aragón de 21 de marzo de 2005 (JUR\2006\137207)

Sentencia del Tribunal Superior de Justicia de Castilla-La Mancha de 17 marzo de 2011 (JUR\2011\167479)

Sentencia del Tribunal Superior de Justicia de Castilla-La Mancha de 8 noviembre de 2010 (JUR\2011\42243)

Sentencia del Tribunal Superior de Justicia de Cataluña de 21 octubre de 2010 (JUR\2011\151541)

Sentencia del Tribunal Superior de Justicia de Cataluña (de 30 diciembre de 2009 (JUR\2010\159627)

Sentencia del Tribunal Superior de Justicia de Cataluña de 15 julio de 2011 (JUR\2011\323594)

Sentencia del Tribunal Superior de Justicia de La Rioja de 21 de febrero de 2005 (JUR\2006\291265)

Sentencia del Tribunal Superior de Justicia de Madrid de 11 octubre de 2007 (JUR\2008\47910).

Sentencia del Tribunal Superior de Justicia de Madrid de 25 junio de 2010 (RJCA\2010\690)

Sentencia del Tribunal Superior de Justicia de Madrid de 10 julio de 2008 (JUR\2008\315217)

Sentencia del Tribunal Superior de Justicia de Madrid de 11 febrero de 2010 (JUR\2010\168494)

Sentencia del Tribunal Superior de Justicia de Madrid de 11 septiembre de 2008 (JUR\2009\42129)

Sentencia del Tribunal Superior de Justicia de Madrid de 16 de marzo de 2006 (JUR\2006\14892)

Sentencia del Tribunal Superior de Justicia de Madrid de 18 marzo de 2009 (JUR\2010\270275)
Sentencia del Tribunal Superior de Justicia de Madrid de 2 octubre de 2008 (JUR\2008\27362).
Sentencia del Tribunal Superior de Justicia de Madrid de 20 mayo de 2011 (JUR\2011\280497)
Sentencia del Tribunal Superior de Justicia de Madrid de 20 septiembre de 2006 (JUR\2008\54022)
Sentencia del Tribunal Superior de Justicia de Madrid de 25 marzo de 2011 (JUR\2011\189157)
Sentencia del Tribunal Superior de Justicia de Madrid, de 12 septiembre de 2007 (JUR\2009\33365).
Sentencia del Tribunal Superior de Justicia del País Vasco de 23 de septiembre de 2008 (JUR\2009\3819)
Sentencia del Tribunal Superior de Justicia Madrid de 3 de abril de 2008 (JUR JUR\2008\189480)
Sentencia del Tribunal Superior de Justicia Madrid de 11 de junio de 2008 (JUR\2008\294139)
Sentencia del Tribunal Superior de Justicia Madrid de 16 de junio de 2009 (LA LEY 175679/2009)
Sentencia del Tribunal Superior de Justicia Madrid de 23 mayo de 2005 (JUR\2006\214863)
Sentencia del Tribunal Superior de Justicia Madrid de 9 de julio de 2009 (LA LEY 189247/2009)
Sentencia del Tribunal Superior de Justicia Madrid, de 14 marzo de 2008 (JUR\2008\217100)
Sentencia del Tribunal Superior de Justicia Madrid, de 31 de enero de 2008 (La Ley 20735/2008)
Sentencia del Tribunal Superior de Justicia Madrid, de 5 de junio de 2008 (JUR\2008\294252)

Made in United States
Troutdale, OR
11/03/2026

56844355R00113